Un génocide oublié
La voix brisée du peuple kurde

Récit

Illustration de couverture

En Irak, des charniers de Kurdes sont découverts à fréquence irrégulière depuis 1988. Après les restes de 512 Kurdes de Barzan portés disparus depuis 1983 et rapatriés en 2005, d'autres corps sont rapatriés à Dukan en 2008, vingt ans après l'Anfal. Une cérémonie est organisée pour leur retour. Les proches les attendent tristement, des photos à la main. Mais la plupart des familles n'ont toujours pas une tombe sur laquelle se recueillir.

Photo de Kamaran Najm, photographe kurde irakien qui a été grièvement blessé en 2014 pendant l'offensive de Daesh contre le Kurdistan irakien.
Il n'a pas survécu à ses blessures.
Le choix de cette photo en couverture est une façon de lui rendre hommage.

Béatrice Dillies

Un génocide oublié
La voix brisée du peuple kurde

Récit

Préface de Joost Hiltermann
Postface de Pierre Perret

Publié avec le concours
de l'Association franco-kurde d'Occitanie

KRONOS

Cent-vingt-troisième volume de la collection Kronos
fondée et dirigée par Éric Ledru

SPM
2023

Kronos n° 123
ISSN : 1148-7933
ISBN : 978-2-37999-052-6
Éditions SPM 16, rue des Écoles 75005 Paris
Tél. : 06 86 95 37 06
courriel : lettrage@free.fr – site : www.editions-spm.fr

DIFFUSION – DISTRIBUTION : L'Harmattan
5-7 rue de l'École-Polytechnique 75005 Paris
Tél. : 01 40 46 79 20 - télécopie : 01 43 25 82 003
site : www.editions-harmattan.fr

Préface de Joost Hiltermann

Les massacres de masse de civils laissent de profondes séquelles dans la psyché collective. Ils peuvent même ouvrir une plaie béante dans l'âme d'une nation. C'est vrai pour les Kurdes d'Irak, comme pour les Arméniens de l'ex-Empire ottoman, les juifs lors de l'Holocauste, les victimes de la « boucherie » des Khmers rouges au Cambodge ou pour les Tutsis massacrés au Rwanda.

Nous avons tendance à sous-estimer la profondeur de ces traumatismes et à nous cacher derrière de froides statistiques. Y a-t-il eu 6 millions de juifs tués ou plus ? En ce qui concerne les Kurdes, les chiffres ont également été source de controverse : 182.000 ont-ils été victimes d'exécution lors de l'opération Anfal ou « seulement » 100.000[1] ? L'analyse de ce qui en ressort peut nous éclairer intellectuellement. Elle peut même avoir un rôle important pour faciliter un choix approprié de mesures destinées à éviter que cela ne se reproduise. Mais les polémiques n'en restent pas moins aliénantes, du moins pour les survivants.

D'autres questions viennent à l'esprit. Les huit opérations Anfal successives menées en un peu plus de six mois par le régime de Saddam Hussein, en 1988, peuvent-elles trouver leur justification dans la nécessité de mater une insurrection contre le pouvoir central ? Ou cet effort militaire ne détruit-il pas sa propre légitimité du fait des moyens engagés ? Il ne s'est pas seulement agi d'éradiquer une société rurale, il y a aussi eu l'assassinat délibéré de dizaines de milliers de civils non armés !

Pour être considéré comme un génocide, aux yeux du droit international, un massacre de masse doit répondre à un certain nombre de critères. On doit prouver que ceux qui l'ont perpétré avaient l'intention de tuer tout ou partie d'un groupe ethnique, ce qui semble être le cas en ce qui concerne les Kurdes d'Irak.

Mais les survivants se préoccupent-ils de ces définitions et des arguties juridiques qui ne manqueraient pas de surgir au fil des différentes

1. Selon diverses estimations, plus de 100.000 personnes ont été tuées lors de l'opération Anfal en 1988, quelque 182.000 selon le dossier d'accusation porté devant le Haut Tribunal pénal irakien, en 2006, lors du procès de Saddam Hussein, Ali Hassan al-Majid et leurs complices. Le chiffre de 182.000 est également celui retenu depuis de nombreuses années par la Région autonome du Kurdistan.

interprétations de la convention du 9 décembre 1948 sur le Génocide ? Il est évident que non.

Les vivants tiennent par-dessus tout à ce que leur Histoire – comme celle des êtres chers qui ont péri – ne sombre pas dans l'oubli. Ils recherchent d'abord une protection mais aussi la justice, la reconnaissance de ce qu'ils ont subi. En somme, une forme quelconque de compensation, aussi insuffisante soit-elle, s'ils peuvent l'obtenir. Ils érigent des stèles commémoratives en mémoire des horreurs commises, des musées consacrés à l'éducation d'un public le plus large possible. Chaque année, lors de cérémonies, ils célèbrent le souvenir de ces crimes les plus immondes afin de recréer le sens d'une communauté fondée sur l'expérience du malheur partagé.

Pour en revenir au cœur même de ce qui s'est passé, nous devons prêter la plus grande attention aux récits des survivants ; être terrifiés de ce qu'eux, leurs proches tendrement aimés, ainsi que leur communauté ont eu à souffrir.

C'est la raison pour laquelle ce livre rend un si grand service. Il te permet, à toi lecteur, de saisir le sens du génocide des Kurdes d'Irak au travers des expériences vécues, de l'histoire des gens, de leur façon d'affronter le tumulte des émotions et les souvenirs horribles que la longue période d'exactions de masse a fait naître. Sans cette connaissance approfondie, il est facile d'oublier ; d'autant que le monde passe d'une crise à l'autre, d'une tragédie à l'autre, et que chacune efface la précédente. Alors, le pire peut se reproduire.

Cet ouvrage est une contribution essentielle destinée à garder vivant, encore aujourd'hui, le souvenir de la répression qui s'est abattue sur les Kurdes d'Irak dans les années 80. Lis-le et pleure, mais aussi espère.

Seule une profonde et réelle connaissance des faits peut permettre d'éviter qu'ils se reproduisent… Si, et seulement si, nous avons la volonté de partager ces connaissances le plus largement possible. Cela ne tient qu'à nous. Il faut le vouloir, diffuser ce savoir, et par-dessus tout : agir !

Joost Hiltermann[1]
Bruxelles

1. Lire sa biographie p. 308

Introduction à la question kurde

Pour comprendre les origines du conflit puis du génocide kurde, dans les années 70-80, il faut remonter à la découverte des premiers gisements pétroliers rentables, en 1908. Elle explique pourquoi les frontières du Moyen-Orient ont été tracées à la règle par les vainqueurs de la Première Guerre mondiale quelques années plus tard… et l'essentiel des guerres qui ont suivi, dans la région.

Au cœur du nouvel échiquier géopolitique il y a 100 ans, les Kurdes. Ils constituent une importante minorité coincée entre les voisins perses, arabes et turcs, sur un territoire[1] plus grand que la France.

Certes, ils ont connu trois siècles de paix et une autonomie relative à partir du moment où Seltim Ier leur a demandé d'assurer la protection de l'Empire ottoman sunnite sur son flanc Est, pour faire barrage à la Perse où le chiisme était devenue la religion officielle. Mais au XIXe siècle, les Ottomans entendent reprendre leurs prérogatives. Réparties dans 17 principautés, les nombreuses tribus kurdes se révoltent pour garder la maîtrise de leurs affaires. En vain. Alors, l'idée nationaliste fait son chemin. Et quand les premiers coups de canons résonnent sur le front européen en 1914, les indépendantistes se disent qu'il y a peut-être une chance à saisir.

Les Arabes ont le même espoir. Dès 1915, le haut-commissaire britannique en Égypte, Henry Mac-Mahon, entretient une correspondance avec le chérif de la Mecque, Hussein ben Ali, sur la création d'un possible « Royaume d'Arabie » couvrant la Syrie intérieure et la Mésopotamie, à l'exclusion des vilâyets[2] de Bagdad et Bassorah. Dans un courrier daté du 24 octobre 1915, il lui assure que « *la Grande-Bretagne est prête à reconnaître et à soutenir l'indépendance des Arabes dans toutes les régions à l'intérieur des limites demandées par le Chérif de La Mecque* », si ses hommes se révoltent contre « la Sublime porte », ce qu'ils vont faire à partir de 1916.

---

1. Jacques Leclerc et l'observatoire franco-kurde l'évaluent alors à 640.456 km^2.
2. Vilâyet : nom donné à une région ou province placée sous l'autorité d'un gouverneur général, un « val ».

Dans le même temps, Sir Mark Sykes et François Georges-Picot ont engagé des pourparlers. Français et Britanniques anticipent la défaite de l'Allemagne et surtout de son allié, l'Empire ottoman, dont le démembrement pourrait leur profiter… au moins de façon transitoire.

Ignorant l'existence d'un accord secret, les Arabes respectent leur part du contrat. Forts de plusieurs victoires militaires face aux Turcs, ils plaident leur cause devant les vainqueurs de la Première Guerre mondiale le 6 février 1919.

Un Kurde originaire de Souleymanieh est également présent, ce jour-là, à la Conférence de la Paix de Paris, pour défendre « *les revendications de la nation kurde* ». Il s'agit de Mohammed Chérif Pacha Babanî, ex-général de l'armée ottomane, formé à Saint-Cyr. Les Anglais le snobent, faisant mine d'oublier qu'il a désapprouvé l'alliance avec l'Allemagne, ce qui lui a valu d'être mis au ban de la diplomatie turque.

Qu'à cela ne tienne, l'ancien ambassadeur de la Sublime porte en Suède s'adresse à Georges Clemenceau, le président du Conseil des ministres français. Ils ont la langue de Molière en partage, c'est l'occasion d'évoquer le projet d'autonomie kurde réunissant le sandjak[1] d'Urfa (Turquie), les vilâyets de Mossoul (Irak), Diyarbakir et Karpout (Turquie) auxquels il envisage de joindre le vilâyet d'Erzerum (Turquie) et le Kurdistan d'Iran. On n'est pas loin de la carte du « Grand Kurdistan » dont le contour hante encore les mémoires kurdes.

À l'époque, la création de l'Arménie et du Kurdistan paraît acquise, selon le principe du droit des peuples à disposer d'eux-mêmes cher au président américain Thomas Woodrow Wilson. Naïvement, Chérif Pacha ne s'inquiète donc ni des Arabes ni des Turcs mais plutôt des Arméniens qui revendiquent – pour l'essentiel – les mêmes terres que les Kurdes. Il reconnaît bien volontiers leur droit légitime à une Arménie indépendante, et ce d'autant plus qu'il est une des rares personnalités ottomanes à avoir protesté publiquement contre le génocide arménien en 1915.

Mais la diplomatie n'exclut pas le calcul. Il cherche donc le soutien des délégués arméniens dont la cause semble plus appréciée des Anglais, tout en expliquant pourquoi leurs prétentions territoriales sont exagérées dans un mémorandum sur les revendications du peuple kurde, daté du 22 mars 1919. Seule concession, qui lui sera reprochée par les siens, il n'intègre pas une grande partie des vilâyets de Bitlis et Van dans la carte du Kurdistan, considérant que les Arméniens approchent 40 % de la population dans ces districts et qu'ils y sont donc proportionnellement bien plus nombreux que dans les autres.

1. Sandjak, ancienne division administrative de l'Empire ottoman.

En échange de ce geste, il espère s'attirer les bonnes grâces de la délégation arménienne menée par Boghos Nubar Pacha. Son objectif reste la création d'un Kurdistan formant un tout indivisible sur le reste des territoires revendiqués. Et de fait, le 20 novembre 1919, il obtient la reconnaissance de l'existence du Kurdistan dans une déclaration collective adressée à la présidence de la Conférence de la Paix. Mais les concessions sur le découpage des frontières provoquent tout de même de vives réactions chez des Kurdes de Turquie qui ont peur d'être dépossédés.

Alors, le 1er mars 1920, à quelques semaines de l'ouverture de la conférence de San Remo chargée de préparer le traité de paix avec l'Empire ottoman, Chérif Pacha signe un nouveau mémoire qu'il adresse au président du Conseil suprême de la Conférence de la Paix. Cette fois, la carte du Kurdistan intègre les vilâyets de Bitlis, de Van mais aussi un accès à la Méditerranée au niveau du golfe d'Alexandrette, « *pour l'écoulement de son pétrole et de ses autres richesses minières et forestières* ».

Chérif Pacha promet en outre aux minorités « *allogènes* » un « *statut particulier, conforme à leurs traditions nationales* ». Ce faisant, il marche sur les plates-bandes de l'Angleterre qui s'appuie sur les mêmes arguments pour défendre l'idée d'un futur royaume d'Irak entre l'Iran et la Syrie.

Ainsi, à l'ouverture des débats à San Remo, le 19 avril 1920, Chérif Pacha comprend vite que le Kurdistan libre et indépendant va être réduit à la portion congrue, amputé de ses provinces Sud et Est.

De guerre lasse, il se retire des négociations fin avril, alors que l'Empire ottoman s'effondre et que l'accord Sykes-Picot est entériné avec les modifications négociées lors de la conférence de San Remo.

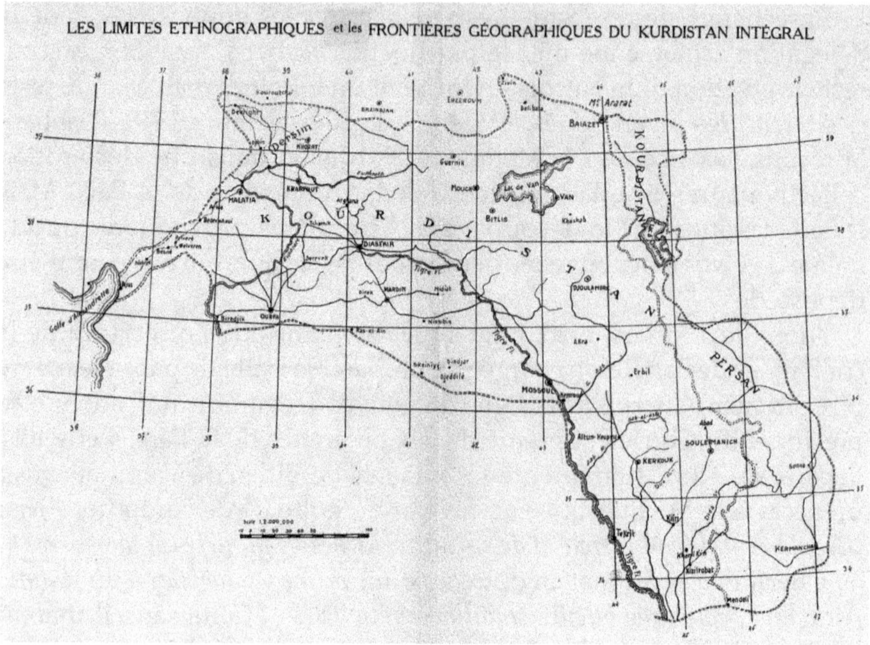

Figure 1 – Carte extraite du « Mémoire présenté par le général Chérif Pacha, président de la délégation kurde, à monsieur le président du Conseil suprême de la Conférence de la Paix, 1920 ». Conservée à la BNF.

La conférence de San Remo prélude au traité de Sèvres

Finalement, France et Royaume-Uni bénéficient de la charte de la toute jeune Société des Nations qui met en place le système des mandats. Dans son article 22, cette charte précise : « *Certaines communautés qui appartenaient autrefois à l'Empire ottoman ont atteint un degré de développement tel que leur existence en tant que nations indépendantes peut être provisoirement reconnue à la condition qu'un mandataire apporte ses conseils et son assistance à leur administration jusqu'au moment où elles seront capables de se diriger seules. Les vœux de ces communautés doivent d'abord être pris en considération pour le choix du mandataire.* »

Voilà pour la théorie. Dans la pratique, le traité de Sèvres, signé l'été 1920, n'est pas très différent de ce qui avait été décidé en catimini en 1916. Il n'y aura pas de grand Royaume d'Arabie. La France reçoit un mandat pour gouverner la Syrie et le Liban ; la Grande-Bretagne en obtient un pour l'Irak, la Transjordanie et la Palestine. Mais pour le vilâyet de Mossoul[1], les Anglais devront attendre.

Sentant le bon filon, ils avaient poursuivi leur avancée dans cette province promise à la France, après la signature de l'armistice. Paris avait donc été placée devant le fait accompli. Mais si les Britanniques occupent ce territoire depuis, son statut n'est pas tranché, la Turquie avançant des raisons de sécurité nationale pour revendiquer ce vilâyet.

Ankara se bat aussi sur le terrain intérieur. Car le 10 août 1920, la Turquie est réduite à peau de chagrin dans la région de l'Anatolie. Inconcevable pour les nationalistes turcs qui continuent à se battre les armes à la main sous les ordres de Mustafa Kemal, le futur Atatürk, avec le soutien de la toute jeune Russie communiste.

Et les Kurdes dans tout ça ? Ils sont divisés. Les plus religieux rejoignent les Kémalistes au nom de la fraternité sunnite. Les autres se contentent de la promesse d'un État kurde sur 20 % de l'ensemble du territoire alors peuplé par les Kurdes et sur 25 % du territoire demandé par Chérif Pacha. Dans l'article 62, il est délimité autour de Diyarbakir, sur une partie du Kurdistan de Turquie, bien loin du Kurdistan rêvé par les indépendantistes. Mais l'article 64 prévoit « *le droit des populations kurdes habitant ce territoire de choisir librement – avec le consentement du Conseil de la Société des Nations – le statut politique de leur pays, y compris l'indépendance et l'adhésion de la population du Kurdistan méridional à cet État* ». Les nationalistes kurdes font contre mauvaise fortune bon cœur. Il s'agit d'un premier pas. Mais comme les Arabes qui n'ont pas le vaste État espéré[2], ils vont vite déchanter.

Le traité de Lausanne : les illusions perdues

La vigueur du mouvement national turc ne permet pas d'appliquer le traité de Sèvres. Le 24 juillet 1923, il est remplacé par le traité de Lausanne qui marque la naissance de la République de Turquie, de la Thrace orientale à l'Asie Mineure.

L'idée d'un État kurde est abandonnée. Ce peuple uni par une même culture est maintenant divisé entre quatre pays, la Turquie, l'Iran, l'Irak et la Syrie, dont trois sont créés de toutes pièces, conformément au principe de l'*uti possidetis juris*, qui consacre les frontières héritées de la

1. Nord de l'Irak actuel, qui comprend le Kurdistan et les territoires dits « disputés » entre Bagdad et Erbil, notamment la zone pétrolifère de Kirkouk.
2. L'indépendance des Arabes sera finalement reportée à 1932 pour l'Irak et à 1946 pour la Syrie et le Liban.

colonisation… sans tenir compte des réalités ethniques (Arabes/Kurdes) ou religieuses (chiites/sunnites).

Devant les Occidentaux, Mustafa Kemal se veut rassurant sur l'amitié turco-kurde. Mais le 3 mars 1924, le jour même de l'abolition du califat, un décret interdit toutes les écoles, associations et publications kurdes, de même que les confréries religieuses et les madrassas. Les Kurdes ont le sentiment d'avoir été trahis. Ils n'ont même plus le droit de parler leur langue, les citoyens non turcophones étant considérés comme ennemis potentiels de la nation.

C'est ainsi que l'inquiétude grandit dans le vilâyet de Mossoul. Il est convoité par les Britanniques – qui ont négocié un accord pétrolier avec la France pour faire taire leur rancœur – et par les Turcs. La Société des Nations est chargée de régler le différend.

Le 30 septembre 1924, elle décide la création d'une commission d'enquête qui esquisse une troisième voie dans son rapport de 90 pages rendu le 16 juillet 1925. Les trois commissaires conviennent en effet qu'il « *n'existe pas de sentiment national irakien* » et que, « *parmi les Kurdes, on trouve une conscience nationale croissante qui est nettement kurde et non irakienne* ». Les auteurs du rapport estiment donc que, « *s'il fallait tirer une conclusion de l'argument ethnique, elle conduirait à préconiser la création d'un État kurde, indépendant, les Kurdes formant les cinq huitièmes de la population. Si une telle solution était envisagée, il conviendrait de joindre au chiffre précédent les Yézidis, Kurdes de religion zoroastrienne*[1], *et les Turcs dont l'assimilation par l'élément kurde serait aisée. Dans une évaluation ainsi faite, les Kurdes formeraient alors les sept huitièmes de la population du vilâyet* ».

Une hypothèse qui ne tient pas compte des divisions entre les Kurdes auxquels les Anglais reprochent leur immaturité politique. Ils lui opposent la nécessité d'offrir au futur Royaume d'Irak un territoire viable, ce dont conviennent aussi les trois commissaires enquêteurs. Ces derniers concèdent ainsi que l'Irak a « *le droit moral d'exiger que, puisqu'on l'a créé, on lui donne des frontières lui permettant de vivre, tant au point de vue politique qu'au point de vue économique* ». Or, la géographie montagneuse du Kurdistan offre une frontière naturelle avec la Turquie, mais aussi une terre riche en pétrole et en eau.

Ismet Inönü, le représentant d'Ankara aux négociations de Lausanne, n'est pas dupe. Il affirme que, pour les Anglais, le sort du vilâyet de Mossoul est d'abord « *une question de pétrole* ». Il n'a pas tort ! Que deviendrait l'Irak (et la Turkish Petroleum Company, sous contrôle britannique) privé d'une bonne partie de ses ressources !

Le 16 décembre 1925, la Société des Nations attribue le vilâyet de Mossoul à l'Irak sous mandat anglais, à condition que l'Angleterre et

1. Pour les Yézidis, c'est plus complexe que ça en réalité.

l'Irak accordent une certaine autonomie culturelle et administrative aux Kurdes. Une condition jamais respectée, ce qui va devenir une source d'instabilité prétexte, des années plus tard, à un des génocides les plus méthodiquement organisés de l'histoire du XXe siècle.

En revanche, l'accord passé en 1925 entre la Turkish Petroleum Company et le gouvernement irakien, lui, est suivi d'effet. La compagnie rétrocède 4 shillings par tonne exportée, en guise de royalties. En échange, elle s'assure les droits d'exploitation des gisements sur la quasi-totalité du territoire pour de nombreuses années. Une bonne affaire pour la Grande-Bretagne qui garde la moitié des parts de la société, mais aussi pour la Compagnie Françaises des Pétroles qui s'octroie 25 % du gâteau (en contrepartie de l'abandon des ambitions françaises sur le vilâyet), un autre quart revenant à des compagnies américaines.

Chacun doit quand même rogner sa part pour éteindre le feu avec Ankara qui, le 5 juin 1926, a obtenu 10 % du pactole en échange de sa signature au bas d'un accord tripartite de bon voisinage et de sécurité entre l'Angleterre, l'Irak et la Turquie.

La frontière est enfin fixée. Un an plus tard, les premiers gisements de très bonne qualité sont découverts dans le nord de Kirkouk, à la grande satisfaction des Anglais qui assument la direction de la Turkish Petroleum Company rebaptisée Iraq Petroleum Company en 1929. IPC qui exploitera aussi les gisements de la région de Mossoul à partir de 1934.

Mauvaise pioche en revanche pour les Kurdes assis sur des réserves estimées aujourd'hui à 45 milliards de barils de pétrole. Ils le comprennent à chaque phase de répression mais surtout le 1er juin 1972, quand le champ de Kirkouk – qui représente alors les deux tiers de la production totale de l'IPC – est nationalisé. Du jour au lendemain, 2500 salariés kurdes de l'Iraqi Petroleum Company sont licenciés et remplacés par autant d'Arabes.

Sur la lancée, le champ de Bassorah – région où vivent principalement des Arabes chiites, majoritaires dans le pays – entre lui aussi dans le giron de l'État. Si bien qu'entre 1972 et 1973, l'Irak – sous la domination stricte de la minorité arabe sunnite – récupère 100 % de sa production. Une manne qui va permettre à Bagdad de financer l'arabisation des territoires contestés où les Arabes supplantent peu à peu les Kurdes expulsés – notamment dans le secteur de Kirkouk – mais aussi la guerre contre l'Iran chiite et le génocide kurde, plus connu sous le nom d'opération Anfal, qui va frapper indistinctement les civils et les peshmergas sur la grande majorité des terres kurdes d'Irak, Bagdad considérant qu'elles sont habitées par des alliés objectifs de l'Iran.

« Un prétexte » estiment les Kurdes qui font remonter la source de leurs ennuis au non-respect du traité de Sèvres. Persuadé que « *la répartition des richesses du sol dans les pays kurdes ne peut servir d'aucune façon de prétexte à la séparation du Kurdistan en plusieurs zones d'influence, ni à sa division* », Chérif Pacha avait vu juste dans son mémoire du 1er mars 1920... à un détail près. Il craignait que l'Arménie en voie de création empiète sur des terres où la population est majoritairement kurde. C'est de l'Irak dont il aurait dû se méfier... ce qui ne change rien sur le fond.

Dans son mémoire du 1er mars 1920, Chérif Pacha écrivait en effet qu'en accordant les terres kurdes à d'autres, « *on violerait tous les principes de nationalités et de droit des peuples à disposer d'eux-mêmes. Mais ces populations étant guerrières et jalouses de leur indépendance nationale, il n'y aura pas de doute que, dans cette future Arménie*[1] (NDLR : ce futur Irak finalement, plus au Sud), *le désordre règnera à l'état endémique, à moins que les Alliés veuillent y entretenir à perpétuité une forte armée qui sera elle-même exposée à toutes les attaques d'une guerre de guérilla* ». Les États-Unis ont pu le vérifier des décennies plus tard, même si c'est plutôt des Arabes – chiites ou sunnites – dont ils se méfient aujourd'hui, et non des Kurdes devenus des alliés fidèles, pas toujours récompensés.

Et pour cause, leurs ressources naturelles, et en premier lieu le pétrole, restent un obstacle à toute velléité d'indépendance du côté du Kurdistan. À défaut de l'obtenir, les Kurdes ne demandent qu'une chose, que la communauté internationale suive l'exemple de la justice irakienne et reconnaisse officiellement les crimes de masse dont ils ont été victimes quand Saddam Hussein tenait les rênes du pays.

Ce livre a pour ambition de démontrer qu'il s'agissait bien d'un génocide, planifié et mis en œuvre par tous les services de l'appareil d'État irakien, au nom d'une idéologie mortifère. Le graver dans le marbre, comme la Shoah ou le génocide rwandais, l'étudier et l'enseigner dans les écoles, ce serait adresser un message aux générations futures. Et faire en sorte que de telles horreurs ne se reproduisent plus.

1. L'ancienne République soviétique d'Arménie n'a obtenu son indépendance qu'en 1991.

Le Kurdistan historique et son évolution depuis 1919

Figure 2 – Le Kurdistan historique et son évolution depuis 1919.
© Philippe Rekacewicz

I

Snur montre la voix

Salahaddin, à la périphérie d'Erbil, la capitale de la région autonome du Kurdistan irakien. La scène se passe à 5 km du siège du palais présidentiel, le 6 mai 2013.

– Hiiiiiiiii, yian a maaaare ! Gpourquoi ? Gpourquoi moi ?

La tomate qui vient d'être réduite en pulpe sanguinolente d'un coup de poing rageur, sur le plan de travail, aurait pu dire la même chose. Mais tout à sa peine, Snur ne peut plaindre personne d'autre qu'elle-même. Le son strident de sa voix arrive aux oreilles de sa sœur Yassa, tout juste rentrée du lycée, sur les hauteurs de la ville la plus protégée du Kurdistan.

Pas le temps de changer son uniforme scolaire pour sa robe kurde préférée. L'adolescente jette son cartable sur le lit, jaillit du *mobil home,* coupe à travers le potager et fonce vers la cuisine du précaire deux-pièces occupé par ses parents, le temps que la nouvelle maison soit terminée sur le terrain voisin.

Au même moment, à l'autre bout du jardin, Leila laisse tomber le tuyau d'arrosage sans couper l'eau et file elle aussi vers la cuisine.

Son mari Abdulsetar l'intercepte alors que la benjamine de la famille stoppe net sa course pour tourner la poignée de la porte vitrée, comme si de rien n'était.

– Attend. Laisse-les. Il n'y a que Yassa qui puisse la calmer dans ces cas-là, tu le sais. Ça devait arriver après ce qui s'est passé ce matin.

– Snur, qu'est-ce qu'il y a, demande Yassa à sa grande sœur, de 9 ans son aînée.
– Personne me gcomprend quand je gparle !
– Mais je te comprends moi, la rassure Yassa d'une voix douce.

– Oui mais gtoi gt'es ma sœur. Si gtu avais vu les gens venus livrer le gmatériel ce magtin. Il y en a un qui m'a gdemandé où le mettre. Quand je lui ai gdit devant l'egcalier, il m'a regardée bizarrement et il a regposé la question à maman.
– Ben, peut-être qu'il était bête, ou sourd. Ou les deux ! Je parie qu'il était plus petit que toi ! lâche malicieusement Yassa. À ces mots, Snur se déride un peu.
– Ils sont tous plus gpetits que moi, répond la belle jeune femme, le sourire en coin.
– Cet homme, il ne t'arrive pas à la cheville. Allez, oublie ça. Viens m'aider à choisir ma robe. Et puis, tu dois te changer toi aussi. La tienne est pleine de jus de tomate.
– Et agprès, on se magquillera ? demande soudainement Snur avec, cette fois, des étoiles plein les yeux.

Le silence est revenu après la réponse affirmative de Yassa. Leila en profite pour ramener à la cuisine le plateau de fruits que Snur avait déposé sur la table du jardin pour les ouvriers.
– Oh, maman, gpardon. Je vais nettoyer, anticipe Snur en la voyant passer la porte.

Yassa jette un regard furtif en direction du *mobil home*. Leila décode.
– Non, ça va, je vais le faire. Va avec ta sœur. Vous avez besoin de parler entre filles… Au fait, si tu veux, ce soir, je peux faire du tirshik[1]. Je sais que tu adores ça.
– Oh, ouiii !
– Tu le veux à la sauce tomate ou à la sauce blanche ?

Un peu honteuse, Snur regarde la tomate écrasée sur le plan de travail.
– Hmm, à la gblanche, merci, répond sa fille aînée gênée.
– Oui, c'est très bien la sauce blanche, renchérit Yassa.

Abdulsetar feint l'étonnement en entrant à son tour.
– Ah, vous êtes là ! Je vais chercher Haliz en ville. Elle vient d'appeler. Elle a les bras chargés de courses. Tant que j'y suis, elle n'a pas acheté de glace. Et moi j'en ai bien envie ; ça vous dit ?

1. Plat traditionnel kurde à base de kotilks, boulettes de semoule farcies à la viande de bœuf et servies avec une soupe de tomates ou une soupe à base de yaourt et coriandre.

- Oui, à la gpistache, s'empresse de répondre Snur, la plus gourmande d'entre tous.
- Bon, on y va, tranche Yassa en entrainant sa sœur à sa suite.

***

- Tu crois que la crise est passée ? demande Leila en regardant ses deux filles s'éloigner.
- Oui. Je discutais avec le peintre ce matin, dans notre futur salon. Par la fenêtre, je l'ai vue se raidir, sur la pelouse, quand le maçon ne l'a pas comprise, répond Abdulsetar. À partir de là, elle n'a plus desserré les dents. C'est toujours comme ça. Il fallait s'attendre à ce qu'elle explose après le départ des ouvriers.
- On l'a peut-être trop protégée pendant toutes ces années.
- On était d'accord pour qu'elle n'aille pas à l'école. Tu sais comment les enfants peuvent être cruels entre eux ! C'est facile de se moquer d'une gamine qui n'a pas les mots pour se défendre.
- Oui mais, quand elle a commencé à parler à 12 ans, on aurait peut-être dû la pousser un peu plus, ou au moins la reprendre sur les mots qu'elle prononçait mal. Rappelle-toi ce qu'a dit le Dr Matyn, à Ankara en 2000. « Ses cordes vocales n'ont plus rien. Techniquement, elle peut parler maintenant. Mais il faut qu'elle s'entraîne. » On aurait dû le faire plus tôt. En 1998 déjà, un médecin m'avait dit qu'il fallait lui parler, la solliciter. Mais on avait toujours du monde à la maison. On n'a jamais vraiment pris le temps de le faire.
- Enfin Leila ! À l'époque, elle ne savait pas dire papa et maman. Elle avait encore des crises de tremblements. Et puis les médecins nous avaient dit qu'il ne fallait pas la vexer, pour éviter les crises. Tu vois bien comment elle s'énerve quand on la reprend sur la prononciation d'un mot !
- Elle trouve sa différence injuste. Je la comprends. Elle ne connait personne d'autre dans son cas. Elle croit qu'elle est la seule au monde à souffrir. Mais enfin, elle a 25 ans maintenant. Il faudrait peut-être qu'on lui parle plus sérieusement des raisons de son handicap et de toutes les autres personnes qui vivent des choses bien pires qu'elle au Kurdistan !
- Peut-être, mais pas aujourd'hui. Là, elle est en train de penser à autre chose. Laissons-là se changer les idées. Haliz ira les voir tout à l'heure. Elles s'entendent bien toutes les trois.

Quelques minutes plus tard, Haliz pénètre tout sourire dans la chambre des filles.

– Bonjour Snur, bonjour Yassa. Oh, que vous êtes belles ! Cette robe mordorée va très bien à ton teint, Snur.

Sa belle-sœur, de nouveau rayonnante, prononce un merci timide. Clin d'œil de Yassa dans son dos. Haliz comprend que l'opération « remonte-moral » a réussi.

Le soir, au cours du repas pris assis par terre dans l'étroite cuisine, Abdulsetar reçoit un appel de Zoubeyr, un Kurde de France qu'il a connu dans la Résistance, à l'époque où ils luttaient contre le joug du parti Baas, dans les montagnes de Barwari. « Bele, bele, ser çava » ! Abdulsetar ne raccroche jamais sans dire à son ami qu'il est plus important que la prunelle de ses yeux.

– Zoubeyr arrive cette nuit, à l'aéroport. Il passe demain avec sa fille Kavout et une journaliste française qu'il m'avait présentée en 2009. Et tu sais quoi, elle va peut-être écrire un livre sur le génocide. C'est l'occasion, non ?
– De quoi ?
– De raconter notre histoire à Snur. Enfin, celle de tous les Kurdes à partir du moment où le parti Baas a pris le pouvoir en 1968. Les déportations, les tortures comme celles que j'ai subies pendant deux ans et demi à la prison d'Abou Ghraïb à la fin des années 70, jusqu'à Anfal, avec les bombardements chimiques en 1988.
– Ah, ça, je n'oublierai jamais quand les hélicoptères sont passés au-dessus de nous et qu'ils ont lâché leur saleté de bombes chimiques. C'était le 24 août à 22 heures, intervient Leila.
– C'est ça ! Je pensais qu'ils allaient déposer des commandos. J'ai pris ma kalache ! Mais non, ils nous ont bombardés au chimique. Heureusement qu'il y avait un vent très fort ; ça a favorisé la dispersion des gaz. Il y a eu pas mal de gens malades qui vomissaient. La peau nous brûlait ; ça grattait. Snur vomissait elle aussi. Elle avait les yeux rouges, du mal à respirer…
– Seulement, on n'y a pas prêté attention le temps de la fuite jusqu'en Iran et même après. C'est pour ça que je culpabilise, soupire Leila. À Hevristé, on s'est rendu compte que Snur tremblait. Mais il fallait avancer. Jusqu'à Heshmawa puis Slevana. Ce n'est que là, quand nous nous sommes enfin posés, qu'on a réalisé que Snur ne tenait plus assise par terre. Elle était molle et on ne l'entendait plus gazouiller. Elle n'avait que huit mois, la pauvre ! Ses cordes

vocales ont sacrément souffert, il me l'a dit le docteur, en 1998, à Mossoul.

Deux jours plus tard, la journaliste au nom compliqué a été rebaptisée Nergiz, plus facile à prononcer en kurde. Mais surtout, il a été décidé que Snur serait le témoin privilégié de son enquête sur les rouages du génocide pensé et mis en œuvre par le parti Baas. À charge pour Kavout de faire le lien entre Nergiz et Snur.

« Alors, ça te va Snur » ? demande la jeune traductrice diplômée de Sciences Po Rennes. La fille aînée de Leila et Abdulsetar fait oui, vigoureusement, de la tête.

Le plus dur reste à venir.

II

75 morts dans une grotte… mais pas de miroir

Un peu plus de deux mois plus tard, dans la maison de Snur à Salahaddin.

Le thé est servi dans le jardin fleuri de la maison familiale encore en travaux.

Kavout attaque d'entrée.

– Snur, tu aurais voulu aller à l'école ?
– Oh, oui ! Si on me gdisait aujourd'hui « tu y gvas », g… je serais très gcontente !
– Eh bien aujourd'hui, c'est l'école qui vient jusqu'à toi. On va te raconter tout ce qui s'est passé avant que la bombe chimique t'ait fait du mal ; tu veux bien ?
– Oui.
– Tu te souviens de Saddam Hussein et de Mustafa Barzani, le père du président de la région du Kurdistan[1]?
– Oui, répond Snur qui n'était pas née à la mort du père de la révolution kurde, en 1979. Mais sa photo en tenue de peshmerga trône en bonne place dans le salon.
– Tu te souviens du parti Baas ?
– Des Aragbes ?
– Oui, enfin, tous les Arabes n'étaient pas au parti Baas. Il y avait beaucoup de sunnites, comme Saddam. Quelques chrétiens aussi, comme Tarek Aziz, son ministre des Affaires étrangères dans les années 80… Il y avait même des Kurdes avec eux.
– Des gtraîtres !

1. Massoud Barzani est le premier président de la Région autonome du Kurdistan irakien. Né le 16 août 1946. Après des années dans la Résistance contre le régime baasiste et anti-Kurdes au pouvoir à Bagdad, il est désigné Président par le Parlement kurde à l'issue des premières élections législatives post-Saddam Hussein. Il est réélu en 2009 au suffrage universel. En 2013, le Parlement kurde décide de repousser les élections de deux ans. En 2015, c'est la guerre contre Daesh qui contraint le Parlement à surseoir de nouveau. Jusqu'à la démission de Massoud Barzani le 1er novembre 2017.

- Pas pour le gouvernement irakien. Mais tu sais, quelques-uns espionnaient pour le compte de la Résistance. Et heureusement parce que, dès que les baasistes sont arrivés au pouvoir à Bagdad en 1968, ils ont commencé à s'en prendre aux Kurdes qui n'étaient pas de leur côté. Les massacres ont commencé en 1969.

Snur paraît interloquée. Elle a du mal à imaginer le monde d'avant. « J'étais petite, précise sa maman. J'avais 2 ans. » Sa fille aînée prend la mesure du temps passé et s'inquiète.
- Ils t'ont fait du gmal à toi aussi ?
- Non, ils ne lui ont pas fait du mal, intervient Kavout. Mais ils ont fait du mal à des enfants du même âge et à leur maman, dans une grotte, à Dakan, à une heure de voiture de Duhok.

Snur ferme les yeux et imagine une grotte assez petite, comme celle qu'elle vient de voir en photo. 150 personnes vivaient là entre 1962 et 1969… jusqu'à l'attaque.

***

Nous sommes dans la montagne de Xéré, le 16 août 1969, au-dessus de Dakan. Les 150 habitants du village vivent dans des grottes depuis 1962 pour se protéger des bombardements épisodiques de l'aviation irakienne. Amina est en train de préparer le repas sur le petit espace plat que la nature a taillé dans le roc, devant la grotte située à l'Est, en surplomb de la riche vallée de Saroukani. Les oliviers en contrebas sont les plus réputés d'Irak. Tout autour, les pêchers, figuiers, grenadiers et autres citronniers n'ont pas peur d'affronter les 50° de ce ciel sans nuage, avec les vingt sources qui leur permettent de boire à satiété tout en abreuvant les rizières. Le blé a été récolté il y a quelques semaines, de nuit, comme chaque année. Pour éviter les ennuis avec l'armée. Ça amuse les soldats de « tirer les Kurdes » comme des lapins.

Amina pétrit la pâte pour faire le pain. Elle aussi attend la tombée de la nuit pour le cuire. Plus bas, au creux de la vallée, il n'y a plus personne dans le petit village maintes fois bombardé par l'armée depuis que Mustafa Barzani a déclenché la révolution d'Aylul, en septembre 1961.

Les Kurdes ont abandonné leurs maisons pour se réfugier dans la montagne où ils sont devenus invisibles. Quand ils ont besoin de rejoindre l'autre grande grotte de la vallée, à 1 km de là, ils suivent les failles ou se mettent à couvert, dans la vallée verdoyante. Trente-cinq familles – soit dans les 150 personnes – vivent dans chacune des deux grottes de la vallée, en plus de celles qui se contentent d'un trou dans la roche, ça-et-là, comme cette femme aveugle qui a toujours impressionné Amina.

Pour tous, le même confort rudimentaire. Mais la jeune mère de famille s'y est habituée depuis le temps. Dans sa grotte, les hommes ont rattrapé la pente avec des planches. Certains ont moins de chance et vivent à sept dans de petites anfractuosités qui sont autant de « chambres » de 5 à 6 m^2 où il est impossible de tenir debout. Ils sont obligés de dormir depuis des années dans la même position, collés les uns aux autres. Les gens ont appris à serrer les dents pour cacher leur mal au dos.

Heureusement, les nourrissons échappent à cet inconfort. Douze berceaux taillés dans le bois sont alignés sur la droite, derrière le mur de pierres qui rétrécit l'entrée de la grotte pour rendre sa présence plus discrète. Les mères, les grand-mères, les tantes et les grandes sœurs viennent dorloter les bébés à tour de rôle. À cet endroit, sur une bande plate d'un mètre de large, elles ont plus de trois mètres au-dessus de leur tête. De quoi se tenir debout et dérouiller les articulations. Mais plus elles s'avancent vers le fond, plus elles sont obligées de se courber, tant la pente est raide jusqu'à l'entrée de la cache située au-dessus de la première salle, derrière le sommet du pilier formé il y a des milliers d'années, le jour où stalagmite et stalactite se sont mariées pour l'éternité.

Par chance, le dos d'Amina va encore bien. Elle a 26 ans, de bonnes joues et une belle santé, même si elle paraît dix ans de plus. Et elle a surtout deux enfants adorables, Fathi et Hesna, qui ne cessent de réclamer son attention pendant que Mohammed, son mari, fait le guet en alternance avec les sept autres peshmergas chargés de protéger le village.

Le soleil est couché depuis un moment, Amina s'apprête à faire cuire le pain, quand elle voit Mohammed arriver avec un cadre des peshmergas du secteur. Immédiatement, elle s'inquiète.

– On a eu un renseignement de Bagdad par un de nos espions ; les soldats vont attaquer la vallée demain. Mais ne vous inquiétez pas, on sera là pour leur barrer l'accès. Trois cents peshmergas de la région sont en route. On va leur tendre une embuscade. Pendant ce temps, toutes les femmes et les enfants devront rester à l'abri dans les grottes. Il y aura sûrement des bombardements. Ce n'est pas la peine de prendre le risque d'être touché par un éclat.

Ce n'est pas pour elle qu'Amina s'inquiète, mais pour Mohammed. Pour elle, comme pour toutes les femmes qui sont là, ça veut dire encore des heures d'angoisse à attendre un mari, un fils, un père, un cousin. Combien sont morts au cours de toutes ces années ? Amina a arrêté de compter il y a bien longtemps, comme ses amies d'ailleurs. Aucune ne cherchera à empêcher ces hommes, qui n'ont pas l'habitude de se battre, de sortir leur kalachnikov pour prêter main forte aux peshmergas aguerris.

Le 17 août 1969, à la tombée de la nuit, Amina apprend que quelques hommes sont tombés au combat… mais pas Mohammed. Sur les 300 combattants qui tenaient la crête sur la montagne face à celle de Xéré, de l'autre côté de la vallée, la plupart sont rentrés vivants.

« L'armée a attaqué trois fois par la plaine. Trois fois, on les a repoussés. À 300 contre 2000 », affirment les survivants ! La nouvelle fait le tour de toutes les familles. Les jeunes garçons jubilent. Xalil, 13 ans, est fier de ses habits kurdes. Quand il sera grand, il sera peshmerga lui aussi. Les filles voudraient surtout avoir une maison, plus tard. C'est le cas de Bagixan, 12 ans, qui va voir son petit frère, dans le berceau. Nadjib dort. La fillette dépose un baiser sur son front pendant que les grands discutent du lendemain.

– Vous êtes malins vous ! Vous croyez que les baasistes vont abandonner comme ça ? Ils vont sûrement revenir. Et nous, nous ne sommes pas sorties de la journée. Du coup, nous n'avons plus d'eau et plus de pain, fait remarquer Amina.
– Ce n'est pas sûr qu'ils reviennent, répond un peshmerga. Attendons demain. De toute façon, on sera là !

Une confiance que les événements vont vite anéantir.

Le 18 août 1969, à 7 h 30. Xalil n'a pas beaucoup dormi. Les plus petits avaient faim et soif ; ils ont pleuré une bonne partie de la nuit. Il n'y a pas l'ombre d'un soldat à l'horizon. Les femmes décident donc d'aller chercher de l'eau à la source. Pour les aider, Xalil prend deux gros bidons et descend plus bas, à la rivière. Mais à 8 heures, c'est l'affolement général. Trois avions de chasse survolent les gorges de Saroukani à basse altitude. Les chiens aboient immédiatement, effrayés par le bruit. Xalil, qui

Commençait à remplir son premier bidon, se plaque au sol et se blottit contre une pierre, sous un dattier. Bien plus haut dans la pente, les femmes et les enfants qui les accompagnaient ont eu le même réflexe.

Pas d'explosion. Il s'agit d'un vol de reconnaissance. Les trois avions n'ont pas plus tôt dépassé la crête, où l'on entend les premiers tirs de kalachnikov, que tous abandonnent leurs bidons pour courir vers la grotte distante de 50 mètres à peine. Toujours plaqué au sol, Xalil reconnaît la robe de sa mère. Et cette silhouette à côté, c'est Amina qui sort du couvert, à 5 mètres de la grotte. Ouf, elles sont à l'abri !

Son cerveau tourne à plein régime. Plusieurs petits groupes sont disséminés dans la montagne. Il se redresse pour entamer sa remontée quand trois avions zèbrent à nouveau le ciel d'un funeste présage. L'armée se prépare à une attaque d'envergure. Les généraux, qui croyaient leurs troupes supérieures, ne veulent sûrement pas essuyer le même échec que la veille. Cette fois-ci, ils sortent le grand jeu. Xalil progresse lentement, en rampant, entre chaque vol de reconnaissance.

Pendant ce temps, dans la grotte, les mères essaient de rassurer les bébés dans les berceaux. Tout au fond, treize femmes enceintes et les enfants blottis les uns contre les autres. Les larmes coulent en pensant aux hommes qui se battent pour leur vie.

Arrivé presque au sommet, Xalil oblique sur la droite pour rejoindre l'autre versant. De loin, il a vu les peshmergas battre en retraite et s'enfuir vers le nord. Les soldats les ont pris à revers en passant par l'entrée des gorges, du côté de la rivière Xazer, où le jeune garçon était tout à l'heure. Ils ne vont pas tarder à prendre le village. Et après, Dieu sait ce qu'ils vont faire ! Même s'ils ne s'en sont jamais pris aux femmes et aux enfants, ils détestent les Kurdes. Xalil n'a plus l'âge de supporter les brimades et les humiliations.

À 16 heures, les avions de chasse ont déjà effectué quatorze vols de reconnaissance sur toute la vallée. « Mais qu'est-ce qu'ils cherchent ! », se demande Amina. Ce qu'ils cherchent ? Éviter une autre embuscade et, accessoirement, jouer avec les nerfs des Kurdes de Dakan auxquels ils entendent faire payer cher les pertes de la veille.

16 heures donc, l'heure du crime. Le premier. Finis les passages à vide. Un déluge de feu s'abat sur la vallée. Pendant 1 h 30, tout y passe : des bombes au napalm et des missiles principalement, quand ce ne sont pas les tirs de mortier qui balaient tout sur leur passage.

17 h 30. Le silence est retombé. Dix minutes après, Amina passe discrètement la tête à l'angle du mur de pierres, près des berceaux. Elle aperçoit une trentaine de camions militaires, en bas, au vieux village. Derrière elle, quatre-vingt-cinq femmes et enfants attendent, inquiets, le visage ruisselant de larmes pour la plupart. Gémissements et chuchotements finissent par attirer l'attention. Un officier pointe la grotte du doigt. Amina recule précipitamment.

– Qu'est-ce qu'on va devenir ? répète inlassablement une femme aux suppliques suraigües, le visage tourné vers le plafond de la grotte.

Les pleurs des enfants redoublent. Cent soldats, peut-être un peu plus, sont en train de gravir la pente, en direction de leur grotte. Ils s'arrêtent à trente mètres de l'entrée. Amina entend distinctement un ordre en arabe. La seconde suivante, la fumée succède au bruit mat des lance-fusées. À l'intérieur de la grotte, c'est la panique. Les planches de bois qui servent à dormir ont pris feu. Les jeunes mères se jettent sur les berceaux pour faire écran avec leur corps. Ce sont les premières à périr carbonisées, avec les bébés. D'autres, entassées au fond de la grotte, commencent à tousser. Un mur de flammes bloque maintenant la sortie.

Un enfant tente le tout pour le tout. Il se jette à travers et atterrit de l'autre côté, sur le replat qui sert de cuisine. Deux soldats l'empoignent et le lancent dans le brasier. Pour éviter d'autres tentatives de sortie, les soldats en position de tir sur les deux gros rochers situés à trente mètres lâchent quelques rafales.

Dans la grotte, les cris ont baissé d'intensité. Deux mères ont tout juste la force de hisser trois enfants dans une petite excavation au-dessus de leur tête, près du pilier, avant de s'évanouir. Amina suffoque. La robe lui colle à la peau sous l'effet de la chaleur. Elle aussi tombe inanimée sur la roche noircie.

Xalil, qui a pu s'extirper de la vallée à temps avec un groupe de douze personnes, a entendu les explosions de l'autre côté de la montagne. Il ne sait pas où sont passés les membres de sa famille. Le lendemain, arrivé à Baqosp, distant de 15 km, il a la surprise de retrouver la jeune Bagixan qui s'est enfuie juste avant le début du bombardement avec son petit frère d'un an dans les bras. Il reconnaît aussi Mahmoud, 9 ans, et Haraf, 7 ans, qui ont eu la chance de se retrouver dans d'autres groupes qui ont choisi la fuite. Il fait le compte. Avec lui, ça fait près de soixante-dix rescapés. En revanche, pas trace de sa mère ni des quatre-vingt-cinq autres habitants de la caverne. Impossible de savoir s'ils sont morts, blessés, ou s'ils ont été faits prisonniers ! Les éclaireurs indiquent que l'armée occupe le village abandonné de Dakan et que les soldats font des patrouilles dans la vallée.

Le 21 août, n'y tenant plus, les hommes du village décident de retourner à la grotte, de nuit, pour aller chercher les femmes et les enfants qui s'y cachent peut-être. Xalil veut absolument les accompagner. L'approche est discrète. Ils connaissent tous les chemins de la montagne par cœur. Mais dans la grotte, ils ont du mal à retenir un cri d'horreur. À l'endroit où se trouvaient les berceaux, des corps qui ressemblent à des arbres ratatinés par un incendie. Plus loin, d'autres sont intacts, mais la fumée a eu raison de leurs poumons. Les villageois comptent 75 cadavres. Xalil manque de trébucher sur une femme. Il perçoit un léger sifflement. C'est Amina qui respire encore. Un homme le tire alors par l'épaule et l'entraîne plus loin, il a trouvé la tante du jeune garçon. Vivante elle aussi. Finalement, ils extraient onze survivantes de la grotte, toutes inanimées.

Le groupe décide de prendre un sentier un peu plus long mais plus praticable pour retourner à Baqosp. En route, il tombe sur Salim, le grand-père de Xalil, affalé sur un rocher. Un homme retourne le corps. Il est mort de faim et de soif. Dur moment pour l'adolescent. D'autant que sa tante meurt à peine arrivée au village.

Amina se réveille quelques heures plus tard, les pieds dans l'eau. Des femmes sont en train de lui caresser la gorge. Dans les années qui suivent, elle va enchaîner les pneumonies, mais quarante-quatre ans plus tard, elle est encore en vie. Ce n'est pas le cas des dix autres femmes rescapées de l'incendie, qui sont toutes mortes dans les mois et les années qui ont suivi à cause des fumées inhalées ce triste jour du 18 août 1969. Un jour qu'Amina évoque difficilement avec son mari. Car ce jour-là, ils ont perdu dix-huit membres de leur famille dans la grotte, dont leurs deux enfants.

Assise sur un matelas posé par terre, dans le modeste salon de sa maison, à Qasrouké, Amina regarde sa dernière radio des poumons en cet été 2013. Ils sont aussi noirs que ceux d'un grand fumeur. Aussi noir que les parois de la grotte dans laquelle Xalil a accepté de revenir pour que son témoignage dépasse les frontières du Kurdistan. Xalil qui n'a même pas une photo pour se souvenir de sa mère.

Il y a une odeur, en revanche, qu'il n'oubliera jamais, celle qu'il a sentie le 5 septembre 1969 lorsqu'il est revenu dans la grotte avec une quarantaine d'hommes pour enterrer les corps, deux jours après le départ de l'armée.

- Les pères ont dû mettre des oignons sur le nez et un foulard autour de la bouche car les corps avaient pourri avec la chaleur. L'odeur était très forte. On les a enterrés tout autour de la grotte.

Il se penche au-dessus d'une pierre saillante, à quinze mètres du mur de pierres qui tient encore debout, dégage les broussailles et n'a pas à gratter longtemps. À ses pieds affleure un vêtement kurde sale, déchiré… et tâché de sang.

***

Snur a les yeux dans le vague. Elle sent qu'on vient de lui raconter une histoire triste, mais elle n'arrive pas à mettre des mots dessus. Alors, Kavout lui rappelle qu'avant l'attaque de l'armée, les gens de Dakan ont vécu pendant sept ans dans cette grotte pour se protéger des bombardements. La jeune Franco-Kurde lui demande ce qu'elle en pense.

- Gdormir dans une grotte, c'est pas gbien. Il y a pas de gm… de gmaquillage, pas de miroir…

Elle réfléchit et montre une photo de Kavout, penchée sur une des sources de la vallée de Saroukani.

- Je ferais gcomme toi, en regardant mon regflet gdans l'eau pour me coiffer.

Fière de sa trouvaille, Snur sourit à Kavout qui lui retourne son sourire pour lui proposer aussitôt de lui raconter une deuxième histoire. Celle-là s'est passée à Surya, en septembre 1969.

La jeune femme regarde la pendule. Elle est d'accord, mais après la prière. Elle va s'isoler vingt minutes dans la chambre de ses parents. Le chemin va être long avec elle. Mais il s'annonce passionnant. Elle a tant de choses à découvrir.

III

Chrétiens et sunnites unis dans la mort à Surya

Le 16 septembre 1969, à Surya, dans la région de Zahro.

Le Père Hana est arrivé tôt cette année. À 8 heures, Xamo Maranguél, le maire[1] de Surya, est sur le pas de sa porte pour l'accueillir. Il a mis son plus beau barguz, la tenue traditionnelle kurde, car c'est un jour important. Comme tous les ans à la mi-septembre, le Père Hana vient au village pour chercher le denier du culte. La veille, il était à Chkavdalé. Aujourd'hui, il a du monde à voir, car il veut également saluer les musulmans du village. Certes, il approche de la cinquantaine, mais il n'est pas encore prêt à ralentir le rythme !

À force de regarder le prêtre courir partout depuis tant d'années, Xamo ne sait plus lui donner d'âge. Il le fait entrer dans sa maison, la plus grande des environs. Elle sert aussi d'église, le dimanche, pour les fidèles.

– Vous avez fait bonne route mon père ?
– Jusqu'à ce que je quitte la route de Zakho[2], oui. Le chemin pour venir au village est toujours aussi mauvais. Mais ça m'évite de rouler vite. Comme ça, je profite de la vue sur les champs de melons et sur les spinders[3], au bord de la Dijla. Aaah, les spinders ! C'est mon arbre préféré. J'adore regarder cet océan de verdure qui a pris racine au milieu de votre terre aride et qui s'élance aussi haut dans le ciel. Vous pouvez dire merci à la Dijla. Cette rivière, c'est une bénédiction du bon Dieu !

Xamo se signe et invite le curé à s'asseoir par terre.

– À propos, j'ai vu que vous aviez terminé la récolte des melons !
– Oui et celle du blé aussi. Les jeunes sont en train de le mettre en sac pour le stocker.

1. Traduction imparfaite de moxtor (mortor en français) qui désigne le chef du village.
2. Zakho, ou Zaxo en kurde (prononcer Zaro en français)
3. Spinder : variété de peuplier.

– Les soldats ne vous embêtent pas trop ?
– Bah, pour un village qui a été brûlé sept fois depuis 1946, on ne se plaint pas, sourit le maire, fataliste. Depuis que les baasistes ont renversé le général Abdul Rahman Aref [1], il arrive bien aux soldats de tirer sur nos bêtes pour le plaisir, lorsqu'ils patrouillent dans le coin, mais ça s'arrête là.
– J'ai entendu dire qu'ils avaient arrêté des jeunes le mois dernier !
– Ah, ça ! Oui. On a cinq familles de musulmans au village. Les soldats sont venus arrêter deux d'entre eux : Ramazan, le fils de Choukar, et Mohamed Salim. Comme ça, sans raison. Ils sont en prison maintenant. Que voulez-vous…
Je vous sers de l'avemast[2], mon père ? Il est tout frais, ça ne peut pas vous faire de mal !
– Ce n'est pas de refus ! Merci beaucoup, répond le Père Hana, un homme dont Xamo connaît la gourmandise.

À 300 mètres du village, tandis que le prêtre se régale avec le yaourt liquide que le maire vient de verser dans son verre, Alexandre charge de grands sacs de fines herbes sur ses deux mulets. À 14 ans, l'adolescent est déjà costaud et plus grand que la moyenne des Kurdes de son âge, ce qui fait bien les affaires de son père au moment des récoltes. Alexandre s'essuie les mains sur son ample pantalon, tout en levant la tête. Le soleil est encore bas. Il doit être environ 8 h 20, estime le jeune garçon, qui se dit que la journée va être longue.

Soudain, il aperçoit trois tanks, des jeeps et une ribambelle de camions militaires au loin, sur le chemin défoncé qui mène au village.
Papa, papa ! L'armée irakienne arrive !
– Et alors, continue à travailler ! répond Guiliana sans même lever le nez.
– Je crois qu'ils viennent nous tuer, insiste Alexandre, traumatisé par l'arrestation de son copain Ramazan dont il est sans nouvelle depuis qu'il a été mis en prison, en août.
– Mais non ! Remets-toi au travail.

Son père finit quand même par s'interrompre et pense à sa femme Selma qui se prépare pour la messe du matin.

1. En juillet 1968.
2. Yaourt liquide. Prononcer « ovamost ». Appelé aussi daw, en kurde.

– Bon, continue. Je vais avertir le maire pour qu'il prépare de quoi les recevoir. Ils vont boire un peu, prendre quelques poules et partir. Ne t'inquiète pas.

Au même instant, le Père Hana et son hôte liquident déjà leur deuxième verre. Moins de dix minutes après, Guiliana les prévient de l'arrivée des soldats.

– Eh bien, on va les recevoir, répond Xamo, pas plus inquiet que ça. J'ai encore de l'avemast. Va chercher Choukar, s'il te plait Guiliana. Il faut que nos amis musulmans soient avec nous pour accueillir les soldats.
– Bon, je vous laisse ; c'est l'heure de l'office, intervient le prêtre. Le monde ne va pas arrêter de tourner à cause d'eux.

Les familles chrétiennes pénètrent les unes après les autres dans la salle de prière. Toutes ont vu le convoi militaire au loin. L'inquiétude de la communauté est palpable. Et les musulmans ne sont pas en reste. Choukar arrive avec une jarre pleine, à regret. Offrir de l'eau à des soldats qui ont peut-être arrêté son fils il y a un mois ne l'enchante guère. D'autres musulmans sont là aussi. Après la prière, ils s'adressent au prêtre qui est considéré par tous comme un sage. Les vingt familles chrétiennes et les cinq familles musulmanes sont représentées. Il y a là des paysans, mais aussi des ingénieurs, un architecte, des avocats… et la même appréhension.

Il faut qu'on parte tous, conseille Choukar.

– Pourquoi veux-tu qu'on parte ? On n'a rien fait, reprend Xamo.
– Ramazan non plus n'avait rien fait. Je crois qu'on ferait bien de partir.
– C'est le gouvernement, ils ne vont rien nous faire, assure le maire.

Mohou, un autre chef de famille musulman, est du même avis. D'ailleurs, il doit rejoindre son fils Hassan qui est en train de remplir des sacs de blé, pour les monter au grenier.

– Eh bien moi, je pars. C'est hors de question que je me laisse arrêter ou que je laisse arrêter Daham, mon second fils. Il y a encore du travail dans les champs.
– Fais ce que tu veux. Nous, on reste ; on n'a rien à craindre.

Choukar sort de chez Xamo en maugréant, tandis que les chrétiens du village se recueillent un peu plus longtemps que d'habitude pour évacuer le stress. Il court vers sa maison pour prévenir sa femme qu'il va se mettre au vert quelques jours avec le petit, âgé de 12 ans. Trois hommes partent avec eux, dans la direction opposée à celle des camions. Tayibat, la fille âgée de 13 ans, reste avec sa mère.

9 h 30. Les freins des camions grincent sur la place du village. Le convoi s'immobilise dans un nuage de poussière.

- Entrez. On peut vous offrir de l'eau ou de l'avemast, lance Xamo dans un arabe parfait.
- Merci, oui, répond le capitaine deux étoiles sous le regard méprisant du capitaine une étoile, qui ponctue la réponse de son supérieur d'un cinglant : « Et vite, on n'a pas que ça à faire » ! Un baasiste interprète le maire, en reconnaissant l'accent des gens de Tikrit. Son attitude tranche avec la politesse de son chef.

Des femmes servent aussi les soldats, pressées de les voir partir. Dix minutes après, ils remontent dans les tanks, les jeeps, les camions et s'éloignent enfin, au grand soulagement des habitants du village. Mais un quart d'heure plus tard, une explosion les fait tous sortir précipitamment de leur maison. Ils aperçoivent de la fumée dans la direction prise par les militaires. Puis, cinq camions qui reprennent la route du village.

Très vite, c'est la panique. Plusieurs villageois sont déjà dans le salon sans meuble de Xamo, avec le prêtre.

- Qu'est-ce qui s'est passé ? demande une jeune mère de famille.
- Je ne sais pas. Ils ont dû avoir un problème, répond le maire.
- Choukar avait raison, on aurait dû partir avec lui. Vous allez voir que ça va encore nous retomber dessus cette histoire, intervient un papa inquiet.
- Qu'est-ce qu'ils vont faire de nous, ajoute un autre, visiblement effrayé.
- Peut-être qu'ils vont mettre deux ou trois hommes en prison pour l'exemple. Mais, dans un mois, ils seront rentrés, estime Xamo, toujours aussi confiant, tandis qu'Alexandre accourt vers sa maison.

Lui aussi a entendu l'explosion. Il s'arrête net derrière la première maison en voyant les soldats commencer à encercler le village. Il est rejoint derrière le mur protecteur par Daoud, un autre chrétien, et Mohamed, un copain musulman. Les trois adolescents se regardent terrorisés, ne sachant pas où aller.

Abdulkarim, le baasiste à l'accent de Tikrit, a pris les choses en main. Il hurle ses ordres en arabe aux soldats qui sortent les habitants de l'église à coups de crosse dans les omoplates et sur le visage. Toutes les maisons sont fouillées et les habitants bientôt regroupés dans un enclos où un membre de la commune a son potager, un peu à l'écart du village.

– Pourquoi vous nous avez attaqués, demande Xari, le capitaine deux étoiles. On a eu un mort et un blessé dans l'explosion.
– On ne vous a pas attaqués. On ne fait pas ce genre de choses. C'est peut-être une de vos grenades qui était défectueuse, répond Xamo avec assurance.
– Tais-toi ! assène le capitaine une étoile.

Le père Hana s'avance pour dire lui aussi que les habitants n'ont rien fait. En retour, le capitaine Abdulkarim l'insulte copieusement. Le prêtre, qui parle tout aussi bien arabe que Xamo, ne se laisse pas démonter.

– Parle-moi correctement. Respecte ma fonction.

Les insultes redoublent. Les enfants effrayés se blottissent dans les robes de leur mère.

– Tu veux vraiment qu'on te parle correctement ? Tu vas voir ! hurle l'officier baasiste.

Le père recule, tire sur sa cigarette Lox et reprend la langue kurde pour demander aux villageois de faire une prière : « Ce ne sont pas des gens avec qui on peut discuter. » Mais Xamo ne renonce pas.

– Laissez-nous nous exprimer. J'ai quelque chose à di…

Il n'a pas le temps de terminer sa phrase. Sur un signe de tête d'Abdulkarim, les soldats se mettent à tirer en direction des hommes. Des femmes se ruent sur leurs maris par désespoir. Vingt hommes, dont Guiliana et le Père Hana, mais aussi deux femmes tombent ainsi à la première rafale, morts. Quant à Mohou, une balle a transpercé sa carte d'identité pour le frapper dans l'abdomen, côté droit. Il serre les dents, en espérant que les soldats ne remarqueront pas qu'il est vivant, au milieu des cadavres de ses voisins et amis.

Vêtue d'une belle robe kurde, jaune avec des fleurs rouges, Leila, la fille de Xamo, se précipite sur le capitaine une étoile. Elle attrape sa kalachnikov par le canon et lui crache à la figure en l'insultant.

– Espèce de lâche ! Vous n'avez aucun honneur ! On n'a rien fait pour que vous nous tuiez !

Alexandre, Daoud et Mohamed observent la scène, toujours cachés derrière le mur de la maison la plus proche. Du haut de son mètre 60, la jeune Kurde de 14 ans fusille Abdulkarim du regard. Il n'est pas plus grand qu'elle, doit avoir dans les 22 ans, compte tenu du duvet qui lui sert de moustache. La haine dilate ses pupilles. Il sort son pistolet et tire six balles sur la fille du maire qui s'écroule à ses pieds.

C'est la panique dans l'enclos. Philippe, le petit frère d'Alexandre, demande l'aide de Dieu au moment où une deuxième rafale vise les femmes et les enfants. Une balle lui transperce la cuisse gauche. Sa mère rampe vers lui et le tire par les pieds, près de ses sœurs Chmoni et Mské. Elles, au moins, semblent indemnes. Ce n'est pas le cas du petit Nadji, 1 an, qui baigne dans son sang, tout comme deux autres bébés, Ramazan et Salah, les jumeaux de Leila Omar, qui hurle son désespoir au milieu des balles. L'une d'elle a transpercé le bras de l'épouse de Mohou, et s'est logée dans la tête de Miran, sa fille aînée qu'elle croyait protéger. La fillette est morte instantanément, tout comme ses petites sœurs de 5 ans et 1 an, inertes, les intestins à l'air.

Les soldats arrêtent enfin de tirer. Le capitaine Abdulkarim avance dans l'enclos avec une brassée de paille qu'il jette sur le corps de celle qui a osé le défier. Il ouvre son briquet et approche la flamme qui se propage comme une traînée de poudre. Sans même un regard pour le sinistre bûcher de la jeune Leila, il ordonne aux soldats de faire la même chose avec le corps des hommes, puis les entraîne à sa suite brûler les maisons, les poulaillers et les étables du village.

Alexandre, Daoud et Mohamed battent en retraite, glissant comme des ombres le long des failles du terrain et des arbustes pour protéger leur fuite. Pendant ce temps, l'horreur continue. Mais au milieu de tant d'inhumanité, un homme va redonner espoir aux blessés et aux rescapés. C'est le capitaine deux étoiles qui s'avance précipitamment dans l'enclos. Dès que son adjoint a dépassé la maison du maire, il éteint le feu comme il peut, piétinant frénétiquement les flammes avec quelques soldats, devant quinze des leurs qui font semblant de regarder ailleurs.

« Fuyez tant qu'il n'est pas là », a tout juste le temps de dire l'officier, un homme d'honneur qui ne pouvait rien faire jusque-là, au risque de le payer cher lui aussi. Depuis quatorze mois, au nom de l'arabisation de l'Irak, les baasistes ont tout pouvoir dans l'armée, quel que soit leur grade.

La mère d'Hassan refuse d'abandonner ses trois filles. Tous les autres se ruent vers le portail et s'éparpillent dans la nature. Il doit y avoir une trentaine de blessés aidés par autant de rescapés qui leur permettent de gagner un creux à quelques dizaines de mètres, dans le relief légèrement vallonné des alentours. Hagarde, Leila Omar court sans savoir où aller avec ses jumeaux morts trop lourds à porter. Une fois loin du village, elle les cache sous une pierre, pensant revenir plus tard pour les enterrer dignement. Une décision qui va la conduire à la folie[1].

La femme de Choukar, elle, choisit de prendre la direction de Chimenya, qui se trouve à près de quatre heures de marche. Mais c'est difficile pour elle de porter sa fille Samira, âgée de 2 ans. Elle est enceinte et pieds nus. Elle décide de déposer l'enfant au pied d'un arbuste et de revenir la chercher plus tard. Sa fille aînée ne cesse de se retourner. Maman, supplie Tayibat !

Prise de remords, la jeune mère fait demi-tour. Samira pleure toutes les larmes de son corps, mais elle est vivante.

Tout à sa folie meurtrière, Abdulkarim ne remarque pas qu'il y a moins de monde que tout à l'heure dans l'enclos. Trente-neuf corps sont en train de partir en fumée. Et puis, il y a cette femme qui se balance d'avant en arrière sur le corps de trois enfants morts ; ça suffit à calmer sa rage. Il jette un dernier coup d'œil sur Leila, dont il ne subsiste que la tête et des cheveux châtains roussis par les flammes. Un sourire sadique déforme sa fine moustache. Satisfait, il ordonne aux hommes de remonter dans les camions et donne le signal du départ. Le capitaine deux étoiles reprend sa place, à la tête du convoi. Des larmes coulent sur ses joues.

Trente minutes après le départ des soldats, Alexandre et quelques autres tentent de revenir vers l'enclos, mais les hélicoptères, appelés par Abdulkarim, rodent au-dessus du village. Les rescapés sont obligés de rester à couvert.

Hassan fait une tentative, lui aussi, pour porter secours à d'éventuels survivants. Un peu plus tôt, les cousins de sa future femme lui ont dit que tout le monde avait été tué. Il n'a pas voulu le croire, en dépit des regards embués qui laissaient augurer la triste réalité. Mais là encore, la

1. Lorsque Leila Omar est revenue trois jours plus tard, il ne restait que des vêtements déchirés et une main arrachée aux corps à jamais disparus. Des loups étaient passés par là avant elle. Leila ne s'en est jamais remise.

tentative avorte avec le passage d'un hélicoptère au-dessus de sa tête. De loin, il a juste le temps d'apercevoir sa mère, tête basse, en train de porter trois enfants en dehors de l'enclos, pour les mettre à l'abri du feu qui a transformé tout le côté gauche en brasier. Il reconnaît les robes de ses sœurs, réprime un haut le cœur et crie le nom de sa mère. Elle n'entend pas, ne pleure pas. Elle est en état de choc.

Hassan revient dans la nuit pour convaincre sa mère de l'accompagner. Mais elle refuse de laisser ses filles. Il bat en retraite mais retourne auprès d'elle au début de la deuxième nuit. Sa mère n'a rien mangé depuis 36 heures. Son bras en sang n'a pas reçu le moindre soin. Il la force à le suivre mais la retrouve à minuit près des cadavres de ses sœurs.

La troisième nuit, les hélicoptères évacuent enfin la zone. Entre chien et loup, le 19 septembre 1969, trente-neuf personnes sont portées en terre dans deux fosses communes, vingt-cinq chrétiens d'un côté, quatorze musulmans de l'autre dont Miran, Xariba et Sairan, les petites sœurs d'Hassan qu'il a fallu arracher aux bras de leur mère. Les hommes n'ont pas eu le temps de creuser des tombes individuelles ni même de faire une prière, trop inquiets à l'idée que l'armée revienne.

***

Snur fronce les sourcils, indignée. Elle n'a aucune gêne à montrer ses beaux cheveux châtains, n'hésite pas à se maquiller, mais c'est une jeune pratiquante convaincue qui fait ses cinq prières par jour. Elle a de la peine pour les martyrs qui n'ont pas eu le droit de partir dans le respect de leur foi, victimes de la folie d'un homme qui, pourtant, se revendiquait de la même religion qu'elle.

***

Quarante-cinq ans après le crime de Surya, Leila Omar, « la folle du village », fait partie du paysage, comme le mémorial pour les victimes, dont la construction a commencé en 2013 à 1,5 km de la Dijla et à 3 km du nouveau village. Il a fallu pour cela assécher le barrage de Mossoul, édifié en 1979. En 2011, les ossements des trente-neuf martyrs ont été déterrés au bord de l'ancien lit de la rivière et déplacés dans un cimetière provisoire, en attendant la construction du mémorial.

Alexandre, devenu le conducteur des travaux, prend la tâche à cœur, même si les restrictions budgétaires ne lui ont pas permis de boucler le chantier en décembre 2013 comme prévu. La fusillade lui a pris sept membres de sa famille et a fait six blessés. Il compte sur ce mémorial pour que le monde n'oublie pas les victimes de Surya.

Son copain Mohamed est revenu au village pour entretenir la mémoire des victimes lui aussi. Daoud a préféré l'exil en Suède. Chaque année, lors de la cérémonie du souvenir, les rescapés qui ont choisi de revenir habiter Surya revoient ceux qui n'en ont pas eu la force, comme Hassan, le fils de Mohou Hussein, qui a perdu trois sœurs, ou Tayibat, la fille de Choukar. Ces deux-là se sont mariés et vivent à Zakho maintenant. Ils n'ont pas perdu foi en l'homme, même si Abdulkarim Brahim Djahaichi n'a jamais été jugé pour ce qu'il a fait le 16 septembre 1969.

– Grâce à Dieu, il y a des gens bons partout dans le monde, conclut Tayibat. S'il n'y avait pas eu ce capitaine deux étoiles pour éteindre le feu et nous dire de fuir, je ne serais pas là aujourd'hui !

IV

Des déportations massives avant l'arabisation des terres kurdes

De 1969 à 1979

Sami Al-Fayli n'a pas oublié l'année 1969. Pas à cause des massacres de Dakan et Surya ; ce genre de crimes ne faisait pas la une des journaux à l'époque. Mais parce qu'il a vu les premiers membres de sa communauté déportés cette année-là.

Dans le bureau étriqué de l'Association des Faylis du Kurdistan, la tapisserie surannée est recouverte par les photos jaunies des martyrs. Il les balaie d'un regard triste avant de s'arrêter sur la photo de son frère aîné. Ce dernier est devenu peshmerga en 1963, l'année où, trop jeune pour prendre les armes lui aussi, Sami a pris la carte du PDK, le parti de Mustafa Barzani, légalisé trois ans avant par le régime des officiers libres.

« Cette année-là, Abdulkarim Qasem venait d'être renversé, rappelle Sami. C'était le meilleur président que l'Irak avait connu, tout au moins au début. Il avait un père arabe sunnite et une mère Kurde fayli. Il ne faisait pas de différence entre les religions. Une des premières choses qu'il avait faite après avoir renversé la monarchie, le 14 juillet 1958, c'était de reconnaître les droits nationaux du peuple kurde. Dans la Constitution adoptée fin juillet, il avait fait inscrire que la société irakienne était fondée sur la coopération totale entre les citoyens, sur le respect de leurs droits et de leur liberté. Les Arabes et les Kurdes étaient associés au sein de cette patrie. Beaucoup de Faylis avaient récupéré la nationalité irakienne grâce à Qasem. Mais après, il avait dû donner des gages aux nationalistes. Mon frère et d'autres avaient été obligés de reprendre les armes. L'armée les harcelait sans cesse. Ça n'a pas empêché Qasem d'être assassiné par les baasistes et la situation des Kurdes de se dégrader quelques mois plus tard, malgré les assurances des conjurés nationalistes qui avaient promis un règlement équitable du problème kurde, en échange de la neutralité de Barzani et de ses hommes. Très vite, le nouveau pouvoir d'Abdul Salam Arif a dénoncé les « traîtres kurdes » et nous a accusés de vouloir créer un nouvel État d'Israël au sein de la patrie arabe. On voulait soi-disant empêcher l'union de la nation arabe en participant au complot de l'impérialisme occidental comme ils disaient, ironise Sami, sourire en coin. Alors qu'on voulait tout simplement avoir notre mot à dire sur la gestion de nos villages. De nouveau, on s'est révoltés, jusqu'à ce que le pouvoir d'Arif tombe à son tour. Enfin, celui d'Abdul Rahman Arif, son frère. Car Abdul Salam Arif était mort en avril 1966. Et, de nouveau, on a eu des promesses, des baasistes cette fois. Ils avaient pris le pouvoir en juillet 1968. Ahmad Hasan al-Bakr, le nouveau président, n'était déjà qu'une marionnette entre les mains de Saddam Hussein qui avait besoin d'une accalmie au Kurdistan pour consolider le régime. Mais en réalité, il n'a pas arrêté de souffler le chaud et le froid. Je ne comprenais pas bien à l'époque. J'avais une vingtaine d'années. Je terminais le lycée. Ma mère ne travaillait pas. Quant à mon père, il nourrissait tout juste la famille avec sa paie de soldat. J'avais quatre frères et une soeur. On croyait qu'on était des Irakiens comme les autres, mais non. Aux yeux du nouveau régime, on avait le tort d'être Kurdes, et faylis par-dessus le marché, donc chiites. Un comble pour moi qui me suis toujours considéré comme Kurde avant tout. »

Snur approuve de la tête. Pour elle, un Kurde est un Kurde. Dans la région d'origine de son père, certains sont même chrétiens. Elle n'a jamais fait de différence.

Ce n'est pas le cas de Saddam Hussein et de ses sbires. Dès leur arrivée au pouvoir l'été 1968, les baasistes reprennent à leur compte le vieil adage : diviser pour mieux régner. Début 1969, le congrès du parti Baas fait mine de préparer la réconciliation en reconnaissant la nation kurde. L'enseignement de la langue kurde est adopté, tout comme le principe de la création d'une université à Souleymanieh, dans la deuxième plus grande ville du Kurdistan. Mais dans le même temps, le régime s'en prend aux Faylis qui représentent alors 5 % des Kurdes. Les autres sont en grande majorité sunnites, à l'instar de Snur ou du général Mustafa Barzani, l'emblématique leader de la révolution, qui est en train de négocier un accord de paix avec Saddam, sunnite lui aussi, comme la plupart des dirigeants du parti Baas.

Minoritaires au sein de la société irakienne, les Arabes sunnites ont tous les pouvoirs et bien peu confiance aux chiites accusés de faire le jeu de l'Iran. Sami ne voit pas en quoi ça le concerne. Mais le jeune Bagdadi filiforme, un rien dégingandé, va vite comprendre que la religion de ses parents est un héritage bien lourd à porter. Difficile de toucher aux Arabes chiites, qui sont expulsés en petit nombre. En revanche, les Kurdes faylis sont une cible facile. En 1969, de Kirkouk à Bassorah, 70.000 sont expulsés comme « traîtres iraniens » vers le voisin perse. Et ce chiffre continue de grimper, sous la houlette de Saddam Hussein qui tire les ficelles.

Sami apprend à regarder dans son dos lorsqu'il marche dans les rues de Bagdad. Mais son père est un soldat de l'armée irakienne. Il se sent protégé. Et un peu rassuré aussi par l'autonomie promise au Kurdistan en 1974.

Le 11 mars 1970, le président Ahmad Hasan al-Bakr a fait une déclaration officielle à la télévision en présence de Saddam Hussein, mais aussi de Massoud et Idris Barzani, les fils du général Barzani. Il a détaillé les quinze points de l'accord conclu avec le leader historique du mouvement nationaliste kurde… en passant sous silence les onze clauses secrètes qui laissent en suspens le sort des régions pétrolières comme Kirkouk. Les deux parties se donnent quatre ans pour promulguer la loi sur l'autonomie.

Mais Saddam Hussein a un plan. Il n'a pas encore abattu ses cartes. Pour l'heure, il apparaît comme « l'architecte de l'autonomie » accordée aux « frères kurdes du Kurdistan » et ça lui plait bien. Une idylle de courte durée.

***

Snur interrompt la traduction de Kavout. « C'est gquoi g… igylle ? » La jeune Franco-Kurde tente une explication. « C'est comme une lune de miel… ». Regard interloqué de Snur qui, à 26 ans, n'a jamais eu l'occasion de flirter avec un garçon. « C'est quand deux personnes s'aiment énormément. Mais là, ça ne va pas durer… »

Pas le temps d'en dire plus. C'est l'heure de la prière. Snur s'éclipse, bien contente de faire silence pour mettre de l'ordre dans tous les mots qui se bousculent dans sa tête.

De retour près du grand plateau de fruits, Snur, qui vient d'en terminer avec sa pastèque, lâche en recrachant une dizaine de pépins en rafales : « Gde toute fagçon, Saddam, il n'a jamais aimé les GKurdes ». La traduction de Kavout est hachée par son rire saccadé. « Et je l'aigme pas non gplus » ! rigole la jeune traductrice. Une façon pour toutes les deux de soulager la pression. D'ailleurs, Snur se renfrogne très vite en tordant ses doigts sous la table en plastique du jardin. Elle sait qu'elle va encore entendre des choses désagréables.

***

Alors que la « loi pour l'autonomie dans l'aire du Kurdistan » prévoit la reconnaissance des Kurdes comme composante à part entière de l'Irak et les invite à prendre les rênes de certaines communes de leur territoire sur le plan administratif, une deuxième vague d'expulsions frappe les Faylis en 1971. Des Kurdes chiites de la région de Bagdad, de Khanaqin, Sa'diyya Jalawla, Mandeli, Zurbatiya, Badra, Chaykh Sa'ad, Ali Al Garbi, ou encore d'Al-Hayy, Al No'maniyya et Ali Chardji, au sud de Bassorah, sont reconduits à la frontière sans leurs papiers d'identité. Et leurs biens sont saisis pour être cédés à des Arabes sunnites que le gouvernement fait venir du sud de l'Irak mais aussi d'Égypte, du Maroc et d'ailleurs.

Dans son malheur, Sami évite le pire. Certes, il doit arrêter ses études, faute d'avoir le droit de s'inscrire à l'université, et la progression de carrière de Bakir, son père, est stoppée net. Mais son statut de militaire a préservé la famille de l'expulsion. Un bien triste passe-droit quand Sami apprend le contenu de la nouvelle charte adoptée par Saddam Hussein à l'occasion de la fête du parti Baas, en 1971. Elle décrète que « *les Kurdes irakiens doivent dorénavant adhérer à l'unité politique et sociale du pays et accepter l'Irak dans le cadre de la Patrie arabe* », obligation renforcée lors de la troisième Conférence du parti Baas qui proclame « *l'identité arabe de la terre kurde* ».

Pour Mustafa Barzani et ses partisans aussi, la pilule est dure à avaler. Mais les résistants de la première heure croient encore à la parole du vice-président de l'Irak qui leur a promis la gestion de Kirkouk en 1974. La ville que tous considèrent comme « la Jérusalem des Kurdes » est à portée de main, pensent-ils.

Seulement voilà, en 1972, la nationalisation du pétrole va changer la donne. L'arabisation du très riche gouvernorat de Kirkouk s'accélère : 2.500 salariés kurdes de l'Irakian Petroleum Consortium, l'usine phare de la ville, sont remerciés du jour au lendemain pour être remplacés par des travailleurs arabes sunnites. Déjà bien engagée dans les années 50, la politique d'arabisation s'accélère.

Début 1974, Mustafa Barzani comprend enfin qu'il a été le dindon de la farce. Il demande à ses cadres installés à Bagdad de se replier discrètement dans les territoires contrôlés par ses peshmergas, plus au nord. Le 11 mars 1974, le gouvernement proclame unilatéralement une loi sur l'autonomie kurde qui ne respecte ni l'esprit ni la lettre de l'accord signé quatre ans plus tôt. Mustafa Barzani relance aussitôt l'insurrection.

Forts du soutien de l'Iran, les peshmergas regagnent le maquis. Mais ils sont une nouvelle fois trahis, par le Shah cette fois, qui signe l'accord d'Alger avec l'Irak le 6 mars 1975. Bagdad renonce à la région du Chatt el-Arab et, en échange, les Iraniens promettent de ne plus soutenir les Kurdes irakiens. Le général Barzani et ses hommes sont obligés de cesser le combat et de reprendre le chemin de l'exil, dans les montagnes du Kurdistan iranien.

La répression qui suit est féroce : 200.000 à 300.000 Kurdes de la région de Barzan sont déportés au sud de l'Irak. D'autres Kurdes sont également expulsés par centaines de milliers, sans compensation financière pour leurs biens qui, pour certains, sont redistribués à des familles arabes sommées de quitter le sud du pays pour arabiser toute une partie du Kurdistan.

Dans le seul gouvernorat de Kirkouk, redécoupé et rebaptisé gouvernorat de Tameem[1] le 1er janvier 1976, 243.154 familles sont ainsi spoliées et priées d'aller voir ailleurs. Si bien qu'en 1977, les Kurdes ne pèsent plus que 37 % de la population dans ce gouvernorat riche en pétrole alors qu'ils constituaient 64 % de la population vingt ans plus tôt (53 % dans la seule ville de Kirkouk).

Inversement, les Arabes atteignent 44 % de la population de Tameem au milieu des années 70. Ils sont donc proportionnellement cinq fois plus nombreux qu'en 1921, sous le mandat britannique de Mésopotamie[2].

Ce processus est observé dans bien d'autres régions, comme dans le gouvernorat de Diyala, en plein secteur fayli, où 92.592 familles kurdes sont également expulsées de chez elles sans compensation.

C'en est trop pour Jalal Talabani, l'ancien bras droit de Barzani, qui revient de son exil syrien avec la volonté de proposer un autre chemin aux Kurdes. En 1977, l'Union patriotique du Kurdistan est sur les rails.

---

1. Tameem signifie « nationalisation » en arabe.
2. Un an après le traité de Sèvres, en 1921, les Anglais estiment la composition ethnique de la ville de Kirkouk à 75.000 Kurdes (61,7 % de la population), 35.000 Turkmènes (28,8 %), 10.000 Arabes (8,2 %), 1.000 Juifs et 600 Assyro-chaldéens. Des chiffres qui ont déjà évolué lors du recensement effectué en 1957 par l'État irakien, puisque l'on ne compte plus alors que 48,3 % de Kurdes et 21,2 % de Turkmènes, pour 28,2 % d'Arabes dont le nombre n'a cessé d'augmenter dans les années 70. Des chiffres partagés par le professeur Mohammed Ihsan avant la sortie de son livre *Nation Building in Kurdistan : Genocide, Memory and Human Rights*, London, Ashgate, 2015. À lire pour aller plus loin.

Mais Saddam Hussein n'a que faire des peshmergas de l'UPK qui commencent à faire parler d'eux dans le gouvernorat de Souleymanieh, auquel les régions de Chamchamal et Kalar viennent d'être rattachées. Pour le vice-président de l'Irak, l'essentiel est que Mustafa Barzani, son principal ennemi, se soit replié en Iran et que les membres de son clan soient quasiment tous regroupés dans des camps de concentration. Saddam peut donc profiter de l'aura que lui donne le boum économique consécutif au choc pétrolier qui a secoué le monde, en 1973, pour asseoir tranquillement sa maîtrise de tous les leviers dans l'appareil d'État.

À force d'avancer ses pions, il est récompensé. Au début de l'été 1979, quelques mois après de décès de Mustafa Barzani[1], Ahmad Hassan al-Bakr démissionne « pour raison de santé ». Le 16 juillet, Saddam Hussein peut crier victoire. Il est officiellement le cinquième président de la République d'Irak, ce qui lui vaut dans la foulée d'être nommé président du Conseil de commandement de la révolution. Encore un jour de sinistre mémoire puisqu'il voit un piège machiavélique se refermer sur des Kurdes décidément trop naïfs. Ce jour-là, en effet, pour montrer sa bonne humeur, le nouveau raïs propose un geste d'apaisement aux peshmergas exilés en Iran. Il leur promet l'amnistie et leur dit qu'ils peuvent rentrer sans crainte. Les Kurdes ont une nouvelle fois la faiblesse de croire en la parole donnée. Comme en 1970, Saddam Hussein est en train de les endormir pour mieux leur sauter à la gorge.

1980, l'année du génocide pour les Kurdes faylis

À l'aube des années 80, Sami est enfin un homme heureux. Il a 33 ans, le même front haut qu'en 1969, les mêmes oreilles décollées. Il est toujours aussi maigrichon, un peu trop aux yeux de sa maman Amina. Mais il est maintenant marié à Shekria, une jeune Faylie de douze ans sa cadette. Les baasistes ont bien failli gâcher la fête cinq mois plus tôt. Lui qui venait de rentrer dans l'armée avait refusé d'adhérer au parti Baas. Ils l'ont arrêté avec ses beaux habits, à la sortie des fiançailles, et l'ont jeté en prison deux mois. Mais il a remis son joli costume et s'est marié à peine libéré.

Deux mois plus tard, il est aux anges. Shekria vient de lui annoncer qu'elle est enceinte. Sami passe du rire aux larmes. Il ouvre des yeux éberlués, se prend la tête à deux mains avec l'air de ne pas y croire. Il

1. Mustafa Barzani est mort à Washington le 1er mars 1979 à quelques jours de son 76e anniversaire. Il était venu aux États-Unis pour soigner un cancer du poumon.

a envie de partager son bonheur. De faire un cadeau à sa femme aussi. Mais le bijoutier a tiré la grille plus tôt que prévu.

« Saddam a convoqué tous les commerçants et chefs d'entreprise à une réunion pour discuter de l'état de l'économie. Je suis désolé, je dois y aller. Tu sais comment c'est quand les baasistes demandent quelque chose », soupire l'homme d'affaires bedonnant. Essoufflé par l'effort qu'il vient de faire, il passe un mouchoir sur les gouttes de sueur qui mouillent son front et salue d'un geste las.

Sami le regarde s'éloigner avec un sentiment de fierté. « *Bah, ça va être une réunion entre amis. Les Faylis tiennent tous les commerces du Bazar Chorja. Ils ont bien réussi quand même,* pense le jeune marié intérieurement… *mieux que moi en tout cas. Ce n'est pas avec ma paie de soldat que je vais pouvoir gâter Shekria !* »

Sami hoche la tête et tourne les talons en direction de sa maison. Mais une heure plus tard, rien ne se passe comme prévu pour le bijoutier qui arrive à la Maison du commerce en smoking, comme demandé dans « l'invitation ». Il trouve les hommes de la police secrète anormalement nombreux pour une banale réunion d'hommes d'affaires, même avec plusieurs centaines de *businessmen* dans l'immense bâtiment. Il y en a partout ; dehors, dedans, sur les toits…

Pendant le repas, il sent que la soirée est en train de tourner au vinaigre. Les « gentils organisateurs » ne font que relever le nom des personnes présentes. Le dessert à peine avalé, des soldats armés entrent dans la salle et poussent tout le monde dans la rue où de nombreux bus sont stationnés les uns derrière les autres, empêchant toute voiture de circuler. Une heure après, les hommes d'affaires descendent des bus en file indienne face à l'inquiétante porte du siège du service général de la sécurité, dans le quartier Bataween.

Comme les autres, le voisin de Sami doit passer devant un agent du Mukhabarat[1]. Son dossier personnel est sur la table. Il confirme ce que la direction de la police secrète sait déjà : l'âge de ses fils, comment ils gagnent leur vie… Mais il est aussi interrogé sur son rapport à la religion, ce qu'il pense de l'ayatollah Khomeini qui a pris le pouvoir en Iran en février 1979… Le bijoutier ne se sent pas concerné. Comme beaucoup de Kurdes faylis, sa famille vit en Irak depuis des siècles. Les tampons du Mukhabarat et du Amn[2] s'abattent sur son dossier d'un coup sec. Au suivant.

1. Le Mukhabarat était la direction des renseignements militaires.
2. Mudiriyat al-Amn al Amma, dit le « Amn », était la Direction de la sécurité générale. Elle relevait directement du palais présidentiel.

En plein milieu de la nuit, les hommes d'affaires sont transportés au service des douanes où des dizaines de transports militaires les attendent dans la cour. Du bruit provenant des immenses entrepôts de marchandises attire l'attention des captifs menottés. Un officier les informe qu'il s'agit de leurs familles qui les suivront dès qu'ils auront franchi la frontière avec l'Iran. C'est ça ou la corde. Pas de retour possible. Et si d'aventure ils s'avisaient de contrevenir à cette injonction, ceux qui – parmi leurs proches – seront condamnés à rester par le Conseil de commandement de la révolution en paieront le prix.

Le lendemain matin, un cadre zélé de la direction du renseignement militaire finit de taper son rapport. Il a suffi de quelques heures pour expulser 1.177 grossistes, 258 patrons d'usines et 35 bijoutiers en Iran. Il lui semble possible d'expulser près de 200.000 Faylis dans les six prochains mois. Maintenant que la tête de pont économique de la communauté est décapitée, ils vont pouvoir s'attaquer aux femmes, aux enfants et aux vieillards, tandis que les hommes de plus de 15 ans seront gardés en otage.

Les camions de prisonniers n'ont pas encore quitté le service des douanes quand Sami est brutalement tiré de son rêve par son plus jeune frère. On annonce des rafles dans tous les quartiers faylis de la ville. Dans certains, ils représentent entre 20 et 53 % de la population.

Sami enfile un pantalon militaire en quatrième vitesse et dit à Shekria de ne pas s'inquiéter. C'est un soldat de l'armée irakienne, il ne risque rien. Mais très vite, les nouvelles sont mauvaises.

Des familles entières sont conduites en prison, par groupes de 150. Il est question de tri. On dit que le gouvernement garde en moyenne un membre de chaque famille pour dix expulsés. En garantie.

Arrive le tour de Bakir Moussa, qui a maintenant 66 ans, de sa femme Amina, âgée de 58 ans, de leur fils Sami, de sa jeune épouse et du reste de la famille. Très vite, les uns et les autres sont séparés sous les insultes. « Traîtres iraniens, traîtres iraniens », les hommes de la garde républicaine, les « chouchous » de Saddam, n'ont que ces mots à la bouche. Mais Sami est encore officiellement soldat de l'armée irakienne, tout comme Omran, le frère de sa femme. Quant à son père, il a toujours servi son pays avec loyauté quand il était militaire. Sami espère que ça va jouer en leur faveur, même s'il est inquiet à cause de Mohamed, son frère aîné, fiché comme peshmerga depuis 1963. Il n'a pas pu se sauver à temps, malheureusement. Lui aussi a été trop confiant quand

Saddam Hussein a proclamé l'amnistie pour tous les peshmergas après son élection comme président de la République en 1979.

Mohamed est le premier à partir, menotté. Dans la cohue, Sami perd très vite les siens de vue. Il reste seul, avec Omran, au milieu de dizaines d'autres prisonniers. Tous parlent arabe. Ce n'est pas difficile de comprendre que leur convoi a ordre de les amener au QG du Mukhabarat.

– Nous voilà transformés en moyens de pression contre nos familles. Pas Irakien, pas Irakien, je leur en foutrais moi, tempête Sami, les dents serrées. Mon père a fait l'armée en Irak, pas le père de Saddam qui a échappé au service comme un lâche qu'il est ! C'est qui l'Iranien dans l'histoire ? Mon père ou le père de Saddam ?
– Tais-toi, souffle Omran, assis à côté de lui dans le bus en route pour la prison. Tu vas nous faire remarquer !

Dans les locaux de la police secrète, ils attendent, fébriles, les mains entravées et les yeux bandés. La rumeur court qu'on va les faire disparaître dans des bains d'acide. Des bruits circulent depuis des années dans les rues de Bagdad sur ces fameux bains. Au lieu de ça, ils sont poussés vers la sortie quelques heures plus tard. Dehors, une noria d'ambulances apparemment normales. Sauf qu'une fois entassés à l'intérieur, Sami et les autres se retrouvent dans une cage sans fenêtre. Impossible de savoir où on les amène. Quarante minutes plus tard, ils sont fixés lorsque leur pseudo ambulance s'arrête enfin. Devant eux, ce sont les murs de la sinistre prison d'Abou Ghraïb qui leur font de l'ombre, à 32 km à l'ouest de Bagdad.

Des années après, Sami ne saurait pas dire exactement combien il a passé de jours dans cette prison. Il a arrêté de compter au cinquante-quatrième, quand il a été séparé d'Omran. Il a arrêté de compter ses fractures aussi. « Je n'avais pas assez de doigts pour ça, dit-il en rigolant. Tenez, touchez. »

Vacciné contre la religion, même s'il la respecte, le responsable de la communauté des Kurdes chiites du Kurdistan ne craint pas de tendre son crâne martyrisé à une femme. Ses rares cheveux gris dissimulent à peine le crâne bosselé et ses excroissances, stigmates de son calvaire. Sur sa lancée, Sami relève sa chemise et montre ses côtes saillantes bizarrement dessinées sous sa peau fine, souvenirs de fractures mal soignées. Il montre aussi ses dents cassées par les chocs répétés. Et revient sur les tortures à l'électricité. « À 23 heures, tous les soirs, c'était la loterie pour savoir qui allait y passer. Je me souviens encore de la machine *made in Japan*. Ils me mettaient les fils et je tremblais de tout mon corps. »

***

À ces mots, Snur se met à trembler à son tour. Ce qu'elle entend lui rappelle les années de son père dans cette même prison. Elle n'a aucun mal à imaginer Sami dans le quartier de haute sécurité, celui où s'entassent les prisonniers politiques. Chaque bloc est composé de vingt cellules de 20 m^2 chacune. Dans celle du jeune Fayli, ils sont trente-cinq, avec un simple seau d'eau pour tous ces malheureux qui n'ont droit à rien d'autre de la journée pour boire et se laver. L'atmosphère est suffocante, quasi irrespirable entre les trois murs sans fenêtre avec, pour seule perspective à travers les barreaux, la vue d'une cellule identique de l'autre côté du couloir central. Alors, forcément, la peinture noire des murs déteint sur les idées.

Sami serre les poings, repense à ses amis morts après l'adoption du décret 666 portant sur la révocation de la citoyenneté des Faylis, le 7 mai 1980. Peu de temps après, chose rare, du couscous a été servi aux détenus qui d'habitude n'avaient droit qu'à un peu de soupe pour manger, et encore pas toujours. Sami haïssait les gardiens qui avaient pris l'habitude de cracher dans leur écuelle avant de la jeter à travers les barreaux. Ce jour-là, il veut jouer les fiers à bras.

– Je n'en veux pas ! lance-t-il en gonflant ses joues creuses avec un air de défi.

Il se rabat sur le pain. D'autres se jettent sur les rations de couscous. Elles ont été empoisonnées au thallium, un métal inodore et incolore une fois réduit en poudre : 2.000 vont mourir en quelques heures.

***

Kavout s'arrête, le regard perdu. L'épreuve devient trop dure. Le pain pourri et maintenant le couscous au thallium ! Snur la regarde sans comprendre. Au bout de longues secondes, son amie brise enfin le silence.

– Moi aussi, j'ai été empoisonnée au thallium. J'avais 4 ans et demi. C'était en mai 1989, au camp de réfugiés de Mardîn, en Turquie. Les Turcs avaient empoisonné le pain avec une dose non létale pour nous affaiblir et nous pousser à retourner au Kurdistan irakien. Saddam Hussein n'attendait que ça pour terminer ce qu'il avait commencé

en 1988 avec l'opération Anfal qui a tué 182.000 des nôtres. Tu sais, quand tu étais bébé et que tu as respiré les gaz chimiques qui ont brisé ta voix ! C'était ça, l'opération Anfal. Les Turcs étaient comme les Arabes irakiens ; ils ne voulaient pas de nous. Des centaines de réfugiés sont tombés malades comme moi. Plus de 1.500 m'a dit mon père qui était l'un des responsables du camp à ce moment-là. Il a appelé des amis kurdes de Turquie au secours. Tous les bus de la région ont été mis à notre disposition pour transporter les malades dans les hôpitaux des environs. J'ai eu une forte fièvre et la diarrhée. Je n'arrêtais pas de vomir. Ça a déclenché mon problème de vue aussi, explique Kavout en remontant ses lunettes.
– Oooooh !

Snur ne sait pas quoi dire. Elle est triste pour son amie. Mais ni l'une ni l'autre ne veulent arrêter.
– Il faut que Snur sache. Il faut que le monde sache combien nous avons souffert, simplement parce que nous sommes Kurdes, ne cesse de répéter Kavout. À l'époque, tout le monde s'en fichait. Il a fallu que Danielle Mitterrand s'intéresse à nous pour qu'on parle un peu de notre génocide. Mais les Kurdes sont retombés dans l'oubli. Aujourd'hui, il est temps de faire revivre la mémoire de ceux qui sont morts, parce que je ne voudrais pas qu'ils soient morts pour rien. Il y a en ce moment des Kurdes de Syrie qui sont en train de vivre la même chose que ce que nous avons vécu en Irak en 1988. Tous les jours, des gens sont tués par l'armée de Bachar el Assad d'un côté ou par les jihadistes de l'autre, parfois avec des armes chimiques comme à Halabja[1]. Ils se défendent héroïquement, mais personne n'en parle. Ils sont seuls comme on était seuls. Ils appellent à l'aide comme nos parents appelaient à l'aide à l'époque. Et personne n'entend. J'ai peur que, si le monde continue à laisser faire, le conflit déborde en Irak et peut-être même au-delà.
– Gqu'esg-ce que tu gdis, interroge Snur ?
– Que l'histoire se répète, soupire Kavout. Puis, de nouveau combative : mais personne n'empêchera jamais les Kurdes de vivre libre et de parler leur langue. Aujourd'hui, c'est à nous de faire en sorte qu'il n'y ait plus jamais de Sami dans les prisons irakiennes.
– Gqu'esg-ce qu'il est gdevenu ?
– Il a eu de la chance, traduit Kavout. Il a eu la vie sauve à quelques heures près. Mais ça, il ne l'a su qu'après la chute de Saddam

1. Lire chapitre IX.

Hussein en 2003. Il a découvert que son nom était sur une liste de prisonniers qui devaient être pendus le 31 décembre 1980. Deux courriers de l'administration se sont croisés et il a finalement été expulsé en Iran le 30 décembre. En revanche, Omran, son beau-frère, a été pendu quelques jours après. Tout comme son grand frère Mohamed qui est mort en 1982. D'après les chiffres de son association, 450.000 Faylis ont été dépouillés de leurs biens, déchus de leur nationalité irakienne et expulsés en Iran entre 1980 et 1988, le temps de la guerre Iran Irak. Près de 600.000 si l'on compte les déportations de la période 1969-1971. Mais ce n'est pas tout, près de 23.000 Faylis sont morts dans les champs de mines bordant la frontière iranienne ou dans l'une des trente prisons irakiennes où ont été répartis les otages. Essentiellement des jeunes, pour la plupart toujours portés disparus. Selon plusieurs témoignages, certains ont servi de cobayes. Les armes chimiques auraient été testées sur eux. Sami, lui, est passé au travers de tout ça. Il a retrouvé sa famille en Iran où il a vécu onze ans. Pour subvenir à ses besoins, il a travaillé comme chauffeur de taxi. Il a aussi vendu du thé sur le bord des routes et des pièces détachées de voitures avant de revenir au Kurdistan, en 1991, lorsque l'ONU a décidé de faire une zone d'exclusion aérienne au-dessus du 36e parallèle pour protéger les Kurdes. Il est toujours marié à Shekria et il a six enfants, quatre filles et deux garçons. Mais beaucoup de Faylis ont préféré partir en Europe, par peur que ça recommence un jour. Il n'y a que quarante familles qui sont revenues au Kurdistan en 1991.

– C'est gtout !
– Oui. Mais maintenant, il y en a beaucoup plus, surtout du côté de Souleymanieh. Dans la région d'Erbil, il pense qu'il y a environ trois cents familles quand même…
– Aaah ! ponctue Snur tout sourire. Alors gmaintenant, vous allez gpouvoir me ragonter l'histoire des Kurdes de Barzan ?

Sourire complice de Kavout.

– On verra demain.

V

1975-1983, huit années terribles et un génocide pour les 8000 de Barzan

Snur est confortablement installée, assise en tailleur sur les coussins marron étalés contre les murs du salon. Elle saisit la télécommande et éteint la télévision dernier cri qui détonne un peu dans cette grande pièce sans le moindre meuble.

– Je suis gprête, dit-elle tout sourire.
– Ça commence il y a trente ans. Concentre-toi, il y a beaucoup de personnages dans l'histoire des Kurdes de Barzan, prévient Kavout.
– D'agcord, répond Snur en plissant les yeux.

***

« 1983 va être une bonne année. Mais ce n'est pas encore nous qui allons en profiter. » Perdu dans ses pensées en cette fin d'après-midi du 30 juillet 1983, Hadji observe l'immense plaine désespérément plate au-delà des miradors de Qoshtapa. Les champs de blé ont été fauchés tôt cet été. Tant mieux pour les Kurdes des environs d'Erbil. Mais Hadji ne peut pas s'empêcher d'avoir de la peine pour eux aussi. *« Les baasistes ont eu les Faylis au sud, nous au nord. Leur tour viendra, c'est sûr ! »*

Ce n'est pas une raison pour faire attention aux soldats de Saddam. Ils auraient pourtant un excellent angle de tir sur lui si l'envie les prenait de s'amuser un peu… Les mépriser, faire comme si les hommes chargés de les surveiller n'existaient pas, c'est tout ce qu'Hadji peut faire. Alors, il se concentre sur l'horizon.

Même froncés, ses sourcils circonflexes peinent à faire de l'ombre à ses yeux noisette éblouis par le soleil écrasant. L'herbe sèche de la prairie renvoie les rayons comme un miroir sur les 18 rangées de maisons alignées dans son dos. À l'intérieur, les familles déportées sont toutes logées à la même enseigne, quel que soit le nombre d'occupants. Les maisons mitoyennes disposent chacune de deux pièces sans meuble, d'une petite salle de bain rudimentaire et d'un WC. Les allées les plus longues font 3 km de long, mais la plupart étendent leur misère sur 1 km, de part et d'autre de chemins de terre. Des chemins que le gouvernement irakien n'a pas daigné goudronner, à l'inverse de la petite route qui passe devant le camp pour relier Erbil et Kirkouk.

La chaleur est telle qu'elle se met à danser au-dessus du chaume doré, comme si des vapeurs d'essence brouillaient le paysage. Un mirage ! Hadji plonge dedans comme il se jetait autrefois dans les eaux fraîches de Dame Rezan, la rivière qui a tant donné aux vertes montagnes de son enfance.

Au loin, il imagine des troupeaux avec des dizaines de bêtes en train de paître tranquillement. Et là, à portée de gourmandise, des fruits par milliers accrochés aux arbres qu'il a bichonnés pendant tant d'années ! Hadji tend la main vers une prune invisible, bien noire et juteuse. Il se souvient du goût à la fois sucré et acidulé au fond de sa gorge. Mais des rires d'enfants maigres le ramènent à la réalité. Hadji se retourne et les regarde jouer dans la poussière. À 30 ans, ce pourrait être un homme riche et repu dans son cher village de Bolanda. Les enfants n'auraient pas d'autres soucis que le temps qu'il fait, pour tirer le meilleur parti des riches terres de la région de Barzan. Mais voilà, il n'y a plus âme qui vive à Barzan depuis que le parti Baas a décidé de vider la région en 1975. « *Pour nous civiliser soi-disant. Ah, la belle histoire*, pense Hadji intérieurement. *On n'a même pas le droit de cultiver un lopin de terre, comme peuvent encore le faire les Kurdes soranis. Même les bahdinis de Duhok ne sont pas traités comme nous. C'est à cause de notre djamadani ! Les baasistes ont fait de notre coiffe rouge et blanche notre étoile jaune à nous depuis que Mustafa Barzani a pris les armes contre eux. Mais il a eu raison et son fils Massoud a bien fait de prendre le relais. Ils croient nous asservir en nous traitant comme des chiens. Mais aussi longtemps qu'un Barzani vivra, il y aura toujours des Kurdes pour se battre contre les tyrans !* »

– Hadji, c'est l'heure de manger !

C'est Huroo, son jeune frère, qui vient de le tirer de ses pensées.

– Va devant, je te suis.

En chemin, il peine à se détendre et ne desserre vraiment les poings qu'au passage de Fatma, une femme de son village mariée à Mala Hussein, un Kurde de Bazia. Trois ans les séparent. Elle pèse 30 kg de plus que lui, mais il l'aime bien. Sa gaîté permanente met toujours du baume au cœur de ceux qu'elle rencontre.

– Tu vas bien ?
– Oui, toi aussi ? demande la jeune mère de famille sans prêter attention aux longues mèches teintées enroulées sur ses joues rondes. Le henné renforce l'éclat de son sourire édenté. Fatma s'en fiche.

Chemin faisant, Hadji croise aussi Hasco, qui a l'air préoccupé.
– C'est à cause de mon jeune frère, celui qui est borgne, explique le quinquagénaire originaire de Chré. Il est malade. Tout ce qu'on avait à lui donner à midi, c'est du boulgour, un concombre, des oignons et des tomates. Ce n'est pas avec ça qu'il va aller mieux. Ce soir, il était tellement mal qu'il a préféré rentrer chez lui.
– Va à la pharmacie.
– Tu parles, vu le peu de stock qu'elle a, avec les baasistes qui verrouillent tout ! Non, je vais me lever tôt demain, pour aller chercher des vivres et des médicaments à Kirkouk. J'ai économisé quelques dinars. Il faut bien qu'ils servent.
– Bonne route.

« *Les baasistes, il faut qu'ils contrôlent tout* », soupire Hadji, de nouveau plongé dans ses pensées quand Ali Mohammed le salue soudain d'un tonitruant bonjour.

Hadji n'avait pas fait attention à l'aveugle d'Houstan. Il lui renvoie son bonjour en se demandant pour la énième fois comment il a pu le reconnaître à son pas.

Arrivé chez lui, passé la haute clôture qui ceinture une petite cour à ciel ouvert, Hadji constate que sa femme a mis les assiettes par terre et que ses deux petites filles, âgées de 1 et 2 ans, sont déjà en train de dormir dans un coin de la pièce. Un simple tapis les isole de la dalle en ciment. Heureusement, il fait chaud et sec en été. En hiver, en revanche, l'humidité s'infiltre partout, surtout à cause des briques de mauvaise qualité. Et puis, il y a le toit, enchevêtrement de bois et de boue séchée, qui laisse passer le froid.

Ali Mala, le frère aîné qui a 20 ans de plus que lui, pioche le premier dans le plat où sa femme a fait réchauffer la viande de midi. Un luxe rare. Mais la famille avait des invités. Et, chez les Kurdes, mêmes pauvres, c'est important de bien recevoir. Il faut dire aussi qu'Ali est moxtor. En tant que maire, il représente une partie de la communauté ; il a donc un rang à tenir.

20 heures. Le repas est à peine terminé qu'Ali, Hadji et Huroo se lèvent d'un bond en reconnaissant les freins stridents des camions de l'armée. Des ordres sont hurlés en arabe, des bruits de soldats au pas de course… c'est mauvais signe.

Ali Mala est le premier dehors. Un capitaine entouré de deux soldats lui indique que les cheikhs et les moxtors du camp sont attendus au point de rassemblement. Les sages de la communauté sont convoqués à un congrès dans la région de Kirkouk pour débattre de l'amélioration des conditions de vie au camp avec les autorités, ainsi que de nouveaux droits que le gouvernement veut accorder aux habitants de la région de Barzan… sous conditions bien sûr. L'officier précise qu'il y en aura pour trois jours. L'armée les ramènera ensuite.

– Très bien. Je préviens ma famille.

Ali sait qu'il ne faut pas discuter avec les baasistes. Après tout, il sortira peut-être quelque chose de positif de cette rencontre. Mais, à l'intérieur, Hadji le retient par le bras.

– Attend. Je ne la sens pas cette histoire.
– Que veux-tu qu'ils nous fassent ! Il n'y a pas de combattants au camp. On va discuter de l'amélioration de l'approvisionnement en eau, en électricité et des réserves de la pharmacie, c'est tout. C'est ce qu'on voulait, non ! Ne t'inquiète pas.
– Je t'accompagne. Vous rassembler à cette heure-ci, je trouve ça bizarre.

Dehors, les militaires sont déjà à l'autre bout de la rue. Il n'y a pas tant de cheikhs et de moxtors que ça dans ce camp de 30.000 personnes. Près de 100 sont déjà au point de rassemblement autour de Cheikh Nouri, dont un tiers de proches de Massoud Barzani : neveux, cousins…

« Attends », souffle Hadji qui s'est arrêté net au coin de la rue en tendant le bras droit devant son frère. Au même moment, le très respecté Cheikh Nouri manque de tomber, bousculé par un officier.

À la lueur des phares, les deux hommes observent l'officier en tenue kaki chuchoter quelque chose à l'oreille du sage tandis que ça commence à s'agiter dans les rangs.

« Ne ripostez pas. On ne vous fera rien », lance aussitôt après Cheikh Nouri à haute et intelligible voix. Khaled Safti, l'un des moxtors présents, n'en croit pas un mot et le fait savoir.

– Laissez tomber. Pour nous, c'est fini.

Khaled Safti a à peine achevé sa phrase qu'une dizaine de militaires lui tombe dessus pour le rouer de coups et le jeter sans ménagement dans l'un des camions de transport. Hadji n'attend pas la suite.

– Viens, dit-il en tirant son frère aîné en arrière. Ne fais pas de bruit.

Quelques minutes plus tard, les embrayages poussifs des véhicules militaires ont tous enclenché la première et prennent la direction de la sortie, dans un grand nuage de poussière, sous le regard de femmes inquiètes qui demandent à leurs enfants de rentrer à la maison.

Ali et Hadji reviennent chez eux rassurer leur famille. Mais, devant la porte, c'est l'attroupement. Ali invite le jeune Ramazan, son beau-père Taïeb, Zkri, Hasco, Mala Hussein et Ali l'aveugle à rentrer. Les hommes s'assoient sur les étroits tapis posés le long des quatre murs de la pièce principale. Les femmes leur apportent du thé. La discussion peut commencer.

– Il n'y a pas lieu de s'inquiéter je crois, commence Ali Mala. Nos sages vont revenir dans trois jours. Ils doivent discuter de l'amélioration des conditions de vie au camp avec les autorités.
– Enfin une bonne nouvelle, répond Hasco. Je serais bien allé avec eux. Moi aussi j'ai des choses à dire. Mais un de mes frères est malade. Il faut que j'aille lui chercher des médicaments et de quoi se nourrir plus sainement demain.
– Allons, les choses vont peut-être finir par s'arranger pour nous, soupire Taïeb.
– Ce serait une bonne chose pour mes deux petites filles et mon fils, lance Ramazan, qui a encore une tête de gamin avec sa fine moustache qui peine à devenir aussi épaisse que celle de ses aînés.
– Moi, ce soudain intérêt pour nous, ça m'arrange, intervient Zkri, 20 ans, le plus jeune dans la pièce avec Ramazan. Demain, j'avais prévu d'aller voir l'armée pour m'engager…
– Toi, un traître !!! Tu veux intégrer l'armée de nos bourreaux ? Dis-moi que ce n'est pas vrai, l'interrompt Ramazan, qui a grandi avec lui à Bazé.
– Ne t'inquiète pas mon frère ! Tout ce que je veux, ce sont des papiers militaires pour avoir un laisser-passer qui me permettra de franchir la frontière avec l'Iran. Excuse-moi, je ne t'en avais pas parlé avant. Mais j'en ai marre de ce camp. Je veux que mes filles grandissent librement dans la maison que j'aurai construite pour elles, Inch' Allah.
– Il a raison. Il faut partir d'ici, intervient Mala Hussein. Comment pouvez-vous faire confiance aux baasistes ! Barzan a été rasé seize fois depuis le début du siècle. Nous avons été déportés par vagues : 300.000 Kurdes arrachés à leur terre ! Nous tous ici, comme tous les gens de Nizar et Baroj, on nous a transportés comme des chiens au sud de Bagdad, dans le camp d'Afach, au fin fond du gouvernorat

de Diwaniyah, en 1975. Puis, en 1978, il y a eu ceux de Sherwan, Mergasur, Delamori, Harki Benachi et Gardi qui ont été déportés dans les camps de Diyanah, Harir et Bahrkê, dans le gouvernorat d'Erbil ! Comment pouvez-vous penser qu'on peut avoir confiance en eux, s'emporte Mala. Ma petite Badiha était encore dans le berceau quand elle est morte de faim à Afach. Et mon fils Mohamed n'a pas résisté longtemps lui non plus.

Un silence de plomb s'abat sur la petite assemblée. Chacun repense à ces années terribles, quand les Kurdes de Barzan sont passés brusquement d'un climat montagnard, dans des vallées verdoyantes où le moindre arbre était sacré, à un climat quasi désertique. Ils sont partis sans rien. Hasco et sa femme Habib Chicho n'ont même pas eu le droit de prendre le berceau du petit dernier. Beaucoup ont été transportés en camion comme du bétail, certains en minibus, puis en hélicoptère car il n'y avait pas de route jusqu'à Afach. Il n'y avait pas de maison non plus. Les heureux propriétaires terriens ont vécu sous des tentes, sans électricité, pendant cinq ans. Cinq longues années au cours desquelles ils ont enterré dix à quinze personnes par jour, principalement des enfants et des anciens rendus malades par l'eau de la rivière, volontairement polluée par les hommes de Saddam Hussein.

- Nous partageons tes malheurs, reprend le maître de maison. Dieu soit bon avec eux et avec tous ceux qui sont morts à Afach et dans tous les autres camps, au sud. Leur place est au paradis.
- Inch' Allah !
- Le père de ma femme est mort là-bas aussi, soupire Hasco.
- C'est vrai tout ça, poursuit Taïeb. Mais après avoir recensé tous les hommes, en 1980, ils nous ont tout de même ramenés à Qoshtapa. Et là, comparé à ce qu'on avait avant… les camps de Qodes et Qadisya sont beaucoup mieux, non ! Regardez, ils nous ont même raccordés à l'électricité l'année dernière. Et depuis, nous sommes approvisionnés en nourriture…
- Ce n'est pas faux, reprend Hasco. Et puis, rappelez-vous, là-bas, on travaillait pour 1 dinar et demi par jour chez les Arabes du coin. Ici, on se fait quand même 3 dinars par jour en travaillant dans les potagers des alentours.
- Et tu appelles ça gagner sa vie, toi, gagner moins d'un $ par jour ! Moi, j'appelle ça du mépris, tempête Mala Hussein, en colère ! Un *pick-up*, ça coûte 600 dinars[1], 2100 $! Qui peut se le payer ici ? Personne !

1. À l'époque, 1 dinar = 3,14 dollars.

- Mala a raison, intervient Ali l'aveugle sur un ton plus apaisant. Mais ce n'est pas l'argent qui m'inquiète le plus. Moi, ce qui m'inquiète, c'est que les Arabes aient fait installer l'électricité dans le camp il y a un an, alors qu'ils n'avaient jamais rien fait pour nous. Vous connaissez le dicton… « *Redoutez l'eau dormante ; elle est plus dangereuse que l'eau vive !* » À côté de ça, les enfants n'ont toujours pas le droit de parler kurde à l'école. Ils sont obligés d'apprendre en langue arabe. Et nous, nous n'avons toujours pas le droit de cultiver nos propres terres. Et si avec l'électricité et leurs beaux discours sur l'amélioration des conditions de vie au camp, ils ne cherchaient pas simplement à nous endormir ?
- Que veux-tu qu'ils nous fassent. Ils nous ont déjà tout pris, rétorque Hasco. Tout ce qui nous reste, ce sont nos familles. Et, dicton pour dicton, « *dans une maison pleine d'enfants, le Diable ne rentre pas* ».
- Pour moi, en tout cas, c'est l'heure de rentrer. Je me lève aux aurores, demain, pour aller chercher mes papiers militaires à Erbil, tranche Zkri en se redressant.

Il est aussitôt imité par tous les autres hommes de l'assemblée et par les femmes, qui écoutaient sans rien dire.

- Je te suis, Zkri. Je me lève tôt moi aussi, pour aller à ma formation médicale demain. Hasco, j'espère qu'un jour je serai prêt à soigner les malades comme ton frère.
- Merci, Ramazan. Je l'espère aussi. Nous ne pouvons compter que sur nous. D'ailleurs, moi aussi je me lève tôt pour aller à Kirkouk.

Une solide poignée de main accompagne trois bises consécutives sur la même joue, signe d'une profonde amitié entre les deux hommes. Les au revoir durent ainsi plusieurs minutes, gage de respect. Et chacun repart dans la nuit, avec des sentiments mêlés d'anxiété et de confiance.

Le 31 juillet 1983, à 4 h 30 du matin. L'aube naissante permet de deviner les *coasters* qui attendent les Kurdes de Qoshtapa prêts à vendre leur force de travail dans les environs d'Erbil. Ils montent dans les minibus par groupes de 12 ou 15. Ils n'ont pas fait plus de 200 mètres lorsque les bus stoppent net à un barrage comme ils n'en ont jamais vu. Plusieurs centaines de transports de troupes et de tanks leur barrent la route et font leurs premiers prisonniers de la journée. À ceux-là, aucune explication n'est donnée.

- Pour les autres, il va falloir la jouer fin, prévient le général à la tête de la région militaire de Qoshtapa. Il y a plus de 30.000 personnes dans ce camp. Il ne faudrait pas qu'on ait une émeute et des centaines de morts sur les bras…
- Tout au moins, pas tout de suite, se régale par avance son homologue, commandant de la région militaire d'Erbil. Un massacre au camp aurait le don de mettre le feu à Erbil. Et pour que notre plan réussisse, il faut que les villes restent calmes. Chaque chose en son temps.
- Avec le concours des forces spéciales, je ne m'inquiète pas, tranche Barzan al-Tikriti.

C'est le frère de Saddam Hussein, le président de l'Irak, qui vient de parler. Il est aussi le chef des services secrets. Il a fait le déplacement en personne pour assister à l'opération. Son sourire glacial, sous son épaisse moustache noire, ne laisse rien présager de bon.

Moins d'un quart d'heure plus tard, les allées de Qoshtapa sont investies par plusieurs milliers de soldats, appuyés par des chars dont les canons visent tous les maisons des déportés de la région de Barzan. Et, très vite, c'est la cohue, une cohue renforcée par le bruit des avions de chasse et des hélicoptères qui survolent le camp à basse altitude.

À l'entrée de chaque maison, des portes claquent d'un simple coup de pied. Xonem, qui était en train de faire la vaisselle, accourt en entendant le bruit. Elle trouve Zkri encadré par quatre soldats.

- Ne t'inquiète pas, la rassure Zkri. Ils cherchent ceux qui n'ont pas fait leur service militaire. On va se revoir dans un mois, un mois et demi.

Elle suit les militaires qui poussent fermement son mari dans la rue. Mais les voilà qui reviennent chez elle. L'un d'eux donne un coup de pied à l'assiette pleine de yaourt que Xonem a servie à son mari pour le petit déjeuner. Les autres tapent à grands coups de bâtons électrifiés sur les matelas entassés dans un coin avant de les jeter dans tous les sens.

- Mais qu'est-ce que vous faites, leur crie Xonem !
- Il y a d'autres hommes dans cette maison, on le sait.
- Mon beau-père et mon beau-frère sont déjà partis travailler. Arrêtez, s'il vous plait. Vous faites peur à ma fille !

Suit un juron en arabe dans lequel Xonem sent tout le mépris du soldat pour les Kurdes. Elle a l'habitude et revient fataliste dans la cour pour faire un signe de la main à Zkri qui lui lance un dernier sourire confiant. Elle le trouve élégant dans son costume noir, avec sa chemise blanche.

Mala Hussein est loin d'être aussi confiant que Zkri. Lorsque les militaires entrent chez lui, peu après l'appel à la prière, il est en train de lire le coran, assis par terre. Les soldats l'arrêtent comme il est, avec ses claquettes, son bas de pyjama et sa chemise bleue. Officiellement, pour aller à une réunion à Bagdad, a dit le sous-officier qui portait le *talkie-walkie*. Fatma suit son mari sur le pas de la porte. Tous les deux lèvent les yeux vers les avions de chasse et les hélicoptères qui tournent dans le ciel pâle du soleil levant. Pas vraiment le genre d'escorte pour aller à une réunion. Et pourquoi l'arrêtent-ils en pyjama ? Ce n'est pas non plus le type de tenue que l'on porte en réunion. Mala Hussein jette un regard entendu au sous-officier qui baisse aussitôt les yeux. Mala se retourne et dit simplement à sa femme, sur un ton calme et digne :

– Occupe-toi bien des enfants. Prend soin de nos papiers d'identité irakiens. Tu sais que ça m'a pris un an pour les avoir. Ils pourront vous être utiles.
– Allez, on y va maintenant, lance le soldat à ses côtés.

Mala détourne le regard pour cacher ses yeux humides et suit le sous-officier.

Plus loin, Mohammed Ahmed est arrêté avec quatre de ses fils, dont Ali, l'aîné, qui n'a pas eu droit à la clémence des militaires malgré sa cécité. Choukri et Salah, les deux derniers fils, ont assisté à la scène depuis la pièce voisine. Ils ont compris qu'après le camp, c'est la mort qui les attendait. Par chance, ils se trouvent dans la pièce mitoyenne avec la maison d'à côté qui a déjà été fouillée. Un passage discret a été aménagé dans le mur, entre les deux maisons, pour éviter de faire le tour par la rue. Ils se faufilent chez les voisins où ils resteront cachés jusqu'au départ de l'armée.

À quelques maisons de là, Hasco a encore un peu de répit. Il a enfilé son plus beau barguz, le blanc cassé zébré de fines rayures noires. Habib Chicho l'adore dans cette tenue, avec sa chemise blanche aux manches longues comme deux fois le bras… manches qu'Hasco a l'habitude d'enrouler par-dessus le barguz pour les nouer autour des coudes. Pour lui faire honneur, Habib a revêtu sa belle robe bleue avec des fleurs rouges et elle a fait le yaourt maison qu'Hasco aime tant. Comme ses deux frères, il est en train de le saucer avec du pain qu'elle vient de cuire dans le four en terre lorsque les soldats rentrent dans la maison, réveillant du même coup les sept enfants du couple. L'arrestation de son mari et de ses deux beaux-frères se passe en douceur. Un soldat dit à Habib de ne pas s'inquiéter. Elle rassure les enfants, leur dit de retourner se coucher. Puis sort sur le pas de la porte. Et là, elle blêmit en voyant les soldats revenir.

Ils ouvrent le frigo, vérifient le contenu du four… Habib perd tout contrôle.

– Mais qu'est-ce que vous faites ? Vous les avez tous pris !
– On arrête tous les hommes de plus de 9 ans. Ce sont les ordres. Quel âge ont tes fils ?

Mahsoud, Sedqi et Bhori se font tout petits.

– Le plus grand (qui, par chance, est petit pour son âge) a 8 ans, assure leur mère avec aplomb. Vous n'allez tout de même pas leur demander de faire le service militaire à eux aussi, non !
– Ils feraient pourtant une bonne cible d'entraînement, rigole le sergent, qui donne l'ordre à ses hommes de rebrousser chemin.

Ramazan vient de se réveiller. Dans une demi-heure, il doit être à l'arrêt du *coaster* pour aller à sa formation médicale. Pas le temps de traîner. Son père est déjà debout et habillé. Les yeux encore embrumés de sommeil, Ramazan se lave rapidement, met un pantalon avec une chemise, enfile sa première chaussette et cherche la seconde lorsque la porte d'entrée claque violemment contre le mur. Dix soldats pénètrent dans la maison, accompagnés par les cris de Leila, Salwa et Rebwar, les trois enfants d'Assia et Ramazan. Instinctivement, la mère se place entre eux et les soldats, mais c'est son mari et son beau-père qu'ils viennent chercher.

– Toi, tu viens avec nous. Tu pars en formation.

Ramazan le savait, mais il ne pensait pas qu'on viendrait le chercher ainsi. Et pourquoi demandent-ils à son père de venir aussi ? Pas le temps de dire un mot à sa jeune épouse de 24 ans. Ramazan se retrouve dehors, pieds nus, avec son père Taïeb qui porte son barguz blanc cassé. Assia se précipite sur la deuxième chaussette et les chaussures de son mari pour les lui amener. Mais un soldat l'arrête au premier pas vers la porte.

– Non, vous, vous restez chez vous !

Assia ne comprend pas. Dix secondes après le départ des soldats, elle n'y tient plus et sort jusqu'au mur qui sépare la rue poussiéreuse de la cour intérieure.

Les soldats arrivent enfin aux abords de la maison d'Ali Mala, qui a entendu les cris, comme tout le monde au camp. Il sait qu'il n'y a rien d'autre à faire qu'attendre. Il s'agit peut-être d'une simple fouille. Avec Huroo, son plus jeune frère, il attend donc les militaires devant la maison. Mais Hadji, lui, pense que sa dernière heure est venue. Il veut profiter des ultimes minutes qui lui restent pour se mettre en règle avec Allah. Il met une page du coran dans sa poche et termine de se laver les pieds pour faire la prière quand il entend ses deux frères hurler dehors. À travers la porte entrouverte de la salle de bain, il voit des soldats des forces spéciales les rouer de coups. Leur tenue traditionnelle kurde est déjà maculée de sang. Hadji se colle au mur et plaque sa main contre sa bouche pour étouffer un cri. Alors que les soldats pénètrent dans la pièce principale, à l'autre bout de la maison, il se glisse dehors et grimpe sur le toit en prenant appui sur des briques saillantes. Le jour est encore hésitant. C'est sa chance. Il tente de faire corps avec la boue séchée du toit et arrête de respirer quand les soldats sortent de la maison, suivis par son épouse Zourzan et ses belles-sœurs.

À cet instant, sur les visages d'Assia, Habib, Fatma, Xonem, Zourzan et de toutes les femmes du camp, c'est la même stupéfaction. La même impression que tout Bagdad se trouve à leur porte. À quelques dizaines de mètres, dans toutes les rues, des enfants d'à peine 9 ans, des adolescents, des hommes en âge de travailler, des aveugles, des anciens de 80 ans et plus… Tous les hommes en état de marcher sont alignés, à raison de 150 à 200 par groupe, sous la menace des *kalachnikovs*, des chars et des hélicoptères.

De sa cachette, Hadji a une vision d'ensemble sur le camp, il n'en revient pas. Il y a plusieurs centaines de militaires irakiens. Au fur et à mesure que les soldats poursuivent la fouille des maisons dans un sens, il rampe de toit en toit dans la direction opposée. Il se laisse glisser dans les allées redevenues vierges de tout uniforme après les arrestations et il passe à la rangée suivante. À deux rangées de la sienne, il voit une femme s'accrocher à son fils de 10 ans.

– S'il vous plaît, implore cette femme, vous m'avez pris tous mes enfants. Laissez-moi celui-là !

Un militaire la tire par les cheveux sur plusieurs mètres et revient en arrière pour embarquer son fils malgré les hurlements déchirants de sa mère.

À la rangée d'après, Hadji voit un vieil homme et son fils un peu à l'écart des soldats. Le père semble vouloir profiter de la confusion pour s'éclipser.

– Non, non, ne t'enfuie pas réagit immédiatement son fils. C'est le gouvernement. Ils ne vont pas nous tuer.

Mais le père, qui a vécu la révolution d'Ayloul dans les années 60, connaît la férocité des soldats. Il sait que même les civils kurdes peuvent payer pour ceux qui défendent la liberté les armes à la main, faute de pouvoir se faire entendre politiquement. Il n'écoute pas son fils et se met à courir. Il est rattrapé par un premier soldat qui lui met un coup de crosse. D'autres viennent lui prêter main forte et passent le vieil homme à tabac jusqu'à ce que mort s'ensuive.

Plus loin, un soldat qui trouve qu'un vieillard ne marche pas assez vite à son goût attrape un bloc de béton qui traîne dans la rue et le lance sur le frêle papi qui tombe, le souffle coupé, à un mètre de sa canne. Le soldat éclate de rire, reprend le bloc de béton et le lance de toutes ses forces sur la tête du vieil homme qui meurt instantanément.

Hadji manque de vomir. Il pense se livrer, certain qu'on finira par le repérer. Mais le dégoût est plus fort. Il s'aplatit un peu plus sur le toit, soudain déterminé à tout faire pour s'en sortir et témoigner.

Au loin, il compte une centaine de bus stationnés sur la route Kirkouk-Erbil. À raison d'une quarantaine de places par bus, il n'ose pas imaginer qu'il s'agisse vraiment d'un contrôle pour le service militaire ; pas avec les enfants et les vieillards qui ont été arrêtés. Il ne croit pas non plus que tous les hommes du camp vont être amenés à participer à un grand débat sur l'amélioration des conditions de vie à Qoshtapa. Des larmes coulent sur son visage, en silence, quand il voit les quatre premiers bus avancer dans le camp.

– Allez, allez, allez, montez, crient sans arrêt les soldats en tête des colonnes, proférant au passage insultes et menaces aux prisonniers.

Au moment de changer de rangée, Hadji reconnaît la fine silhouette d'Habib Chicho en train de courir dans la rue pour rattraper son mari qui avance dans sa file vers le prochain bus. Deux voisines s'élancent à sa suite. Un soldat tire une rafale. Elles s'écroulent toutes les trois. Habib est grièvement blessée à la jambe droite. Haifat, sa seconde fille, pleure à chaudes larmes en voyant sa mère s'évanouir de douleur. Les militaires se moquent de la fillette âgée d'à peine 5 ans. Ils font semblant de pleurer en grimaçant exagérément, pour l'imiter. Une femme prend la petite dans ses bras pour l'arracher à ce cauchemar. Une autre déchire le bas de sa robe pour panser le mollet d'Habib. Elle demande qu'on laisse passer une voiture pour qu'on amène la maman d'Haifat à la pharmacie. Feu vert des militaires. Sur place, d'autres interdisent au pharmacien de la soigner. Il se contente de nettoyer la plaie. Mais, dès que les soldats ont le dos tourné, il glisse des médicaments, discrètement, dans sa main. Habib, qui a repris conscience, sourit faiblement. Les soldats la mettent dehors et lui disent, hilares, de se débrouiller pour rentrer. Finalement, c'est une voisine qui la ramène chez elle en la portant sur son dos.

Hadji approche de la neuvième rangée lorsqu'il assiste à une autre scène incroyable impliquant Ali Mohammed, l'aveugle d'Houstan qui disait quelques heures avant qu'il fallait redouter l'eau dormante plus dangereuse que l'eau vive. Il avait raison. Toutes les améliorations dans la vie du camp, depuis un an, n'avaient pas d'autre but que d'endormir leur vigilance.

Ali fait partie des premiers arrêtés. De sa place dans le *coaster*, il a entendu les cris, les coups, les rafales. Il ne se fait aucune illusion. Perdu pour perdu, il avance à tâtons vers la sortie du bus qui est déjà plein, prêt à partir vers une destination inconnue. Il sait qu'il y a un militaire devant la porte à battants restée ouverte. Il se jette sur lui, les bras en avant. Tous les deux tombent par terre. Le militaire se relève et bat Ali à mort.

Une nouvelle fois, Hadji se retient de ne pas crier. Des coups de poings, des coups de crosse dans le dos, des coups de pieds, tout y passe, jusqu'à ce que le soldat marche avec insistance sur la tête de l'aveugle qui gît inconscient, le corps en sang. Le soldat lui donne un dernier coup de pied pour l'écarter des roues du bus qui s'apprête à partir. Sans doute le croit-il déjà mort. Hadji aussi. Il reste tapi là de longues minutes, à plat ventre sur le toit, le visage dans ses mains, en train de pleurer en silence.
Quand il relève finalement la tête, il voit partir d'autres bus. Dans certains, du sang dégouline par la porte avant.

Quelques heures plus tard, le calme enfin revenu, Hadji émerge de sa torpeur. Il redescend du toit dont il n'avait plus bougé et retrouve sa femme chez lui. Il faut organiser sa fuite. Des soldats peuvent revenir à tout moment. Plusieurs dizaines d'hommes ont réussi à se cacher comme lui et à échapper à la rafle. Beaucoup veulent croire qu'il s'agissait d'une nouvelle opération du régime pour faire régner la terreur mais que les hommes vont revenir, comme les soldats l'ont promis, même si c'est après quelques semaines de prison. Hadji n'y croit pas. À certaines femmes, on a dit qu'il s'agissait d'un recensement pour le service militaire, à d'autres qu'ils partaient en formation à Kirkouk ou en réunion à Bagdad. « *Ils mentent. Ils vont tous les tuer* », se dit Hadji. Sa femme a fait le compte : outre ses deux frères, sept cousins et quatre oncles ont été arrêtés dans sa famille.

Bonne nouvelle en revanche, Ali l'aveugle est toujours vivant. Il a reçu les premiers soins à la mosquée et se repose maintenant chez lui.

– J'espère qu'il s'en sortira. Mais moi, je ne peux plus rester ici.

Le 10 août 1983, Hadji est dans une cache sûre… à Bolanda, son village d'origine. Il a fait du stop sur des trajets courts pour ne pas éveiller les soupçons : Erbil, Mossoul, Duhok, Amedî, Sheladz et enfin Bolanda où il a rejoint un groupe de peshmergas. Quoi de mieux qu'une région interdite où il n'y a théoriquement pas âme qui vive pour se cacher et organiser des opérations de harcèlement contre l'armée irakienne !

Immédiatement, Hadji raconte dans les moindres détails ce qui s'est passé le 31 juillet, à Qoshtapa. Il dit aussi qu'une trentaine de membres de la famille de Massoud Barzani ont été arrêtés la veille.

– Je n'ai jamais vu le déluge. Mais ce jour-là ressemblait au déluge, pleure Hadji. Ils ont arrêté 4.000 des nôtres. Leur seul crime, c'était d'être Kurdes et de Barzan.
– Les pourritures, ils avaient bien calculé leur coup, s'emporte le cadre du groupe. Ils ne voulaient pas de chefs capables d'organiser la résistance dans le camp. Mais ils ne l'emporteront pas au paradis. Vaincre témoigne qu'on est vaillant. Détruire prouve qu'on est lâche. Ne t'inquiète pas, mon frère. Le courage l'emportera sur le nombre.

Ce que tous ignorent encore, en revanche, ce 10 août, c'est qu'une nouvelle rafle des hommes de Barzan a lieu dans les camps de Diyanah, Harir, Bahrkê et Goratu. Ce n'est que plus tard qu'ils apprendront que près de 4.000 hommes supplémentaires ont été arrêtés parmi les déportés de 1978.

Dès lors, la chasse aux derniers Barzanis commence vraiment. La tête des hommes au turban rouge et blanc est mise à prix 18.000 dinars, l'équivalent de trois *pick-up*. Il n'y a guère que les peshmergas des montagnes qui le portent encore.

Ceux qui ont choisi d'habiter en ville pour se fondre dans la masse ne sont pas à l'abri non plus. Les services secrets de Saddam sont très efficaces.

Dans les semaines qui suivent l'arrestation des 8.000 de Barzan, Barzan al-Tikriti, le chef des services secrets irakiens, met tous ses hommes sur le coup. Sur la liste des Kurdes les plus recherchés, les proches de Massoud Barzani, chef des peshmergas du Parti Démocratique du Kurdistan depuis la mort de son père en mars 1979, à l'âge de 76 ans. Et bien sûr, les fidèles d'entre les fidèles, à savoir les 500 peshmergas qui avaient suivi le général Mustafa Barzani en URSS après l'échec de la République de Mahabad en 1946. Qapo est parmi eux.

Après son retour en Irak avec une femme russe, à la suite de l'arrivée au pouvoir du général Kasem en 1958, il n'a eu aucun mal à trouver du travail à Bagdad, grâce à son diplôme d'ingénieur. De son côté, son jeune frère Ahmad a intégré l'office du tourisme de Masif Salahaddin, sur les hauteurs d'Erbil, la capitale du Kurdistan. Là, Ahmad a fait construire une maison de 650 m^2 sur un terrain que le général Barzani lui a obtenu, après les concessions de Bagdad en 1970. Après la signature de l'accord d'Alger survenue en mars 1975, il a dû une nouvelle fois fuir en Iran avec sa famille, mais il est retourné à Salahaddin en 1980, après plusieurs mois de démarches juridiques pour récupérer sa maison, occupée depuis 1974 par un fonctionnaire du parti Baas. Il croyait donc à l'amnistie décrétée par Saddam Hussein, devenu président un an plus tôt, en 1979. D'autant qu'il n'avait eu aucun mal à être réintégré dans son travail à l'office du tourisme. Il se trompait.

En 1983, Rebar a 14 ans. C'est un adolescent épanoui qui se fait remarquer au collège comme sur les terrains de football où il brille, faisant l'admiration de tout le monde. Son frère Mohamed, âgé de 33 ans, est devenu chauffeur de taxi. Sardar et Khaled, qui ont alors 24 et 29 ans, font des études supérieures. Et ses cinq soeurs aident leur mère.

De temps en temps, ses parents ont des nouvelles d'oncle Qapo qui est un ingénieur reconnu à Bagdad. Reconnu par ses pairs... mais aussi par les services secrets qui veillent discrètement sur lui depuis trois ans. Pour les baasistes, un Kurde de Barzan est par définition un insurgé, même s'il participe à la construction du pays.

Le 31 juillet 1983, Qapo et son fils Nadir font partie des premiers « Barzanis » arrêtés dans la capitale irakienne. Parmi les autres victimes de la rafle ce jour-là à Bagdad, en même temps que les 4.000 Barzanis arrêtés dans les camps, figurent aussi huit membres de la famille de Massoud Barzani. Dans la longue liste des disparus, ils rejoignent Loqman Mustafa Barzani et Obaidalla, deux de ses frères, arrêtés en 1980 et dont on est sans nouvelle depuis.

Lorsque ces tristes informations parviennent aux oreilles d'Ahmad, le père de Rebar, il est aussi au courant pour la disparition des « 8.000

de Barzan ». Mais il pense échapper à la chasse aux sorcières. Il n'y a que quatre familles de Barzan à Salahaddin et elles n'ont jamais eu de problèmes avec les services secrets, même quand elles portaient la coiffe rouge et blanche des Barzanis dans la rue, alors qu'Ahmad avait interdiction de la porter à l'office du tourisme.

Alors Ahmad ne s'est pas vraiment méfié, la dernière semaine d'août, lorsque Rebar et son frère Khaled lui ont dit avoir vu de nouveaux agents arriver au bureau des services secrets. Il ne se doutait pas qu'ils étaient là pour lui et qu'une semaine plus tard, sa vie et celle de ses enfants allaient basculer.

Dans la nuit du 1er septembre 1983, le périmètre autour de la maison d'Ahmad est bouclé dans un rayon de 2 km. À 4 heures du matin, les forces spéciales enfoncent le portillon en fer. Des soldats solidement armés sont déjà sur le toit des deux bâtiments pour tirer sur quiconque tenterait de fuir. Aux hurlements des militaires répondent les pleurs des enfants et les cris des femmes terrifiées. Tout le monde est arrêté : Ahmad et sa femme Sti, leurs quatre fils, leurs cinq filles, le mari de l'aînée et les petits-enfants. Mais finalement, seuls Ahmad, ses fils et son gendre montent dans le minibus, sous bonne escorte.

Sti sait ce que ça veut dire. Personne n'a eu de nouvelle des 8.000 de Barzan depuis leur disparition. Alors, elle se précipite à l'intérieur et ressort avec un Coran qu'elle brandit sous le nez du lieutenant qui a l'air d'être le commandant de l'opération.

– Au nom du Coran, n'embarque pas mes deux fils Sardar et Rebar, juste ces deux-là. Ils sont trop jeunes.

L'officier la bouscule et continue de superviser l'opération comme si de rien était, laissant dans la rue des femmes en larmes au moment du départ.

Puis, ce sont les hommes des trois autres familles originaires de Mergasur qui sont arrêtés. Le convoi prend alors la direction d'Erbil mais s'arrête sur le bord de la route, dans la descente, après Basturé. Tous les prisonniers sont invités à donner leur nom. Le convoi repart. Quarante minutes plus tard, il arrive au siège des services secrets, sur la 30e à Erbil, alors qu'il commence à faire jour.

Rebar est le dernier à descendre du *coaster*. Dans la cour, les soldats sont déjà en train de fouiller les prisonniers à qui on retire stylos, ceintures, montres et papiers. Arrivé au tour de Rebar, le lieutenant Milazem s'interpose.

– Non, lui, ne le fouillez pas !

Rebar lève son visage d'enfant vers l'officier que sa mère a tenté de convaincre tout à l'heure. Il est petit et fluet pour son âge. Il a peut-être une carte à jouer auprès de ce lieutenant qui pourrait bien être de Mossoul, vu l'accent.

Tous les prisonniers sont finalement conduits dans une pièce d'environ 25 m². Ahmad et les deux anciens de Mergasur s'asseyent sur un vieux canapé crevé, près de la porte d'entrée. Et les jeunes s'installent par terre, tout autour. À l'autre bout de la pièce, une seconde porte que les prisonniers fixent avec angoisse, jusqu'à ce qu'elle s'ouvre enfin, à midi.

Un soldat regarde Youcef, le cousin de Rebar et aussi son meilleur ami. Ils n'ont que quelques mois d'écart.

– Toi, viens ! ordonne le soldat en faisant un signe de l'index et du majeur pour l'attirer à lui.

Youcef disparaît par la porte mystérieuse et revient quelques secondes plus tard avec le soldat qui demande :

– C'est qui Rebar ?

Le plus jeune fils d'Ahmad lève le doigt.

– Viens !

Dans la pièce voisine, un homme assis derrière une table invite Rebar à s'asseoir en face. Il lui demande son nom, son prénom, le village d'où il vient, ce qu'il fait comme études.

– Signe et rentre chez toi, dit-il enfin en lui tendant le papier.

De retour dans la pièce où attendent ses proches, Rebar met la main sur l'épaule de son père, resté assis dans le canapé.

– Papa, ils me relâchent.

Ahmad n'a pas le temps de répondre. Deux soldats empoignent Rebar, ouvrent la porte près du canapé et traversent la cour avec lui, en l'insultant copieusement au passage car c'est un Barzani.

Arrivés à l'entrée du siège des services secrets, ils le poussent enfin dans la rue.

– Rentre chez toi, tu es libre.

Rebar s'assied près de la porte pour attendre son père et ses frères en pensant qu'ils vont être relâchés eux aussi. Mais quelques minutes plus tard, un officier vient le voir.

265 VILLAGES DE L'AIRE DE BARZAN VIDÉS DE 1975 À 1982

Carte du génocide des 8000 de Barzan

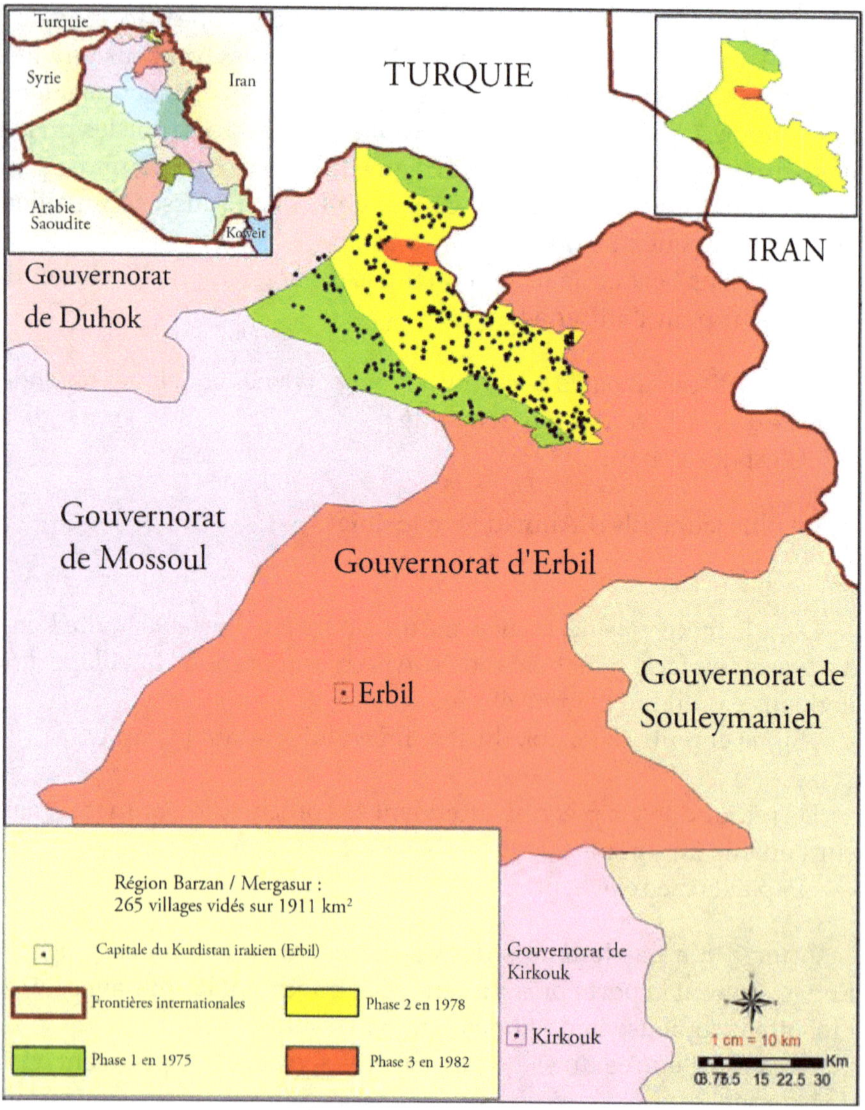

Figure 3 - © Loghman Rashidy. Source : Ministère des Martyrs et des Affaires Anfal, gouvernement régional du Kurdistan.

Les déportations successives des habitants de Barzan / Mergasur

Figure 4 - © Loghman Rashidy. Source : Ministère des Martyrs et des Affaires Anfal, gouvernement régional du Kurdistan.

– Tu ne restes pas ici ! Sinon, tu repars à l'intérieur…

Avec ses quelques mots d'arabe, le jeune garçon explique qu'il attend son père et ses frères.
– De tous ceux qui sont rentrés ici, personne ne va ressortir !

Rebar ne veut pas croire à ce qu'il vient d'entendre. Mais l'officier est du genre grand, costaud et patibulaire. Il fait peur à Rebar, qui décide donc de traverser la rue pour s'asseoir en face.

Le sang de l'officier ne fait qu'un tour. Il suit le jeune Barzani et lâche sur un ton qui ne supporte pas la contestation :
– Tu dégages de là ! Sinon, je te remets à l'intérieur !

Mieux vaut ne pas insister. Rebar se relève et marche jusqu'à ce qu'il trouve un taxi pour l'amener au terminal de bus.

En milieu d'après-midi, il descend enfin à l'arrêt de Salahaddin. La nouvelle fait le tour du village avant même qu'il arrive chez lui à pied. En le voyant au bout de la rue, sa mère et ses sœurs rient et pleurent à la fois, soulagées de le savoir vivant et libre. Mais pour les Barzanis, le calvaire n'est pas fini.

Dans les semaines qui suivent, la chasse aux Barzanis produit encore quelques effets. Les hommes du clan sont traqués dans tout le pays et même dans les camps où certains se cachent encore après avoir échappé aux deux rafles de l'été.

Le 1er octobre 1983, une nouvelle fouille en règle est organisée à Qoshtapa : 230 hommes viennent rejoindre le flot des disparus.

Un mois plus tard, les baasistes font couper l'eau et l'électricité dans tous les camps où ne survivent plus que des veuves (mais elles ne le savent pas encore) et des enfants. Les pharmacies sont fermées, les aides-soignants priés d'aller soigner ailleurs. Et, le 4 décembre 1983, ordre est donné de fermer toutes les écoles.

Les Barzanis sont devenus des parias. Les survivants n'ont pas d'autre choix que d'aller combattre avec les peshmergas de Massoud dans les montagnes. En ville, l'honneur du clan repose désormais sur les femmes. En faisant exploser la cellule familiale et en les affamant, les baasistes croient les détruire elles aussi.

Ils ne savent pas encore à qui ils ont affaire. Le combat des « femmes lions » ne fait que commencer.

Snur impressionnée par le courage des mères lionnes

Pour la première fois depuis le début de cette quête du passé, Snur a l'air véritablement émue par le sort des victimes du parti Baas. Quelques jours avant, elle a vu la retransmission de la commémoration du trentième anniversaire des rafles des 8.000 de Barzan. Elle semblait comme hypnotisée devant la télévision. Certes, elle ne connaissait pas le village de Surya, ni les grottes de Dakan et n'avait jamais rencontré de Faylis. Mais elle connaît des Barzanis. Des proches des victimes de 1983 habitent autour de chez elle, à Salahaddin, dans un périmètre très protégé.

Elle ne vit pas là par hasard d'ailleurs. Des baasistes déchus pourraient encore chercher à se venger. Des Barzanis, mais aussi de son père qui a été juge dans la Résistance, où il a côtoyé Massoud de près.

Snur a l'air de chercher ses mots. Elle veut poser la bonne question. Elle réfléchit à ce qu'aurait été sa vie sans son père. Ose s'interroger à voix haute en le regardant dans le jardin, devant la maison en construction.

– Naaa, dit-elle en secouant la tête comme si cette idée était absurde.

Mais elle veut savoir comment ont fait les femmes et les enfants du camp après le départ des hommes. C'est Rebwar, Assia, Ali, Fatma et Rebar qui vont lui donner la réponse.

***

Rebwar avait un an quand son père a été arrêté à Qoshtapa, le 31 juillet 1983. Il n'a aucun souvenir de son père Ramazan ni de son grand-père Taïeb. Et pourtant, il connaît leur vie par cœur, comme celle de la plupart des 8.000 de Barzan et des 450 orphelins nés dans les neuf mois qui ont suivi leur disparition. Rebwar est devenu l'historien des familles de la région. Pour qu'on ne les oublie pas et aussi pour rendre hommage à sa maman qui s'est saignée aux quatre veines pour lui donner la chance de suivre des études.

– Après la fermeture des écoles dans les camps, le 4 décembre 1983, rares sont ceux qui ont pu faire des études jusqu'en 1991. Si bien qu'aujourd'hui, 80 % des familles de Barzan sont illettrées. Je fais partie des chanceux. En 1985, maman a pu fuir le camp clandestinement avec mes sœurs et moi pour aller à Erbil, où elle nous a appris à lire en secret. Personne ne devait savoir que nous étions de

Barzan, pas même les Kurdes d'Erbil, car, comme tous les Barzanis, nous étions recherchés. Du coup, elle a travaillé dans une usine de ciment pour un salaire de misère, en cachant son identité. Son patron prenait un risque lui aussi.

Mais pour Assia, « ce n'était pas plus risqué que de rester au camp ».

- La vie était trop difficile là-bas, dit-elle. Il fallait marcher 45 minutes pour aller chercher de l'eau dans de gros bidons et les ramener sur nos épaules jusqu'à chez nous. Il arrivait qu'on fasse le trajet plusieurs fois car les soldats s'amusaient souvent à tirer dessus pour les transpercer.
- Il y a également les baasistes qui nous harcelaient, reprend Rebwar. Alors, les femmes montaient la garde la nuit, par groupes de six ou sept. Leurs seuls moyens de défense contre eux, c'étaient des bâtons et des pelles. Elles ont dû aussi apprendre à enterrer leurs morts. C'était difficile pour elles psychologiquement.

Assise dans un confortable fauteuil, Assia fixe le tapis, perdue dans ses pensées, le visage triste, comme Fatma qui a connu ces moments douloureux elle aussi. Mais pour Ali, il est hors de question que sa mère et la mère de Rebwar culpabilisent.

- Ce sont des saintes femmes, des héros de guerre. Nous, les enfants du génocide, on appelle tous nos mères « les mères lionnes ». Je n'ai jamais connu un autre homme que ma mère. Nos mères faisaient le travail de trois hommes dans les vergers, pour un salaire de misère. Elles ont porté des blocs de ciment sur leurs épaules, tout en haut de maisons en construction…

Fatma retrouve sa gaité naturelle.

- Et le soir, je donnais du pain de seigle dur et dégueulasse à manger à mes enfants, dit-elle en riant. Eh bien, vous voyez, ça ne m'a pas empêché de les voir grandir. Grâce à ce pain, j'ai eu 41 petits-enfants, dont neuf de Djian et toi, n'est-ce pas Ali !

Il sourit, heureux de la voir de nouveau joyeuse. Plus rien n'arrête sa mère. Elle se souvient avoir beaucoup dansé au mariage de son plus jeune fils, en 1994.

- Danser, j'adorais ça… avant.

Silence.

- Ton père n'aimait pas danser. Je crois que c'est la première fois que je redansais depuis sa disparition, reprend Fatma.

Les sourires emplissent de nouveau la pièce. Rebwar revient lui aussi sur le plus beau cadeau qu'il ait jamais fait à sa mère : se marier avec la charmante Rezan en 2005, et lui donner trois petits-enfants dans les cinq ans qui ont suivi. Il les a appelés Rundic (qui signifie « larme »), Rena (« la voie ») et Rakan (« les fondations »).

– Comme à chaque fois que l'on donne un prénom kurde à un enfant, c'est un message que l'on fait passer. Pour Rezan et moi, il s'agissait de dire que les fondations et la voie que nous avons empruntée ont été pleines de larmes. Comme celles que ma mère versait la nuit, en cachette, en croyant que je ne la voyais pas et que je ne l'entendais pas. Ni elle ni moi ne nous faisions d'illusions à l'époque. Mais, quand je me suis marié à mon tour… à chaque naissance, c'est comme si mon père renaissait de ses cendres !

Il reprend après un court silence, le temps qu'Assia essuie ses yeux mouillés du revers de la main.

– D'autres n'ont pas pu faire leur deuil, comme nous. Certains jeunes de ma génération ont appelé leurs enfants Hivi (« l'attente), Omed (« l'espoir »)… des prénoms qui signifiaient leur besoin de croire en un retour possible des disparus. Des femmes ont fini par devenir folles à cause de ça. Ni la découverte d'un charnier avec 512 corps en 2005, dans le sud de l'Irak, ni le document retrouvé dans les archives du régime après la chute de Saddam Hussein n'ont réussi à les persuader. Même celles qui ont encore toute leur tête se prennent à rêver parfois. Sur le document qui a été produit au procès de Saddam Hussein, il était question de 2.225 Barzanis exécutés et enterrés dans divers charniers, du côté d'Al Basya, vers Semawa. Pour certaines, cela veut dire que les autres sont peut-être encore vivants, prisonniers quelque part.

***

En écoutant ces témoignages, Snur se plait à rêver elle aussi. Elle veut croire de toutes ses forces que les disparus sont effectivement vivants. Où ? Elle ne sait pas. Un sourire désarmant sur le visage, elle croise les doigts pour le retour des disparus.

***

Ce retour, Rebar n'y croit plus depuis longtemps. Lui ne vit pas dans la région de Barzan, comme Rebwar et Ali. C'est à Masif Salahaddin que le génocide l'a obligé à devenir adulte en quelques heures, alors qu'il n'avait pas 15 ans. Et c'est là qu'il vit toujours, non loin de chez Snur.

« J'étais le plus jeune. Et, du jour au lendemain, je suis devenu le chef de famille. Grandir sans père, sans oncle, sans personne pour vous épauler, c'est ça le vrai drame. Entre ma mère, mes sœurs et leurs enfants, nous étions 28 dans la maison. C'est-à-dire que 26 personnes dépendaient de moi et de ma mère. Moi qui avant passais tous mes temps libres à jouer au foot avec les copains, j'étais devenu l'homme de la maison. J'ai annoncé à ma mère que j'allais arrêter l'école pour m'occuper du magasin d'alimentation que nous avions dans la rue principale. Elle m'a dit non : "Tu fermes le magasin le matin pour aller à l'école et tu t'en occupes l'après-midi." Mais ça n'a pas servi à grand-chose. Les trois premiers mois, on n'avait quasiment plus un client. Les gens avaient peur du parti Baas. Ils savaient qu'on était mis sous surveillance par les services secrets et qu'ils risquaient de l'être eux aussi s'ils venaient chez nous, car c'était considéré comme un soutien implicite. Alors, ma mère a décidé d'ouvrir le magasin le matin, quand j'étais à l'école. Pour elle, ce n'était pas facile. Car on avait toujours bien gagné notre vie. C'était une honte à l'époque qu'une femme travaille. Mais maman a persévéré. C'est devenu la seule femme commerçante de la ville. Je la relayais à midi en jetant un œil de temps en temps sur mes cahiers de classe. Et le soir, je finissais mes devoirs. J'étais le meilleur de l'école. Et je mettais un point d'honneur à le rester malgré les circonstances. Heureusement, grâce à ma mère qui inspirait moins la crainte en tant que femme (ce sont les hommes qui étaient recherchés), les gens ont fini par revenir au magasin. Elle a tellement bien travaillé qu'elle est devenue manager de l'épicerie. Elle choisissait les produits chez les fournisseurs d'Erbil. Elle organisait tout. C'était une très bonne gestionnaire, confie Rebar le sourire aux lèvres. Au bout d'un an, j'étais devenu son employé. Le magasin marchait tellement bien qu'il faisait vivre les 28 personnes de la maison sans que mes sœurs soient obligées de travailler. Sur le plan matériel, ça allait donc. Mais sur le plan psychologique… »

Il soupire en se rappelant la torture mentale préférée de Saddam.

« Entre 1983 et 1991, chaque année au moment de l'anniversaire du parti Baas, il disait qu'il allait libérer des prisonniers. On était déçus à chaque fois et on se disait : « *Bon ben, ce sera pour l'année prochaine.* » Il y avait des rumeurs sur des goulags en Irak, au Soudan… Finalement, en

1992-1993, le président Barzani a demandé à Saddam Hussein ce qu'il avait fait des hommes de Barzan. Il a répondu : « *Ils sont tous morts.* » Le président l'a dit à tous les Barzanis. Mais même là, les femmes de Barzan n'y croyaient pas. « *Quand tu perds ton stylo, tu espères le retrouver* »[1]. C'était pareil pour leurs maris, leurs oncles, leurs frères, leurs fils. En fait, les gens savaient mais ils ne voulaient pas se l'avouer. Ce n'est que lorsque l'on a découvert les premiers corps dans un charnier, en 2005, que l'espoir a commencé à retomber.

Moi, dans tout ça, pfff, pendant toutes ces années, il n'y a pas eu un jour où j'ai été heureux. Je voyais les petits sans père qui me demandaient : « *Et il est où ton papa* ? » Je ne répondais rien. Au Moyen-Orient, c'est difficile de grandir sans figure paternelle. Mes sœurs, ma mère, ma belle-sœur, elles ne me le disaient pas. Mais je savais qu'elles pleuraient tous les jours. Et moi, j'étais impuissant face à leur malheur ; ça aussi c'était dur. En plus, je culpabilisais. J'avais été arrêté avec les autres et libéré. Combien de fois j'ai rêvé que j'avais disparu avec eux ! Je ne peux pas le dire. Heureusement que ma mère a été forte. Saddam avait éliminé les hommes et les héritiers. En laissant les mères et les enfants à la rue, il espérait qu'on se clochardiserait, que les femmes se prostitueraient. Et ça, elles l'ont très vite compris. Elles ont tout fait pour qu'on reste solidaires, pour qu'on garde nos valeurs et notre respect au sein du peuple kurde. C'est grâce à ma mère que j'ai été sauvé le 1er septembre 1983. C'est grâce à elle que j'ai pu faire des études ensuite et que j'ai eu mon diplôme d'ingénierie civile à l'université d'Erbil. J'aurais aimé qu'elle apprenne de ma bouche la chute du régime de Saddam Hussein en 2003. Mais elle était déjà Alzheimer. Elle est morte en 2006, l'année où j'ai obtenu mon master d'études stratégiques pour la sécurité nationale, mais aussi l'année du procès de Saddam. Je suis allé à Bagdad, les trois premiers jours. J'avais besoin de le voir déchu, dans l'ancien quartier général du parti Baas transformé en tribunal. Je dois dire que ça a été le moment le plus beau de mon existence ! Toute ma vie, je m'étais efforcé de ne pas pleurer. Et là… ».

Il s'interrompt, ému, et reprend. « Toute notre énergie était consacrée à montrer qu'on résistait, en travaillant dur pour devenir meilleur. C'est pour ça que Saddam n'a pas atteint son but et qu'il s'est retrouvé au tribunal. Et ça, c'est grâce à nos mères. Ce que je peux ajouter à propos de ma maman et de toutes les autres, c'est que nos mères sont des peshmergas. Elles se sont sacrifiées pour le maintien de l'héritage

1. Traduction d'un dicton kurde.

des Barzanis. Personnellement, j'ai une dette envers ma mère ; je lui dois tout. »

***

Après ce long récit, Snur a l'air bouleversée. Les yeux brillants, elle lâche simplement…

– Les gpauvres ! C'est gdur gde… parler.

Oui. Et pas seulement parce que ses cordes vocales sont endommagées.

Assise sur une des chaises installées autour de la table de jardin, par ce beau soleil d'été 2013, Snur regarde son père avec tendresse. Il est en train de parler à l'homme qui pose les fenêtres de sa première vraie maison. Elle sourit, se lève et va leur proposer des fruits.

VI

1986, la politique d'arabisation s'accélère dans la région de Kirkouk

– Te souviens-tu de quoi on a parlé hier ? demande Kavout après un après-midi coiffure dans la chambre des filles.
– Oui. Des Kurdes de Barzan. Les gpauvres ! Mais ils se sont bien gdéfendus, répond Snur très détendue, avec ses tresses relevées au-dessus de sa tête.

Kavout sourit. Mais la suite est moins drôle.

– Les Kurdes faylis et les Kurdes de Barzan ont été les victimes les plus connues de la politique d'arabisation dans les années 70 et au début des années 80. Mais avec la création du Bureau des Affaires kurdes, quand Saddam Hussein prend le pouvoir à Bagdad, il étend sa politique à tout le Kurdistan. Le mot d'ordre est de harceler les Kurdes par une politique discriminatoire, de les spolier, de les expulser de chez eux et de les remplacer par des Arabes, d'Irak si possible, ou originaires de pays voisins. Peu importe, pourvu qu'ils soient sunnites. À défaut, si les Kurdes veulent rester sur place, la seule solution pour eux est de renoncer à leur appartenance ethnique et de revendiquer une identité arabe. Beaucoup de Kurdes sont nostalgiques de la période qui a précédé. Nabar Faik par exemple. De son adolescence à Kirkouk, dans les années 1970, elle a gardé le souvenir d'une belle et grande maison avec de jolis tapis au sol, dans le quartier de Shorija où tous ses voisins étaient Kurdes. Mais en 1979, lorsqu'elle a vu Saddam Hussein saluer la foule à la télévision après son élection, elle ne se doutait pas de ce qui allait suivre. Elle était mariée à Nuri Mohamed et avait donné naissance à Mohabat, sa première fille, six mois avant. L'arrêté d'expulsion n'a pas tardé à suivre. Le nom de son beau-père était sur la liste des familles kurdes qui devaient quitter la ville. Mais Mohamed Khalil ne tenait pas à aller dans un camp de regroupement comme il en existait de plus en plus pour les Kurdes. Il est parti une nuit, avant que les agents du gouvernement arrivent. Nabar et Nuri ont suivi avec leur petite fille. Ils ont passé trois jours à Chamchamal et ont décidé de se fixer dans un coin retiré de la région.

Quatre-vingt-cinq familles kurdes ont ainsi reconstruit une maison à Bangol, dans le relief vallonné du gouvernorat de Tameem. Elles espéraient être à l'abri, cachées entre les collines du gouvernorat qui restait pour elles celui de Kirkouk.

Ceux qui sont restés dans la ville de Kirkouk ont été poussés vers la sortie par d'autres moyens. Ils n'avaient pas le droit de travailler, d'acheter ou de vendre leurs biens à un Kurde, ni d'hériter. Leurs enfants avaient interdiction d'apprendre une autre langue que l'arabe. Ils ne pouvaient pas non plus leur donner un prénom kurde. Toute cette discrimination a poussé beaucoup d'hommes, même très jeunes, à devenir peshmergas pour défendre leur identité. Pour l'État, c'était une raison de plus pour justifier la répression.

– La regpression, ça veut dire qu'ils ont été gtorturés, comme papa ?
– Souvent oui. Et pire encore. On va te raconter ce qui s'est passé pour Loqman, l'hiver 1986, à Qarandjir puis à Kirkouk. Il avait 22 ans. Il avait épousé un an avant Aftaw, qui était enceinte de huit mois cet hiver-là. Le jour, c'était un élève comme tant d'autres au lycée. Il était en dernière année. Mais le soir, il distribuait des tracts clandestinement. Il lui arrivait aussi d'amener de la nourriture ou des médicaments aux peshmergas. Hasso, son frère, qui avait 26 ans, était le chef du groupe Farmanda. Loqman voulait combattre avec lui, car son père avait été arrêté plein de fois sans raison au cours des années précédentes. Parfois, il passait un jour en prison. Parfois il y passait un mois. Il avait été souvent torturé. Et à chaque fois, pour sortir, il était obligé de payer, de donner de l'argent ou un mouton. Ça avait fini par tuer sa mère qui sursautait à chaque fois qu'elle entendait frapper à la porte.
– Elle est morte gcomment ?
– Une crise cardiaque. Ça avait rendu Loqman fou de douleur. Mais son frère lui avait dit qu'il serait plus utile comme agent de renseignements qu'avec une *kalachnikov*. C'était le fils aîné depuis qu'Hasso avait pris le maquis. Il devait protéger son père, ses petits frères, ses sœurs et sa femme qui lui donnerait bientôt un enfant. Il

en a convenu. Mais tous ses efforts n'ont pas empêché la machine baasiste de le broyer lui et les siens le jour où Hasso est mort, tué dans une embuscade.

– Ooooh ! Qu'est-ce gui s'est gpassé ? demande Snur avec un mélange de dégoût et d'inquiétude.
– Eh bien, c'était le 21 janvier 1986, à 21 heures, trois heures après la mort d'Hasso. Des soldats irakiens ont défoncé la porte de chez eux, à Qarandjir, et ils ont tous été arrêtés, tous. Tu sais où c'est Qarandjir ?
– Non.
– C'est à un quart d'heure de Kirkouk, sur la route de Souleymanieh, précise Kavout.
– Exactement, poursuit Nergiz. Loqman a été conduit à la « prison Noire » de Kirkouk où il a été torturé vingt fois en neuf mois. Quand il n'était pas torturé, il était jeté dans une pièce de 15 m^2, avec cinquante autres prisonniers. La cellule surchauffée par un toit en tôle avait une seule ouverture sur l'extérieur : un trou de 10 cm sur 5 dans le mur. Ce n'était pas assez pour respirer. Ils étouffaient tellement qu'ils étaient tous en slip pour supporter la chaleur et beaucoup s'évanouissaient. Ça n'empêchait pas les geôliers de torturer et de torturer encore. Loqman a été frappé avec un câble plusieurs fois. Son corps a aussi été traversé par de puissants courants électriques alors qu'il était pendu au plafond par les poignets, les mains attachées dans le dos. Mais il n'a jamais rien dit. Il a voulu mourir, parfois, pour échapper à ses tortionnaires. Il se frappait la tête contre le carrelage, se jetait contre les murs. C'était pourtant un homme très pieux avant. Mais en prison, il ne priait plus. Quoi qu'il en soit, la mort n'a pas voulu de lui. Finalement, il a été condamné à 20 ans et 6 mois de prison pour « assistance aux peshmergas » avant d'être transféré à la prison d'Abou Ghraïb d'où il est sorti le 17 septembre 1988, à la faveur de l'amnistie présidentielle qui a suivi la fin de l'opération Anfal dont on te parlera plus tard.
– Ouuuuh ! Et sa fegmme ?
– Elle a été conduite dans une prison pour femmes où les gardiens étaient plus respectueux. Mais avec le stress, l'enfant est arrivé plus tôt que prévu : mort-né !

Snur ne peut retenir un cri. Elle se mord la lèvre inférieure et secoue la tête de dépit, un air de profonde tristesse sur le visage.

– Xodé gî razî bît, que Dieu l'acgueille dans sa miséricgorde, implore la jeune femme.

- Pour Aftaw, ça a été très dur. D'autant qu'elle n'a pas pu enterrer son enfant comme le veut le Coran. Elle ne sait même pas s'il a été enterré ou jeté avec les poubelles. Elle ne sait pas non plus combien de fois elle a pu s'évanouir dans les quarante jours qui ont suivi. Et puis, elle s'est remise petit à petit, jusqu'à sa libération le 26 octobre 1988. Elle est revenue chez elle, dans le vieux Qarandjir. Pendant son absence, le nombre de maisons construites spécialement pour les Arabes avait encore augmenté. La première année, en 1977, le gouvernement avait fait venir cent familles dans le nouveau Qarandjir, que l'État avait baptisé Rabiha. Pendant ce temps, les familles kurdes ne pouvaient même pas donner un coup de pinceau pour rénover leur maison.
  On arrivait à la fin de l'année 1986 et les familles arabes étaient maintenant cinq cents. La plupart des nouvelles maisons appartenaient à des fonctionnaires de l'État, des policiers, des gens des services secrets… Autant dire qu'Aftaw n'est pas restée longtemps chez elle. Elle a commencé à recevoir la visite de policiers dès le lendemain de son arrivée, le 27 octobre. Le père de Loqman, qui avait été libéré lui aussi, était convoqué régulièrement. Tout était prétexte pour les harceler. Et finalement, le 26 novembre 1986, on leur a dit que la maison et tous leurs biens étaient saisis. Ils ont dû partir sur le champ. La ville de Kirkouk leur était interdite. Ils sont allés à Chamchamal, que les baasistes avaient rattachée au gouvernorat de Souleymanieh afin de rejeter là-bas tous les Kurdes dont ils ne voulaient plus dans le gouvernorat de Kirkouk. Ils appelaient ça « faire du nettoyage ».
- Mais, mais… on gnettoie des gchoses, des saletés, pas gdes gens, remarque Snur naïvement.
- Tu as raison. Mais pour les baasistes, les Kurdes étaient des choses, des sous-hommes, comme des animaux. Et la population avait fini par intégrer cette idée. « *S'il suffit d'un claquement de doigt pour prendre leurs biens, c'est qu'ils ne valent pas grand-chose* », se disaient les Irakiens. Les esprits étaient prêts pour l'étape suivante, la mise en œuvre de la « solution finale » qui a commencé cinq mois plus tard, en 1987. Mais on te racontera ça à notre prochaine visite.

VII

Balisan, la vallée de la mort

Un bébé posé sur le ventre de sa mère. Peut-on rêver plus belle image de la maternité ? Sans doute pas. Et pourtant, le 19 avril 1987, cette image est devenue le symbole de l'horreur pour Mustafa, le voisin qui, à l'époque, a découvert Dimen et sa mère Rahima à proximité d'une grotte, en surplomb de Sheikh Wassan, le plus haut village de la vallée de Balisan.

Aujourd'hui, Dimen a toujours du mal à regarder les deux silhouettes qui incarnent son passé douloureux en ombre chinoise sur la carte de visite de Sabir Khoshnaw, le président de l'association des victimes des gaz chimiques dans la vallée de son enfance. Car cette image lui rappelle en permanence le jour où on l'a trouvée en train de pleurer sur le ventre de sa mère… morte. Une ombre qui plane dans sa tête et la ronge de l'intérieur, en silence.

« La tragédie, ce n'est pas une partie de ma vie. C'est le départ de ma vie », soupire la jeune femme voilée, tête basse, le visage fermé et marqué comme une vieille dame qui a déjà trop vécu. Alors, son histoire, la jeune femme de 26 ans préfère que ce soit son père qui la raconte. Très vite, elle s'éclipse dans la cuisine sans jeter un œil sur la revue annuelle qui porte son nom : *Deman* en anglais. Une revue créée avec son accord, en 2008, pour rappeler l'horreur et dire « plus jamais ça ».

Nadir se souvient des jours heureux à Sheikh Wassan. Rahima avait tourné la page de 1986 en lui offrant un premier enfant. En ce mois d'avril 1987, elle avait 22 ans, lui 27, et Dimen 4 mois. Évidemment, il n'était pas toujours là pour elle. Depuis cinq ans, il se battait contre l'armée de Saddam Hussein qui avait sa vallée, un fief de l'UPK, dans le collimateur. Alors, il était plus souvent dans la montagne en train de harceler les troupes chargées d'arabiser une bonne partie du Kurdistan qu'avec ses parents, son épouse et sa fille. Ah, Dimen ! Combien de fois il s'est faufilé entre chien et loup pour venir cajoler son petit rayon de soleil !

À cette époque-là, Nadir n'imaginait pas ce qui pouvait se tramer à Bagdad. Si seulement il avait eu connaissance des échanges de courriers manuscrits entre le commandant en chef des services secrets militaires et le palais présidentiel, début 1987. Il aurait su alors que le régime baasiste de Saddam Hussein avait décidé d'utiliser les gaz chimiques comme arme de guerre.

En atteste ce courrier manuscrit « Top secret et personnel » du 18 mars 1987 adressé au Palais présidentiel et qui a pour objet *« l'utilisation des munitions spéciales »*, un doux euphémisme pour parler des armes chimiques. Le chef du renseignement militaire recommande d'attendre le mois de juin avant de les utiliser contre les gardiens de la Révolution iraniennes et les bases des *saboteurs du gang Barzani*[1] car ils sont trop près de la frontière. Il veut éviter des dégâts collatéraux sur des villages turcs. Et il évoque par ailleurs une difficulté supplémentaire : il y a un souci avec l'agent sarin qui se décompose dans les zones enneigées, ce qui est le cas des territoires visés au nord de l'Irak à cette époque de l'année. Il y a moins de risques que les munitions spéciales perdent leur toxicité, en revanche, du côté des bases de l'UPK. Il suggère donc de *commencer à planifier des attaques spécifiques vers les agents de l'Iran*[2] et demande des instructions.

Il n'a pas à attendre longtemps. Le décret 7/2C/877/K du 19 mars 1987 accélère les choses. Si bien que le 25 mars[3], le major-général commandant en chef de l'Istikhbarat propose cette fois des cibles à Saddam Hussein. Balisan, Tutma, Khaté, Sheikh Wassan, Wara... Dans la vallée de Balisan, les principaux villages sur la route de Khalifan sont sur la liste noire. C'est l'occasion de viser « *les bases des traîtres de l'Iran* » situées aux abords, considérant que « *leur présence hostile affecte la sécurité intérieure dans la région Nord* ». Il signale que leur localisation loin des bases militaires de l'armée irakienne rend l'emploi des gaz chimiques particulièrement indiqué. Toutefois, il pose de nouveau la question de l'efficacité des agents toxiques au regard des conditions climatiques. Le général à la tête de l'Istikhbarat propose donc d'attaquer immédiatement en utilisant plus de sarin que d'agent moutarde ou de procéder de même mais d'attendre mi-avril, le temps que « *des quantités suffisantes de matériaux spéciaux soient disponibles et que la production s'améliore* ».

1. En fait, les peshmergas du PDK, le parti du clan Barzani.
2. Ou « traîtres de l'Iran », tels qu'étaient appelés les peshmergas de l'UPK, parti du clan Talabani.
3. Voir les courriers du 18 et du 25 mars 1987 et leur traduction en annexe.

Des arguments qui ne tardent pas à convaincre Ali Hassan al-Majid. Depuis le 29 mars 1987, il a les pleins pouvoirs sur les forces civiles et militaires dans l'ensemble du Kurdistan[1]. En accord avec Saddam Hussein, il donne l'ordre de bombarder la vallée de Balisan mi-avril avec les « munitions spéciales ».

Nous sommes le 16 avril 1987, un peu plus de deux semaines après la nomination d'al-Majid. Ce jeudi-là, Nadir est à son poste, sur les hauteurs, pour mieux observer les mouvements de troupes ennemies. Mais elles sont étrangement absentes par cette belle journée de printemps… jusqu'à la tombée de la nuit.

À 18 h 20, aveuglé par le soleil couchant, il ne remarque pas tout de suite les six avions *Soukhoï*, de fabrication russe, qui pénètrent dans la vallée en survolant la montagne de Çiçar. Les huit peshmergas venus soigner un des leurs dans l'école située à 200 mètres du village sont les premiers à les apercevoir. Mais il est trop tard pour donner l'alerte. Les pilotes larguent dix-huit bombes sur Sheikh Wassan. Le bruit est assourdissant. Nadir n'en croit pas ses yeux. Il imagine le village dévasté, les corps noircis ou déchiquetés. Son père Salih, sa mère Fatma, sa chère et tendre Rahima, Dimen… tous morts ? Comment pourrait-il en être autrement sous ce gigantesque champignon de fumée bleue qui envahit la vallée !

Pas le temps de penser au pire. Nadir est déjà en train de dévaler la pente. Il saute par-dessus les rochers, slalome entre les arbustes, manque de déraper sur une petite pierre qui roule sous ses pieds, se rattrape comme il peut et accélère, accélère encore, comme d'autres peshmergas qui ont eu le même réflexe. Revenir à Sheikh Wassan et porter secours, au cas où il resterait des survivants. Ils ne savent pas encore qu'il s'agit de bombes chimiques, à l'inverse des peshmergas de l'école qui ont déjà senti les effluves d'ail et de pomme. Sabir Khoshnaw, leur chef, sait ce que ça veut dire. Le QG de la Résistance a été informé des effets des bombes chimiques par les Iraniens.

1. Ali le chimique est le triste surnom donné par les Kurdes au général Ali Hassan al-Majid, le cousin du président Saddam Hussein. Le 29 mars 1987, le Conseil de commandement de la révolution a signé le décret n° 160 le nommant secrétaire général du Bureau Nord, Bureau créé par le raïs à peine élu, en juillet 1979, pour régler le problème kurde. C'est le général al-Majid qui, en avril 1987, a ordonné de tester les « munitions spéciales » sur les habitants de la vallée de Balisan. Il connaissait parfaitement l'état des stocks. Quelques mois avant, le général Abd al-Wahab Izzat, qui commandait le district d'Erbil, avait envoyé une lettre à toutes les unités de la zone pour leur demander de dresser l'inventaire des agents biologiques et chimiques en leur possession (*Lettre H1277 datée du 8 août 1986, classée « extrêmement confidentielle et personnelle »).*

Il empêche ses hommes d'aller porter secours aux villageois. « De toute façon, on ne peut rien pour eux », soupire Sabir, les joues gonflées de dépit.

Mais les effets des gaz chimiques, Nadir, lui, ne les connait pas. Au bout d'une course effrénée, il arrive enfin au village et s'arrête net tandis que les fumées bleues se dissipent au-dessus des toits plats des maisons adossées à la montagne. Il s'attendait à trouver un champ de ruines. Toutes les maisons, pour la plupart en terre cuite, sont intactes. Il interroge un voisin qui ne comprend rien, lui non plus. Tous les deux ont bien senti l'odeur de pomme, mais sans vraiment y prêter attention. Il semble que le bombardement, terminé depuis une quinzaine de minutes, n'ait blessé qu'une personne qui se trouvait à proximité d'un point d'impact ; c'est l'essentiel.

Nadir remonte un étroit chemin caillouteux jusqu'à sa maison, la plus haute du village, et pousse finalement la porte de chez lui. Son père est à l'étage. Le toit, constitué de branches d'arbres et de terre, n'a pas bougé. Sa mère et Rahima sont à la cuisine. Les « Irakiens » ont raté leur coup. Le train-train quotidien peut reprendre. Il y a le repas à préparer.

Seulement, les « Irakiens » n'ont pas raté leur coup. Nadir le comprend à 20 h 30, quand Dimen commence à vomir. Et puis, très vite, tous se plaignent d'une forte douleur aux yeux. Une seule solution : aller au local du PDK, le parti démocratique du Kurdistan, à une heure à pied du village. Il sait qu'il trouvera là-bas un médecin et des médicaments. Le médecin est là effectivement, mais aveugle. « Ils ont utilisé des armes chimiques. Aucun des médicaments que j'ai ici ne peut nous aider », soupire le docteur qui n'a pas la moindre pommade à passer sur ses yeux purulents.

Nadir veut croire que la douleur va s'atténuer avec le temps. Sa voix est ferme lorsqu'il pousse de nouveau la porte de la maison familiale. « Ce sont des gaz chimiques. Ils veulent nous démoraliser, mais on ne se laissera pas faire », dit-il à ses parents, sous le regard inquiet de Rahima. L'ambiance est pesante, le repas vite expédié. Tous sont pressés d'aller dormir, comme si les paupières allaient jeter un voile protecteur et apaisant sur leurs pupilles brûlantes. Pourtant, c'est bel et bien une terrible douleur aux yeux qui empêche Nadir de s'endormir. Son mal a empiré. Seule petite différence avec le reste de sa famille qui, comme lui, ne voit plus rien : il semble en meilleure forme que les autres.

Soudain, Nadir se souvient que la fumée bleue n'est pas montée à plus de sept ou huit mètres de haut. Le temps qu'il a mis à descendre de la montagne l'a sans doute protégé au moment où le gaz était le plus concentré.

Plongé dans de sombres pensées, Nadir sursaute au premier coup de tonnerre. Et puis, il sourit, hurlant presque pour se rassurer et rassurer la maisonnée : « Xodé est avec nous ! » Dehors, une pluie battante rafraîchit l'atmosphère tandis que le vent se charge de dissiper les dernières poches de gaz toxiques. Tout n'est donc pas perdu.

Mais Dieu ne peut pas tout. Il faut encore soigner les villageois qui sont en train de devenir aveugles. Et puis, il y a l'armée de Saddam qui est en marche vers le village, ont fait savoir les peshmergas. Le terrain accidenté favorise le petit groupe de Sabir qui ferraille depuis plusieurs heures du côté de Malakan, au nord-est, pour retarder leur avancée. Mais il ne pourra pas les retenir bien longtemps.

À l'aube, la discussion est vive dans la maison.

- Il faut qu'on aille à Berawa, soutient Nadir. Il y a plus de médicaments là-bas.
- Pas question, rétorque son père. Ce ne sont pas les baasistes qui me feront partir de chez moi. Il y a trente ans, j'ai juré de ne pas me raser la barbe jusqu'à ce que Kirkouk soit libéré. Ce n'est pas pour leur abandonner mon village maintenant. Si Dieu veut que je meure, je mourrai ici.

Son épouse regarde son fils, fataliste. Une moue de résignation réduit ses petits yeux à deux minuscules billes noires, au-dessus de ses pommettes saillantes. Pas question pour elle de quitter Salih.

- Bon, j'y vais seul.

Rahima se jette dans les bras de son mari et l'implore.

- Ne pars pas Nadir. Reste avec nous !
- Il faut que j'y aille. C'est notre seule chance.
- Si tu pars, tu ne me reverras plus.
- Ne t'inquiète pas. Je vais ramener des médicaments pour tout le monde. Tu verras, ça ira mieux après. On va tous guérir.

Rahima lâche mollement le bras de Nadir qui ne l'a jamais vue aussi abattue. Une image qui le hante encore aujourd'hui.

***

Confortablement installé sur le canapé, dans la belle maison qu'il a fait construire à Erbil, Nadir s'interrompt quelques secondes et baisse la tête, visiblement absorbé par le souvenir de sa première femme. Évidemment, il a refait sa vie et a eu six autres enfants depuis, mais…

Après une profonde inspiration, il se replonge de nouveau vingt-six ans en arrière.

***

Au matin du 17 avril 1987, Nadir est le plus en forme des cinq personnes dans la maison, le seul capable d'aller chercher de l'aide. Il les regarde tous une dernière fois, promet de revenir et sort enfin.

Sur le pas de la porte, Rahima l'observe en train de s'éloigner. Nadir en a pour une demi-heure à pied jusqu'à Berawa. Sur place, il y aura sûrement d'autres blessés comme eux. Nadir va devoir attendre. Longtemps, trop longtemps pour Salih en tout cas, qui est de plus en plus faible. Dans le fond de son cœur, Rahima sait que son tour viendra aussi.

Elle est beaucoup plus grande que la moyenne des femmes kurdes. Ses voisines l'ont toujours enviée pour ça. Mais elle est aussi beaucoup plus enveloppée. Elle avait déjà le souffle court à cause de ça. Mais là, elle a carrément du mal à respirer. Elle cligne des yeux. Des yeux bruns qu'elle fait l'effort de rouvrir pour deviner Omar, manifestement aveugle, au bras de Nadir. Les deux cousins disparaissent enfin en bas de la pente devenue floue. Rahima rentre tête basse. Des larmes brûlantes rejoignent l'étrange liquide chaud et gluant qui coule de son nez. Pourtant, Rahima ne pleure pas. Elle est trop abattue pour ça. Ce sont les gaz qui détruisent peu à peu ses muqueuses.

Cette fois, c'est à elle de prendre les choses en main. Depuis hier, 20 heures, les hélicoptères de l'armée irakienne font entendre leurs pales menaçantes dans la vallée. Avec Fatma, elle décide de cuisiner à l'aveugle pour faire des réserves avant d'aller se mettre à l'abri dans une grotte, sur les hauteurs du village.

Une heure après, les affaires sont emballées. Rahima prend Dimen dans ses bras. Ses beaux-parents portent les provisions. Ils croisent des voisins également sur le départ. Tous implorent la protection de Dieu avant de marcher vers leur destin. La plupart des habitants du village se dirigent vers l'immense grotte située 150 mètres au-dessus. Mais la pente est trop raide pour Salih qui va de plus en plus mal. Rahima et ses beaux-parents décident de contourner la montagne pour rejoindre une autre grotte, bien plus petite, à deux heures de là. « Au moins, le chemin est plus facile » soupire la jeune maman, en caressant la tête de sa fille.

Le soleil réchauffe encore la fraîche montagne de Sheikh Wassan où la température ne dépasse pas 16°, quand Rahima, ses beaux-parents et Dimen s'installent dans la grotte. Là, ils seront à l'abri des bombardements. Mais, comme la veille, le sommeil ne vient pas. Les yeux et les poumons brûlent de plus en plus. La petite s'agite dans les bras de sa mère qui chante une berceuse kurde. Les pleurs se calment. À l'inverse du sifflement dans la poitrine de Salih, qui rythme le temps de manière inquiétante.

18 avril 1987. Le soleil est haut dans le ciel, comme les hélicoptères de l'armée irakienne qui tournent sans arrêt. Dans la vallée, le village est étrangement silencieux. Keku a échappé aux gaz deux jours avant. Il cherche à aider les rescapés, pense qu'il en trouvera peut-être dans la petite grotte qui donne derrière le plus haut sommet. Il a raison. Il crie pour signaler sa présence. Rahima a reconnu sa voix. Elle avance vers lui, se force à sourire, demande des nouvelles des voisins. Elles ne sont pas bonnes. Il y a déjà plus de cent morts au village, ainsi qu'une bonne trentaine à Balisan, à cause des gaz.

Keku dit qu'il faut partir. Aller jusqu'au village suivant pour trouver du secours. Salih ne veut pas bouger. Il a peur des bombardements.

– Mais si vous restez là, vous allez mourir, insiste Keku. Vous n'avez pas le choix. Mes ânes vous porteront. Je vous guiderai.

De guerre lasse, Salih accepte de monter sur un des deux ânes, précédé par son épouse qui s'accroche à l'encolure de l'animal. Rahima enfourche le deuxième âne avec Dimen, qu'elle tient fermement dans ses bras. Et Keku marche devant pour ouvrir le chemin.

Malheureusement, le petit groupe se retrouve très vite à découvert à la sortie de la grotte. Il constitue une cible facile pour l'hélicoptère qui fond sur eux, dos au soleil. Pas le temps de se mettre à l'abri. La première roquette explose entre les deux ânes. Salih meurt sur le coup, tout comme Rahima qui tombe sur le dos, protégeant ainsi Dimen restée accrochée à sa belle robe kurde. À trois mètres de là, Fatma se tord de douleur, un bras arraché par l'explosion.

– Kekuuuuu! Kekuuuuu ! Viens m'aider, hurle la grand-mère de Dimen à celui qui était venu pour les sauver tous.

Seulement voilà, terrorisé à l'idée que l'hélicoptère vienne terminer le travail, Keku a pris ses jambes à son cou.

Une peur bien compréhensible. Ce n'est déjà plus un sentiment pour Fatma qui ne pense qu'à une chose : aller chercher du secours. Le sang gicle de son artère. La mère de Nadir déchire le bas de sa robe et enserre son moignon déchiqueté sous l'épaule. Keku entend ses hurlements, mais il est déjà loin. Trop loin pour la voir se relever et s'engager à l'aveugle sur le chemin caillouteux. Le soleil est haut à cette heure-là de la journée. La terre tangue. À moins que ce soit Fatma. Le sol se dérobe sous ses pieds une première fois. Les hurlements se sont transformés en gémissements. Elle se relève une dernière fois avant de s'écrouler morte, 200 mètres en contrebas de Salih et Rahima.

« *Mission accomplie* », pense le pilote de l'hélicoptère qui amorce un virage dans le ciel bleu pour rentrer à la base. Il n'a pas vu Dimen qui s'agrippe au ventre de sa mère comme à une bouée dans la mer déchaînée. La fillette âgée de 4 mois a un petit éclat de roquette dans les côtes. Mais elle a aussi un incroyable instinct de survie. Combien de fois a-t-elle glissé sur le corps ensanglanté de sa mère morte pendant les 24 heures qui ont suivi ? Personne ne le saura jamais. Mais, le 19 avril, dans la soirée, tous les survivants, dans la vallée, parlent déjà avec respect du miracle de Sheikh Wassan.

La nouvelle est partie de Sisawa, quand Mustafa a ramené Dimen couverte de sang. « J'étais sur les hauteurs de Sheikh Wassan. J'allais prendre des nouvelles de mon cousin Ali quand j'ai vu le corps d'une femme morte, le bras arraché. À deux cents mètres, il y avait deux autres corps, un homme et une femme, a raconté Mustafa. Quelque chose bougeait sur la femme. J'avoue, j'ai eu peur. Mais je suis quand même allé voir. Et là, j'ai vu la petite, le visage et les mains rouges du sang de sa mère. Elle avançait à quatre pattes jusqu'au sein pour téter… Mais… C'est le sang de sa mère qu'elle buvait ! »

Rapidement, Mustafa fait le lien entre la fillette et Nadir, qui a été évacué vers un hôpital à Erbil. Keku confirme. Dimen a passé 24 heures sur le ventre de sa mère morte et elle est toujours en vie. Tous se mobilisent maintenant pour la sauver.

Elle est conduite chez la soeur de Nadir, à Shaqlawa. Sa tante prend soin d'elle pendant six mois avant de l'amener une première fois à son père. Il récupère de ses blessures chez des amis qui le cachent à Erbil. À la joie des retrouvailles succèdent les questions. Nadir demande pourquoi sa femme n'est pas là. Sa soeur répond que c'est trop dangereux à cause des contrôles. Mais, lors de la visite suivante, elle lui donne l'horrible nouvelle : son épouse et ses parents sont morts.

***

Vingt-six ans plus tard, Dimen ne se souvient pas du cri de désespoir de son père. Elle-même s'est enfermée dans le mutisme lorsque, à l'âge de 10 ans, elle a compris comment elle avait survécu au premier bombardement chimique ordonné contre des civils par Ali Hassan al-Majid, l'âme damnée de Saddam Hussein. Dans n'importe quel pays occidental, une cellule de soutien psychologique lui aurait sans doute permis de mettre des mots sur l'inacceptable. Avoir survécu en buvant le sang de sa mère ! Quelle pensée horrible… si l'on oublie que Rahima a fait à sa fille le plus précieux don qu'il soit possible d'imaginer. La vie par-delà la mort.

Mais en 1997, Saddam Hussein était encore au pouvoir. Même si une zone d'exclusion aérienne protégeait les Kurdes de toute nouvelle attaque par la voie des airs depuis 1991, le Kurdistan n'était encore qu'une vaste prison pour ses habitants privés de l'essentiel. Alors, le soutien psychologique aux victimes…

Dimen a finalement trouvé des réponses dans la religion et plus particulièrement dans le Coran qu'elle enseigne aux plus jeunes, à Erbil, en leur apprenant le pardon ; car pour elle « la vengeance n'est pas la solution ». Devant ces enfants innocents nés dans un Kurdistan libre, débarrassé de l'oppresseur, Dimen grimace un semblant de sourire sans jamais desserrer ses lèvres. Pour eux, l'espoir est permis. Elle n'en a aucun. Son cœur est resté dans la vallée de Balisan, un jour d'avril 1987. Elle soupire et retourne dans le salon voisin d'où s'échappent les cris joyeux d'enfants qui jouent.

- Dimen, dis-leur de faire moins de bruit s'il te plait ! Merci, lui lance son père avant de la voir disparaître et de reprendre le fil de ses pensées.
- Je vous prie de les excuser. Ils sont encore petits. Après tout ce qui s'est passé, je me suis remarié. On a eu quatre filles et deux garçons avec ma deuxième épouse.

Nadir sourit en évoquant sa seconde chance. Pourtant, il y a ce regard sombre sous ses sourcils broussailleux. Un regard baigné de souffrance.

Il reprend son récit quand Dimen rentre dans la pièce, les épaules voûtées comme si elle allait piquer du nez sur les verres de thé qu'elle porte sur un plateau argenté. Elle marque un court temps d'arrêt lorsqu'elle entend son père parler de Berawa, où se trouvait le dispensaire au printemps 1987. Il s'interrompt trop tard. L'amertume souligne encore plus les traits torturés de sa fille, alors qu'elle est en train de déposer les verres sur la table basse. Il respecte sa douleur. Ne dit rien jusqu'à ce qu'elle referme la porte derrière son dos.

– Elle fait un blocage sur cette période de sa vie, s'excuse alors Nadir. Mais elle pense comme moi que le monde doit savoir ce qui nous est arrivé.

***

Bewara, le 17 avril 1987, au petit matin. À peine arrivés au dispensaire, Nadir et son cousin sont pris en charge par une infirmière qui porte un regard horrifié sur leurs brûlures. Elle ouvre un tube de pommade pour les yeux, un autre pour la peau noircie, mais sait que ça ne sera pas suffisant. Il y a un attroupement dehors. Les villageois ont entendu parler des gaz chimiques. Ils sont inquiets, se demandent quand est-ce que leur tour viendra. Ce n'est peut-être pas une bonne idée de garder des victimes des villages voisins chez eux. Et puis, de toute façon, Nadir et Omar vont mourir s'ils restent là ; leurs blessures sont trop graves. Décision est prise de les amener à Saruchawa, où il y a un hôpital sous le contrôle du gouvernement. C'est leur seule chance.

À l'hôpital, ils n'ont droit qu'à une petite pilule sans effet sur leur mal. Personne ne veut prendre la responsabilité de les soigner. Ils sont transportés à Ranya, la sous-préfecture, où les médecins se montrent plus chaleureux… mais tout aussi dépourvus face à l'ampleur des blessures des 426 victimes arrivées de toute la vallée de Balisan.

Heureusement, dès les premières heures, 354 d'entre elles (les moins gravement blessées) sont récupérées par leur famille ou des amis. Ce n'est pas vraiment ce qu'avaient prévu les policiers qui poussent le maire à annoncer l'évacuation de tous les blessés graves à Erbil. Les infirmières en dénombrent 79 dans un état préoccupant. Ils partiront le lendemain. Mais avant, la population de Ranya se mobilise. Des familles arrivent par dizaines pour apporter des vêtements propres et brûler les guenilles contaminées. Un soulagement pour Nadir et Omar qui ne s'étaient pas changés depuis le bombardement.

Le lendemain matin, quatre bus *coaster* sont stationnés devant l'hôpital où huit victimes sont mortes dans la nuit. Il y a du remue-ménage. L'un des chauffeurs ne veut pas aller à Erbil. Il habite Souleymanieh et n'a pas envie de faire un détour avant de rentrer chez lui. Ali Sheikha et cinq autres blessés gazés la veille au soir dans le village de Balisan montent avec lui, direction la seconde ville du Kurdistan. Un hasard qui va leur sauver la vie… mais à quel prix[1] !

1. Lire le chapitre XIX : « Des Kurdes tués à petit feu des années après le génocide ».

Les 73 autres blessés embarquent tant bien que mal pour Erbil. Nadir et Omar montent dans deux bus différents. Ils ne se reverront plus.

En début d'après-midi, Nadir attend toujours l'autorisation de descendre du bus stationné devant l'hôpital public d'Erbil. Il fait une chaleur atroce. Les blessés ont du mal à respirer. Leur peau noire est boursoufflée, pleine de cloques. Des larmes brûlantes les empêchent de voir que les passagers des deux premiers *coasters* ont pu descendre et se rendre aux urgences. Ils ont laissé quatre morts à l'intérieur des véhicules.

Des pédiatres et des médecins de la maternité se précipitent pour aider leurs confrères, mais il n'y a pas assez de lits pour accueillir tout le monde. Qu'à cela ne tienne, docteurs et infirmiers soignent tant bien que mal les brûlures… jusqu'à l'arrivée d'Hassan Naduri, le chef de la branche locale du Amn[1]. Il connaît mieux la morgue de l'hôpital que les urgences. C'est là qu'il a l'habitude d'envoyer les corps des « saboteurs exécutés », les mains encore attachées dans le dos, pour obtenir les certificats de décès demandés par l'administration. Des corps qui disparaissent ensuite dans le secret le plus absolu, les membres du personnel ayant interdiction de prévenir les familles… sous peine de mort. Mais ces transferts se font le plus souvent de nuit, en toute discrétion. Là, l'afflux des blessés est tel et en plein jour que même Ibrahim Zangana, le gouverneur d'Erbil, a jugé bon de se déplacer.

- Quel traitement leur avez-vous donné ? demande le capitaine Naduri.
- De la pommade et des antibiotiques pour éviter les surinfections, des gouttes… Beaucoup sont aveugles, répond un médecin.

L'officier du Amn pénètre dans un bureau pour téléphoner au quartier général. Il raccroche peu après et demande aux médecins d'arrêter les traitements. Tous les patients doivent être transférés à l'hôpital militaire de la ville. Et il n'y a pas d'objections qui tiennent. Les agents du Amn n'hésitent pas à jouer du pistolet sous le nez des médecins qui protestent. Ces derniers s'exécutent.

Deux heures après leur arrivée, le moteur des *coasters* vrombit de nouveau. « C'est un piège », murmure Nadir à son voisin à moitié inconscient.

1. Amn, abréviation de Mudiriyat al-Amn al-Amma, service de sécurité intérieure. Autrement dit, la police secrète.

Tout autour, des militaires de l'armée irakienne et des agents du Amn armés jusqu'aux dents. Nadir est quand même rassuré par l'écho de la foule qui parvient jusqu'à lui. « *C'est maintenant qu'il faut agir* », se dit le jeune père de famille. Dehors, il y a des centaines de Kurdes d'Erbil qui ont entendu parler des blessés. Ils exigent des nouvelles, sous le regard acéré des hommes des services secrets. Des agents zélés prennent des notes dans leur petit calepin. Le rapport de force instauré par les Erbiliens est en train de faire évoluer la situation. Des officiers s'interrogent, se concertent. Le régime a tout intérêt à ce que la paix règne dans la plus grande ville du Kurdistan. Et même si cet hôpital se trouve au milieu de nulle part, au bord de l'étroite route de Shaqlawa, un massacre ici ne resterait pas secret bien longtemps.

Toujours à sa place, dans le véhicule stationné entre le bâtiment principal et la nurserie, Nadir peut entendre les cris des manifestants. Il doit les rejoindre, mais comment ? Les services secrets vont sûrement faire disparaître les blessés lorsqu'ils auront passé la porte d'entrée de l'hôpital. Ils ne peuvent pas laisser les témoins des bombardements chimiques en vie.

Soudain, il entend le colonel hurler un ordre d'évacuation à la foule qui voit des blouses blanches traverser la cour de façon précipitée. Il cherche à rassurer tout le monde sur le sérieux de la prise en charge médicale. La foule hésite. Pendant ce temps, certains blessés sont en train de devenir fous dans l'atmosphère surchauffée du bus. « *Les gaz s'attaquent aussi au cerveau* », pense Nadir qui a la chance d'avoir encore toute sa tête. Il se rappelle des derniers mots de sa femme Rahima. « Si tu pars, tu ne me reverras plus. » Non, impossible.

Il n'a pas ouvert ses yeux brûlants depuis plusieurs heures, mais tant pis. Il se lève, marche en zigzaguant d'un siège à l'autre, un bras tendu devant lui pour trouver le chemin jusqu'à la porte du bus.

– Reviens à ta place, aboie un militaire en faction devant le bus.
– Non, répond Nadir. Je dois absolument aller aux toilettes. Si ça ne te plaît pas, tue-moi. Tu ne sais pas à quel point je souffre ; tu me rendras service.

Le soldat le regarde, pensif, puis l'attrape par le bras pour l'orienter dans la bonne direction.

– D'accord. Marche trente pas par là et va derrière le labo.

***

Ce soldat a-t-il voulu sauver au moins un Kurde de la vallée de Balisan ? Nadir se pose encore la question. En tout cas, il en est sûr aujourd'hui : « Tout le monde m'a vu. Les militaires, la foule de l'autre côté du grillage que j'ai escaladé tant bien que mal. Un monsieur qui s'appelait Mohammad m'a même aidé en faisant écran entre moi et le rouleau de barbelés. Il doit encore avoir les cicatrices. Mais il ne s'est pas plaint une seconde. »

Snur sourit à cette bonne nouvelle. Elle a du mal à se mettre à la place de Nadir. D'abord parce que c'est un homme. Ensuite parce que les gaz qui se sont infiltrés dans son cerveau quand elle était bébé ont altéré sa capacité d'empathie, notamment avec les inconnus. Mais les fils de fer barbelés, elle sait ce que c'est. « Qui s'y frotte s'y pique » lui ont souvent dit ses parents quand elle était petite.

– Et… interroge Snur.
– Il s'est fondu dans la foule.

Snur ferme les yeux, pour voir ce que ça fait de ne plus voir. Et là, elle imagine Nadir à l'époque, avec plus de cheveux, aussi grand mais plus mince, en train de se faufiler à travers les gens jusqu'au taxi dans lequel il s'engouffre avec le fils de sa sœur, qui a suivi son évasion de loin.

***

Hélas, il a aussi été repéré par deux agents des services secrets irakiens qui filent le taxi. Le neveu de Nadir se retourne inquiet, prend le risque d'expliquer au conducteur que son oncle est un peshmerga évadé de la vallée de Balisan. « *Un héros* », traduit mentalement le chauffeur de taxi avant de rétorquer. « Moi vivant, ils ne vous prendront jamais ! »

Il tourne brusquement à droite, accélère, fait crisser les pneus en prenant la première à gauche et accélère encore. À l'arrière de la voiture, Nadir est projeté d'une portière à l'autre sur ses plaies à vif. Il serre les dents, jusqu'à ce que le taxi roule de nouveau à vitesse normale, en direction de Chourach.

La voiture des services secrets a disparu du rétroviseur. « Je les ai semés », dit tranquillement le conducteur, placide.

Quinze minutes plus tard, Nadir est installé dans un lit, chez sa soeur qui réprime des haut-le-cœur.

– Tu es tout noir. Ta peau est en train de s'infecter. Il te faut un médecin. Mais je n'en connais aucun qui aura le courage de te soigner, par peur des services secrets.

– Appelles-en un et dis-lui que je suis un traître qui soutient les baasistes.

Bonne idée. Le premier médecin appelé au téléphone accepte de se déplacer, mais le cas de Nadir dépasse ses compétences. Mohamed Omar, un riche ami de la famille, décide alors de prendre les choses en main. Il conduit Nadir chez le Dr Iwar, un ophtalmologiste nationaliste très réputé. Problème, son cabinet ne désemplit pas et il y a urgence. Qu'à cela ne tienne, Mohamed passe tous les *checkpoints* sans difficulté avec sa voiture cossue. Nadir est allongé à l'arrière, protégé par des vitres fumées. Devant le cabinet, Mohamed lui dit de ne pas bouger. Il monte voir l'ophtalmo, qui accepte de faire patienter sa clientèle pour voir le mystérieux malade en urgence. Un malade bien trop faible pour monter l'escalier tout seul. Mohamed le soutient à l'aisselle. Dans la salle d'attente, les patients ont un mouvement de recul à la vue du blessé qui ressemble plus à du charbon de bois qu'à un être humain. L'époque est aux soupçons. Et s'il y avait un véritable traître dans la salle d'attente ? Mohamed veut à tout prix éviter qu'un des patients prévienne la police secrète. Il présente à son tour Nadir comme un collabo qui a besoin de se faire soigner.

Le même discours est tenu devant l'ophtalmo qui observe le jeune père de famille sans rien dire pendant dix minutes. Il n'a jamais vu des yeux dans un tel état, fait le rapprochement avec le bombardement dont il a entendu parler la veille. Puis il lâche : « Mon fils, tu n'es pas un traître. Tu es le sommet de l'honneur et du courage kurdes. Aujourd'hui, tous les gens de la vallée de Balisan sont aveugles. Que la honte retombe sur les gens qui ne réagissent pas. Ce qui s'est passé est une honte pour le gouvernement irakien, pour le monde arabe et pour la communauté internationale. Ne t'inquiète pas. À partir d'aujourd'hui, tu es comme mon fils. Tu vas guérir. »

Le Dr Iwar fouille dans sa pharmacie personnelle et en sort un petit flacon de gouttes qu'il s'apprête à mettre dans les yeux de Nadir quand un patient ouvre la porte sans prévenir, et demande si Nadir est un blessé de Balisan.

Le Dr ne se laisse pas démonter. « Oui, connard ! Si tu veux le dénoncer, vas-y. »

Le regard est lourd de menaces. Par la fenêtre, l'importun a vu les gens des services secrets arriver. Ils sont aussi positionnés devant toutes les pharmacies d'Erbil avec pour mission d'arrêter toutes personnes présentant des troubles de la vision atypiques. Pas très courageux, le patient baisse la tête, referme la porte et va se rasseoir dans la salle d'attente. Le docteur peut enfin verser des gouttes sur les pupilles rougies de Nadir qui est soulagé quasiment instantanément.

« À partir d'aujourd'hui, on va se voir souvent », sourit le médecin d'un ton rassurant. Six mois exactement. Le temps des soins qu'il a décidé d'administrer lui-même, clandestinement. Pour déjouer la surveillance policière et limiter les risques d'arrestation, Nadir est régulièrement exfiltré, passant d'une maison à une autre à chaque fois que la rumeur publique le prévient qu'un quartier d'Erbil va être passé au peigne fin par les services secrets irakiens.

À cette époque-là, ses sœurs constituent son seul contact avec le monde extérieur. Dès le début de sa convalescence, il leur demande des nouvelles de ses parents, de Rahima et de sa fille Dimen. « Tout le monde va bien. Tu les reverras quand tu iras mieux », répondent-elles systématiquement, estimant qu'il n'est pas assez solide pour affronter la terrible nouvelle.

Et puis enfin, sa soeur Aïcha (aujourd'hui décédée) vient de Shaqlawa pour lui amener Dimen. Nadir est fou de bonheur. Il serre sa fille dans ses bras sans se rendre compte qu'elle est blessée elle aussi et qu'il lui fait mal. Sa sœur tempère sa joie, reprend la fillette, dit qu'il est encore prématuré pour Rahima de venir à cause des contrôles qui ont été renforcés sur les routes. Mais, à la visite suivante, grâce au traitement du Dr Iwar, le jeune peshmerga a repris des forces. Aïcha ne peut plus cacher la vérité à son frère. Elle lui annonce qu'il y a eu 35 morts à Balisan, suite au bombardement, et 150 à Sheikh Wassan, dont ses parents et sa femme Rahima.

Nadir pousse un hurlement de désespoir. Il est démoralisé, dit à sa sœur qu'il n'a plus aucun objectif dans la vie. Elle regarde Dimen avec insistance. Il s'apaise et pense tristement… « *Maintenant, c'est pour elle qu'il faut que je me batte.* »

Dimen devient sa raison de vivre. Un passeur lui propose de lui faire franchir la frontière iranienne clandestinement. Il refuse car sa fille ne pourrait pas être du voyage. La clandestinité, c'est bel et bien la seule chose qu'il a à lui offrir jusqu'en 1991 à Erbil ; mais au moins ils sont ensemble.

La vie devient à peine plus facile à partir de 1992 avec l'ONU qui empêche l'aviation irakienne de bombarder le Kurdistan. Il se remarie. Mais apprend aussi que les 72 blessés conduits avec lui à l'hôpital Saadri ont disparu. Les corps seront retrouvés plus tard dans un charnier, près d'une usine de goudron, dans la banlieue d'Erbil.

En 1992, le Middle East Watch, émanation de Human Rights Watch, évalue entre 225 et 400 le nombre de civils tués dans les bombardements de la vallée de Balisan, morts des suites de leurs blessures ou portés disparus, dont 103 étaient de Sheikh Wassan, comme en atteste la liste fournie par le Comité d'inspection des Kurdes opprimés. Un chiffre plus tard porté à 120 par le président de l'association des victimes du bombardement chimique.

Nadir doit attendre la chute de Saddam Hussein, en 2003, pour offrir une vie meilleure à sa fille. Une vie qui devient carrément confortable avec la croissance folle du marché de l'immobilier au tournant des années 2010. Un juste retour des choses pour l'agent immobilier pragmatique. Un poids supplémentaire pour Dimen qui a du mal à se dire qu'elle a droit au bonheur.

***

Pour la première fois, une larme coule sur la joue de Snur. Elle regarde la photo de la plus jeune rescapée de la vallée de Balisan. Dimen a à peine un an de plus qu'elle. Elle en fait quinze ou vingt de plus.

VIII

La directive 4008, prélude de l'opération Anfal

Après le succès de l'opération Balisan et de la campagne de déportation qui s'est accélérée au printemps, le général Ali Hassan al-Majid veut pousser la logique de la « solution finale » à son terme. Le 26 mai 1987, il convoque les responsables du parti Baas dans les gouvernorats du Nord et les cadres de son service au Bureau Nord pour exposer son plan[1], mais rappelle d'abord ce qu'il a déjà impulsé en deux mois, assumant à la fois les déportations et l'emploi des armes chimiques que la communauté internationale interdira finalement dix ans après. Un témoignage pour l'histoire, partiellement retranscrit ici[2].

– Nous avons réussi à faire ce que le parti et les dirigeants n'avaient jamais réussi à faire jusqu'en 1987 ! (…). Sont-ce là les saboteurs ? Sont-ce là les gens dont vous aviez peur ? Toutes les troupes irakiennes n'auraient pas pu faire ce que nous avons fait. Cela (NDLR : la déportation) leur fait du mal. Elle les tue.

---

1. Suite au soulèvement kurde en 1991, les peshmergas ont mis la main sur 18 tonnes de documents dans les bureaux de la police et du parti Baas (14 tonnes saisies par l'UPK et 4 tonnes saisies par le PDK), soit 4 millions de pages qui ont été déposées aux Archives nationales des États-Unis par la commission sénatoriale des relations étrangères. Human Rights Watch a été autorisé à les étudier entre 1992 et 1994, à la recherche de preuves de génocide, mission qui a débouché sur un rapport intitulé *GENOCIDE IN IRAQ The Anfal Campaign Against the Kurds* en juillet 1993.
2. Le script de la réunion dont il est ici question était daté du 26 mai 1988, comme Human Rights Watch l'indique dans son rapport (page 380 pour la version française, éditions KARTHALA, 2003). Mais l'ONG signalait un anachronisme dans les propos tenus, les faits évoqués étant ceux du printemps 1987. Dans son article intitulé « Quand 'notre' ami Saddam gazait ses Kurdes » (*Le Monde diplomatique*, mars 1998), Kendal Nezan, le directeur de l'Institut kurde de Paris, opte pour la faute de frappe… tout comme Kurdocide Watch Organization qui a publié *The iraki recognition of Anfal campaigns as genocide* en 2012. Comme eux, la logique m'a amenée à considérer qu'il y avait eu une erreur dans l'étiquetage et que cette réunion s'était en réalité tenue le 26 mai 1987, dans la mesure où - fin mai 1988 - ça faisait déjà 13 mois que l'Irak utilisait les armes chimiques comme arme de guerre contre les civils kurdes et que la stratégie militaire annoncée a été mise en place dès Anfal 1, en février 1988.

– Seul Dieu peut faire plus que ce que tu as fait, intervient Abu Muhammad. Sinon, tu peux tout faire. Le parti Baas peut tout faire.
– (…). Les ordres précédents étaient cent fois plus fermes, reprend le général al-Majid en évoquant la période qui a précédé sa nomination à la tête du Bureau Nord. Mais ils n'étaient pas exécutés avec conviction. Désormais, c'est le cas. Nous avions dit que nous commencerions la campagne de déportation à telle date. Et c'est ce que nous avons fait partout, avec l'aide de Dieu. Le même jour, ils ont capturé Qara Dagh en représailles (NDLR : les peshmergas de l'UPK). Jalal Talabani m'a demandé d'ouvrir un canal spécial de communication avec lui. Ce soir-là, je suis allé à Souleymanieh et je les ai frappés avec les munitions spéciales[1]. C'était ma réponse. Et nous avons continué les déportations. J'ai dit aux mustashars[2] qu'ils pourraient dire qu'ils aiment leur village et qu'ils ne partiront pas. Mais j'ai dit que je ne pouvais pas laisser ce village, que j'allais attaquer avec des armes chimiques. Alors, vous et votre famille allez mourir. Vous devez partir maintenant. Parce que je ne peux pas vous dire le jour où je vais attaquer avec des armes chimiques. Je vais tous les tuer avec des armes chimiques ! Qui va dire quelque chose ? La communauté internationale ? Qu'elle aille se faire foutre ! La communauté internationale et ceux qui les écoutent. Même si la guerre avec l'Iran s'arrête et si les Iraniens se retirent de tous les territoires occupés, je ne vais pas négocier avec lui (Talabani) et je n'arrêterai pas les déportations. Tel est mon objectif et je veux que vous en preniez bonnes notes. Dès que nous aurons terminé les déportations, nous allons commencer à les attaquer partout, selon un plan militaire systématique. Même leurs bastions. Par nos attaques, nous reprendrons un tiers ou une moitié des territoires qui sont sous leur contrôle. Si nous pouvons essayer d'en reprendre les deux-tiers, alors nous les encerclerons dans de petites poches et les attaquerons avec des armes chimiques. Je ne les attaquerai pas avec des armes chimiques juste un jour, je continuerai de les attaquer pendant quinze jours. Ensuite, je vais annoncer que quiconque souhaite se rendre avec son arme sera autorisé à le faire.

1. Il semble évoquer l'attaque chimique du 15 avril 1987 sur le siège de l'UPK dans la vallée de Djafati.
2. Les mustashars étaient les responsables locaux du Jahsh, la milice kurde pro-gouvernementale. Autrement dit « des ânes », pour la Résistance kurde qui voyait en eux des traîtres. Les « jahsh » tenaient les barrages routiers au Kurdistan, patrouillaient à la place de l'armée. On trouvait parfois dans leurs rangs des déserteurs kurdes de l'armée irakienne qui ne voulaient pas se battre contre l'Iran. Il leur arrivait de livrer au parti Baas des hommes suspectés d'être des peshmergas. Mais certains membres du jahsh étaient des agents doubles, informateurs de la Résistance.

Je publierai un million de dépliants et les distribuerai dans le Nord, en kurde sorani, en kurde bahdini et en arabe. Je ne vais pas dire que c'est du gouvernement irakien. Je ne vais pas laisser le gouvernement s'impliquer. Je ne vais pas mentionner les armes chimiques, parce qu'il s'agit d'une information classifiée. Je parlerai de nouvelles armes destructrices qui vont vous anéantir. Je vais les menacer et les obliger à se rendre. Ensuite, vous verrez que tous les véhicules de Dieu lui-même ne seront pas suffisants pour les porter tous. Je pense et j'espère qu'ils seront vaincus. Je jure que je suis sûr que nous allons les vaincre, avec l'aide de Dieu.

Les mouches volent. Le général accentue la pression sur son double menton fuyant et sa moustache vient buter sur les plis de ses joues rebondies. Dans ces cas-là, il ne s'agit pas de le contredire. Le cap est tracé. Il faut maintenant l'inscrire dans le marbre.

Le 3 juin 1987, le général al-Majid signe une directive délimitant les « zones interdites ». Elles sont réparties en huit secteurs hachurés de rouge sur la carte. Dans sa note n° 28/3650, il précise que *« les forces armées doivent tuer tout être humain ou animal présent dans ces zones »*. Reste à définir le calendrier. *« Concernant les moissons, elles doivent être terminées avant le 15 juillet et, à partir de cette année, l'agriculture ne sera plus autorisée dans cette région »*, écrit al-Majid.

Dans la directive SF/4008 qu'il signe le 20 juin 1987 pour donner un semblant de cadre juridique à son projet de « solution finale », il indique aussi que ces villages seront considérés comme des *« zones opérationnelles »* et donc que *« les troupes pourront ouvrir le feu sans aucune restriction, sauf instruction contraire du Bureau »*[1].

Raser les villages kurdes, comme c'est régulièrement le cas depuis 1974, ne lui suffit plus. Quarante-neuf villages ont été brûlés dans le gouvernorat de Duhok, en avril et mai 1987, sans que ça fasse bouger les Kurdes habitués aux bombardements, des Kurdes qui vivent souvent cachés dans des grottes depuis des mois, voire des années. C'est la raison pour laquelle il insiste sur les articles 4 et 5 du décret 4008 auprès des officiers supérieurs : *« Les commandants de Corps procèderont à des attaques spéciales*[2] *avec l'artillerie, des hélicoptères et des avions, à toute heure du jour*

1. Retrouvez la traduction intégrale de la directive SF/4008 en annexe.
2. Dans son rapport, Human Rights Watch parle de « bombardements aléatoires » et non d'attaques spéciales. La traduction correcte est bien « attaques spéciales » (au sens d'attaques chimiques). HRW s'est rendu compte de l'erreur trop tard, après la publication du rapport.

et de la nuit, afin de tuer le maximum de personnes présentes dans ces zones interdites, et nous tiendront informés du résultat. »

Il précise enfin que toutes les personnes capturées dans les villages hachurés de rouge doivent être « *détenues et interrogées par les services de sécurité* » du Amn. Mais aussi que « *ceux dont l'âge est compris entre 15 et 70 ans seront exécutés après que toute information utile a été obtenue d'eux, ce dont nous devrons être dûment informés* ». Tout homme estimé en âge de porter une arme est donc voué à une mort certaine s'il est trouvé dans une zone « Anfal ».

Des directives anticipées par certains. Le 14 mai, le directeur de la sécurité de la ville d'Halabja avait pris les devants en indiquant dans un courrier adressé au QG de l'Amn de Souleymanieh que « *les civils blessés* » doivent être « *exécutés* », « *sur ordre du commandant du 5e Corps d'armée et sur recommandation du camarade Ali Hassan-al-Majid (…) après qu'a été confirmée leur hostilité aux autorités…* ».

Pourtant, les Kurdes ne s'inquiètent pas plus que ça quand les routes qui mènent aux villages interdits sont barrées de tas de terre au début de l'été 1987.

Pas plus de réaction de la population qui ignore les mises en garde dans les médias irakiens, comme cette phrase ânonnée en boucle à la radio par un affidé du régime : « *Ceux qui passent du côté du gouvernement seront considérés comme notre peuple. Les autres seront considérés comme des Iraniens.* »

Qu'à cela ne tienne, le 6 septembre 1987, Ali al-Majid écrit dans une nouvelle directive qu'il réclame aussi « *la déportation des familles dans les zones où vivent les parents des saboteurs, sauf pour les hommes de 12 à 50 ans qui doivent être gardés* ». Résistant ou non, on sait quel avenir leur est réservé avec la directive 4008.

L'armée a maintenant cinq mois pour se préparer. Pendant ce temps, les bulldozers continuent de raser les villages des déportés. Le 31 décembre 1987, plus de 700 ont été rayés de la carte en un an : 219 dans la région d'Erbil, 122 dans la région de Garmian, au sud-est de Kirkouk, 320 dans la région de Souleymanieh et les autres dans la région de Bahdinan[1], plus difficile d'accès à cause de son relief montagneux.

---

1. La région de Bahdinan, où les habitants ont la particularité de parler un kurde différent du sorani parlé à Erbil et Souleymanieh, comprend principalement le gouvernorat de Duhok et le district de Barzan, ce dernier ayant été vidé de sa population déportée au sud de l'Irak entre 1975 et 1982 avant d'être regroupée dans des camps où ont été capturés l'essentiel des 8000 disparus de Barzan (lire chapitre V).

LE 22 FÉVRIER 1988, VEILLÉE D'ARMES POUR LE 1er ANFAL

Anfal 1 : du 23 février au 19 mars 1988

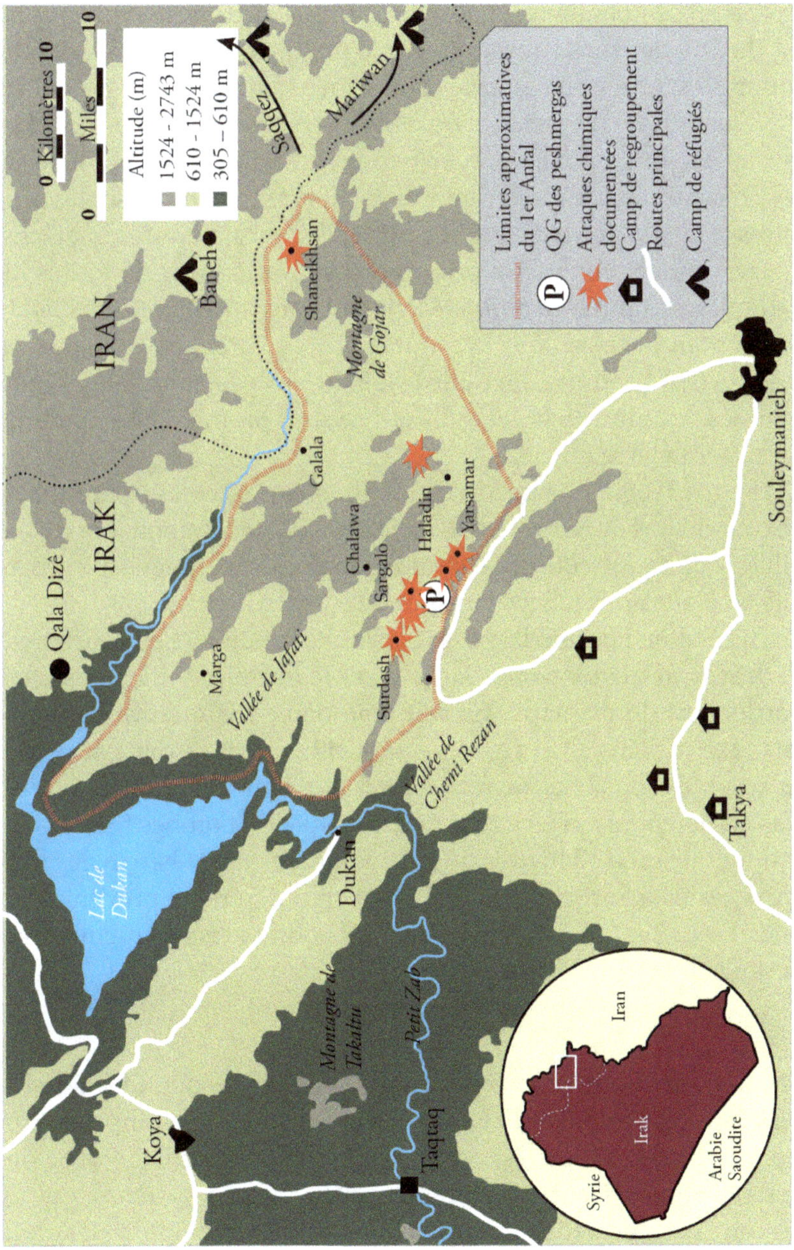

Figure 5 – Carte Anfal 1. Source «Genocide In Iraq: The Anfal Campaign Against the Kurds». A Middle East Watch Report, Human Rights Watch, 1993. © Michael S. Miller, Rightsmaps.com. Carte adaptée par Loghman Rashidy.

Le Premier Corps d'Armée, basé à Kirkouk, est sur le pied de guerre. Le général Sultan Hashim et ses hommes sont chargés de « purifier » 150 villages du secteur de Sargalo Bargalo, une zone très montagneuse où se cachent 2.000 à 3.000 peshmergas, pour la plupart UPK, selon les services de renseignements. Le fort de Sussia, à quelques kilomètres au sud-est de Dukan, sur la route de Souleymanieh, regorge de soldats, tout comme les autres places fortes de l'armée tout autour du périmètre interdit. Quelque 30.000 soldats irakiens attendent l'arme au pied. Les ordres d'al-Majid sont clairs : tuer le plus grand nombre possible de Kurdes présents dans les zones interdites. Et pour récompenser les plus opiniâtres, à eux le butin trouvé sur place. Femmes, voitures, maisons, bétail… les soldats victorieux pourront disposer à loisir de toutes les prises de guerre, comme l'a promis Mahomet dans une sourate du Coran, détournée pour la cause. Car la plupart des « mécréants » visés par la sourate al-Anfal (traduire : le butin) ne sont pas des « infidèles » mais des sunnites… comme les baasistes qui se sont promis de les éliminer pour arabiser la terre kurde.

Le 23 février 1988, à 2 heures du matin. Tous les projecteurs sont allumés dans la cour du fort de Sussia. Les *Katiouchas* [1] sont en position. Les cibles : cinq villages de l'autre côté de la première chaîne de montagne qui sépare la route, en plaine, des reliefs enneigés de Sargalo Bargalo.

À 2 h 03, Sultan Hashim lâche les chevaux ; la nuit vire au cauchemar sous le fracas des explosions. Sargalo est le premier village visé. Un bombardement de principe. Ça fait déjà deux ans que Mohammad Mustafa et ses voisins vivent à trois-quarts d'heure de là, dans de petites cavités creusées sous la terre, reclus mais en sécurité. En tout cas, c'est ce qu'ils croyaient jusqu'à cette nuit. Une pluie de bombes tombe sans discontinuer jusqu'à 10 heures du matin. Jamal, Ali et Osman, les trois guetteurs restés à Sargalo, profitent de l'accalmie pour prévenir tout le monde : « ça sent la pomme pourrie. Ils bombardent au chimique, comme au printemps dernier ».

Dans la grotte où il vit avec sa femme Shler et ses deux fils âgés de 1 et 3 ans, sur les hauteurs d'Haladin, plus au sud, Baïs comprend très vite lui aussi que l'armée est en train d'arroser son village avec des bombes chimiques. Cent cinquante familles comme la sienne ont un abri précaire dans de petites anfractuosités de 10 m² à peine, tout autour d'Haladin. Mais les vingt-deux peshmergas qui sont censés les protéger

1. Lance-roquettes multiples, également appelés « orgue de Staline ».

connaissent la montagne comme leur poche. Et Baïs est justement un de ces hommes qui n'a pas peur de risquer sa vie. Il a juré de protéger celle des autres après avoir passé un mois en Iran pour se former, en réaction au bombardement chimique d'avril 1987 qui a fait 5 morts et 8 blessés parmi les habitants d'Haladin. Le jeune papa âgé de 20 ans rassure sa femme et lui dit de préparer une pâte en mélangeant la cendre du feu, de l'eau et du sel, comme il le lui a appris.

« Si les explosions se rapprochent, tu mets la pâte dans un chiffon humide et tu l'appliques sur la bouche des enfants et sur la tienne, compris ? »

Shler fait signe que oui et se met aussitôt à l'œuvre. Baïs prépare son paquetage. Pas besoin d'explications. Elle sait qu'il part à la guerre, comme son père le faisait avant lui à chaque attaque baasiste. Combien de temps ça va durer cette fois ?

En plein milieu de la nuit, les vingt-deux peshmergas du village se retrouvent devant la plus grande grotte, *kalachnikov* sur l'épaule. Il fait un froid de chien. Baïs a laissé son manteau le plus chaud à Shler pour se contenter du léger manteau couleur sable qu'il a enfilé par-dessus son pull et sa tenue traditionnelle kurde. Son groupe est affecté à Karasa, pour surveiller les allées et venues des soldats irakiens. Sa mission, les empêcher de pénétrer dans le sanctuaire des peshmergas de Talabani.

De son point d'observation, Baïs a estimé à quarante le nombre de bombes chimiques, le premier jour, sur Haladin. Les suivants, il a arrêté de compter, hypnotisé par trop de nuits incandescentes au-dessus de son village, mais aussi de Sargalo, Chalawa, Djwzira et Yarsamar. Un hors-d'œuvre au regard de ce qui va suivre. Après cinq jours de bombardements intensifs, quasiment vingt-quatre heures sur vingt-quatre, les messages radio sont inquiétants. Les éclaireurs évoquent d'importants mouvements de troupes à partir de Sussia, Dukan, Kareza, et Marga. La manœuvre d'encerclement a commencé.

Le général Sultan Hashim Ahmad al-Tai, qui est aussi ministre de la Défense, crie victoire auprès de Saddam Hussein qu'il tient régulièrement informé de la situation[1].

1. Sultan Hashim Ahmad Al Tai, numéro 27 sur la liste des responsables gouvernementaux les plus recherchés par la coalition internationale, s'est rendu aux forces de la coalition le 19 septembre 2003. Le 24 juin 2007, le Haut Tribunal pénal irakien l'a condamné à mort pour génocide, crime contre l'humanité et crimes de guerre à l'encontre du peuple kurde lors de l'opération Anfal. Cependant, son exécution n'a pas eu lieu en raison de la désapprobation publique du président irakien Jalal Talabani, lui-même Kurde. En mai 2018, le président du Parlement irakien a demandé la grâce du prisonnier pour raisons médicales. Il a ensuite été transféré de la prison de Nasiriyah à une prison de Bagdad où il est décédé d'une crise cardiaque le 19 juillet 2020 à l'âge de 75 ans.

Le 29 février, les 500 familles du secteur de Sargalo sont tirées de leurs abris souterrains par Jamal, Ali et Osman qui leur disent que « les Arabes arrivent ». La seule solution est de fuir vers l'Iran voisin. Ils sont huit à sortir du terrier familial de 12 m^2 honni par Mohammad : quatre frères, trois sœurs et Fatma, la grand-mère paternelle âgée de 76 ans que son fils Sadun a promis de porter sur son dos jusqu'à ce qu'elle soit sauve, en Iran. Mohammad aurait bien voulu relayer son oncle, mais il n'est pas bien costaud du haut de ses 18 ans et surtout, pas très bien habillé. La montagne est recouverte d'un manteau blanc bien plus épais que le sien. Ali annonce d'un à cinq mètres de neige, selon les endroits, jusqu'à la frontière qui est à dix-huit heures de marche en temps normal mais qu'il estime à six jours vu les circonstances. Un parcours que Mohammad va affronter avec un simple pantalon en toile, une chemise et un pull. Il pense à sa mère, décédée en 1985, et à son père, mort sous la mitraille d'un Soukhoï de l'aviation irakienne en 1986. « *Ça fait deux ans qu'on vit comme le scorpion et la vipère, cachés dans le sol, à cause de ces rats. Deux ans qu'on vit comme des animaux*, rage Mohammad intérieurement. *Mais ils ne l'emporteront pas au paradis, je vous le promets. Ils peuvent nous chasser tant qu'ils veulent, on reviendra.* » Sans un regard pour son « terrier », il s'engage le premier pour fendre la neige qui lui arrive à la taille. Ouvrir le chemin pour rejoindre Galala[1] et le passage de Safra, plus à l'Est, c'est tout ce qu'il peut faire pour l'instant.

Plus près des canons de Sussia, au sud, Shler met le cap sur Chalawa, à 9 km au nord, avec tous les habitants d'Haladin. Rebaz, un an, est bien emmitouflé, retenu par un voile sur son dos. Elle porte aussi Sarbaz, trois ans, qui est trop petit pour marcher dans toute cette neige. Le lendemain, ils sont plusieurs centaines à franchir la montagne de Jilwan avant d'obliquer vers le Sud-Est, en direction de Mariwan. Par-là, le chemin est plus long mais plus facile.

Baïs et ses copains, eux, commencent à battre en retraite de Karasa vers Haladin, tout en défendant la ligne de front pour protéger la fuite des civils. Et elle est lente cette fuite, trop lente pour les enfants les plus fragiles qui meurent de froid en chemin. Sur le trajet Haladin-Mariwan, ils sont une trentaine à perdre la vie en six jours. Beaucoup d'anciens ne résistent pas non plus. Même chose sur les autres chemins de montagne empruntés par les 15.000 Kurdes de la région. Et puis, il y a les avions qui mitraillent régulièrement les hordes de civils apeurés quand ils ne

1. Prononcer « Guélala ».

lâchent pas une bombe chimique au passage. Heureusement, la pluie et la neige qui tombent presqu'en continu dissipent rapidement les effets du gaz. Reste le froid mordant. Et deux cents tombes anonymes qu'il a fallu creuser en six jours sur ces étroits sentiers de montagne avant de traverser la frontière par un chemin discret, entre l'armée iranienne au Sud-Est et l'armée irakienne au Nord-Ouest.

Lorsque Baïs arrive enfin en Iran, un mois après le déclenchement de l'opération Anfal 1, il cherche Chler partout, et la trouve enfin dans le camp de Baneh, avec ses enfants. Ils sont saufs, mais squelettiques. Comme Mohammad, qui a trouvé un abri de fortune lui aussi, avec la majorité des gens de Sargalo qui ont franchi la frontière à Shaneikhsan. Eux ne sont restés à Baneh que huit jours et sont vite partis vers Kermanshah où ils ont appris que Sargalo avait été rasé le 16 mars, le même jour que le bombardement chimique à Halabja.

Plusieurs centaines de Kurdes réfugiés en Iran décident finalement de rentrer au Kurdistan car la vie est trop dure dans les camps, que ce soit à Kermanshah, Baneh, Hawarakhol ou Saqqez, où beaucoup ont trouvé refuge. Les hommes en âge de se battre laissent faire. Eux n'ont aucune chance de passer entre les mailles du filet tendu par l'armée irakienne de l'autre côté de la frontière, alors que les femmes, les enfants et les vieux…

Baïs et Mohammad restent donc en Iran, tristes à l'idée de voir partir leurs proches et malgré tout confiants car ils pensent qu'un sort meilleur les attend. Ils se trompent. Le 10 juillet 1988, familles et voisins ont à peine traversé la frontière que l'aviation irakienne les bombarde avec des gaz chimiques. Il y a 10 morts… et 150 blessés qui sont arrêtés à Qaladze, près de la montagne de Qandil, avec 331 survivants. 481 malheureux dont on perd la trace à partir de là. Les corps n'ont jamais été retrouvés.

Plus tard, Baïs a appris que 86 disparus faisaient partie de son village, Haladin. Parmi eux, il y avait 20 membres de sa famille, dont ses parents, ses frères, sa femme et ses deux fils. Tout ce qu'il sait, c'est qu'ils ont été transférés à la prison de Nugra Salman[1], en plein désert au sud de l'Irak, à 80 kilomètres de la frontière saoudienne, et qu'une nièce est née là-bas, la fille de son frère Ali et de sa belle-sœur Rabia. La petite a été enterrée vivante peu après la naissance. Quant aux autres, Baïs ne sait pas ce qu'ils sont devenus. Il s'est remarié à une jeune femme appelée Chro, en 2000, et ils ont eu cinq enfants.

---

1. Prison de Nugra Salman, ou Negrwselman. Prononcer Negrasalman, en français.

***

Le visage de Snur s'éclaire enfin. Mais il s'assombrit de nouveau lorsqu'elle apprend que Mohammad a perdu cinq membres de sa famille, arrêtés à Qaladze eux aussi, et qu'il y a eu vingt-et-un martyrs à Sargalo.

– Mais gpourquoi ils ont rasé le gvillage, interroge Snur ? Où ils ont hagbité les gautres qui sont pas morts ?
– Ils n'ont pas rasé que Sargalo, répond Kavout. Ils ont rasé beaucoup de villages entre le lac de Dukan et la frontière iranienne. Et ceux qui ne sont pas morts sont allés dans des camps de réfugiés, comme les survivants d'Halabja. Saddam Hussein ne voulait plus qu'il y ait un Kurde vivant dans ces montagnes.

Snur est offusquée. Sa langue claque trois fois sur son palais, signe de sa désapprobation.

– Il était mégchant, lâche-t-elle avant de tourner les talons.

IX

16 mars 1988 : 5000 morts à Halabja

15 mars 1988, réunion de crise à Bagdad. La veille, la ville d'Halabja et le village de Khurmal sont tombés entre les mains des peshmergas de l'UPK, le parti de Talabani. Ces derniers ont franchi la frontière avec des Gardiens de la révolution iranienne qui ont mis les soldats irakiens en déroute et occupent les collines, au-dessus de la ville. Un soutien qui ne passe pas en pleine guerre contre le voisin perse. Décision est prise de bombarder Halabja le lendemain matin avec les « munitions spéciales ». Les armes chimiques sont destinées principalement à l'opération Anfal. Khurmal et Halabja ne font pas partie des zones interdites. Il y a 55.000 personnes qui vivent là et ce sont principalement les villages qui sont visés par le nettoyage ethnique. Mais il faut laver l'affront.

Le 16 mars, les bulldozers doivent passer à l'action pour commencer à nettoyer le secteur de Sargalo. Rayer Halabja de la carte le même jour pourrait briser le moral de l'adversaire. Moins d'une semaine avant le déclenchement de la phase 2 d'Anfal, au sud de Souleymanieh, le *timing* est parfait pour Saddam Hussein qui jubile à l'idée de frapper un grand coup.

Hoshiyar avait 11 ans, le 16 mars 1988, lorsque l'aviation irakienne a lâché 297 bombes sur Halabja. Hamida, 18 ans. Et Loqman, 20 ans. Trois familles et autant de destins brisés. La première bombe était au *napalm*. Elle est tombée à 11 h 35. Juste avant, l'artillerie a pilonné la centrale électrique et les pilotes ont largué des milliers de petits papiers dans le ciel pour bien déterminer le sens du vent. Important avant le déluge de feu prévu l'après-midi.

L'ordre était d'éviter autant que faire se peut les dommages collatéraux sur les soldats irakiens qui n'avaient pas fui et qui étaient encore assiégés dans leur base, en périphérie d'Halabja. C'est donc à l'opposé, sur les quartiers résidentiels, qu'ont été lâchées les premières bombes.

À 14 heures, petite accalmie de courte durée. Hoshiyar s'en souvient comme si c'était hier. Les bombes suivantes étaient pour la plupart remplies de gaz chimiques : moutarde principalement, mais aussi sarin, VX… un cocktail explosif qui a tué 5000 Kurdes en quelques heures[1]. Dont 45 étaient membres de sa famille. Un profond soupir le ramène dans la maison d'un oncle maternel, la seule qui avait une cave assez grande pour abriter toute la famille en cas de représailles après la libération de la ville par les peshmergas de l'UPK. Une perspective que tous redoutaient depuis deux jours[2].

***

- Papa, on peut aller jouer dehors ? S'il te plait ! Il faut beau, supplie le plus jeune frère d'Hoshiyar.
- Oui, mais faites attention. Si vous entendez les avions, rentrez vite !
- Promis, répond le petit bonhomme, tout sourire, en attrapant Hoshiyar par la main.

Mais Hoshiyar n'a pas envie de sortir. Maliha, sa maman, et Amina, sa tante, sont en train de préparer le repas. Il adore sentir l'odeur qui s'échappe des marmites. Perdu dans ses souvenirs olfactifs, le jeune garçon est tiré de sa rêverie par le sifflement trainant d'un avion et les cris de son petit frère qui se précipite dans la maison.

- Papa, papa ! Les *MIG*, ils viennent de faire un passage. Il y a plein de papillons dans le ciel, rigole le petit garçon âgé de 6 ans, des étoiles plein les yeux.
- Descend à la cave. Descendez tous, les enfants, intervient calmement Maliha avant de demander à son mari d'aller voir ce qui se passe.
- Ils ont largué des papiers, sans doute de la propagande pour nous faire peur, rapporte le chef de famille quelques secondes plus tard.

1. Le chiffre le plus communément cité est de 5000 morts, mais Joost R. Hilterman rapporte que des sources locales ont évoqué jusqu'à 6800 décès, des civils pour la plupart puisque les peshmergas avaient des masques à gaz pour se protéger. Lire son article dans l'*International Hérald tribune* du 17 janvier 2003 : « Halabja : America didn't seem to mind poison gas ».
2. Un an plus tôt, les forces de sécurité irakiennes avaient rasé l'un des quartiers d'Halabja montrant ainsi leur intransigeance face à tout mouvement de révolte, suite à des manifestations de rue contre la campagne de destruction des villages, en 1987.

Puis, c'est l'explosion. Une énorme explosion qui fait trembler les murs et précipite une bonne partie de la vaisselle à terre. À l'autre bout de la ville, une gigantesque boule de feu monte vers le ciel.

– Ils bombardent au *napalm*, prévient le mari d'Amina, le visage blême.

Maliha et Amina demandent un coup de main pour descendre les marmites. Le bombardement risque de durer.

Dans la cave de son oncle Ali, à plusieurs centaines de mètres plus au sud, dans le quartier Farmanbara, Hamida est terrorisée. Elle s'était faite belle le matin. Elle avait mis sa robe bleue, avec le petit gilet doré qui met en valeur ses jolis yeux noisette et souligne en même temps sa taille fine. Mais là, elle aimerait disparaître sous son grand manteau d'hiver avec son fils Hywa, âgé de 18 mois, et qu'Allah les transporte loin de cette maudite cave. Tout autour, ils sont une soixantaine, serrés les uns contre les autres. Il y a sa mère Kochida, son père Hassan, ses deux sœurs et ses quatre frères, oncle Ali, sa femme et leurs trois enfants bien sûr, mais aussi d'autres cousins et des voisins qui n'avaient pas de cave chez eux. Aux larmes succèdent les cris à chaque fois que les explosions semblent se rapprocher. Les bombes tombent en chapelets. Au rez-de-chaussée, toutes les fenêtres sont cassées. Soudain, un vacarme assourdissant.

– C'est tombé chez ton père, crie Ali en regardant sa femme, effrayée.

Il demande à son fils aîné d'aller voir. La maison de son beau-père est à vingt mètres à peine. Il a refusé de venir se réfugier dans la cave en disant qu'il y avait trop de monde et que, de toute façon, il n'avait pas peur des avions des baasistes. Maintenant, sa fille est en train de prier. Le petit-fils grimpe les marches de l'escalier deux par deux en criant le nom de son grand-père Hadji Abdulkarim. L'écho de sa voix parvient, étouffé, dans la cave. Une minute s'écoule avant qu'une deuxième explosion fasse à nouveau trembler les murs. La poussière tombe du plafond de la cave. Les femmes utilisent leur foulard et les hommes leur longue ceinture en tissu pour protéger leur visage et celui des enfants. Puis, plus rien pendant quelques secondes qui semblent durer une éternité, jusqu'à ce que les crises de larmes reprennent, pour certaines jusqu'à l'hystérie.

L'angoisse redouble pour Hamida. La jeune femme a déjà perdu son mari le 15 mai 1987 lors d'une manifestation pacifique écrasée par le régime. Elle entend encore les pales de l'engin de mort qui lui a pris son jeune époux. La rafale est partie de la porte de l'hélicoptère, au-dessus du rassemblement. Quinze manifestants ont été tués ce jour-là. Hama a été grièvement blessé et fait prisonnier avec trente-et-un autres Kurdes. Le lendemain, Hamida a su que sept d'entre eux avaient été enterrés vivants. Son mari n'était pas parmi les victimes. Elle n'a plus jamais eu de nouvelles de lui. Tout ce qu'elle peut faire maintenant, c'est fermer les yeux et chanter une berceuse à Hywa, blotti entre ses genoux et sa poitrine. Nouvelle explosion. Elle chante plus fort et se bouche les oreilles, comme si l'hélicoptère dans sa tête allait finir par s'en aller.

Dans une rue parallèle, Abdulkader, Jian et leurs onze enfants sont un peu plus à leur aise dans la cave de l'imposante demeure familiale. Il y a aussi Khorasan dans les bras de Loqman, l'un des cinq fils de la maison. Tous les deux se sont mariés en novembre 1987. Pendant plus de deux heures, Loqman tente de rassurer sa femme. Sa famille est plutôt aisée. Les murs sont solides. Une explosion à quelques mètres les projette tout de même à terre. Et puis vient le silence. Étrange après deux heures trente de bombardements intensifs.

- Ça y est, c'est fini. Tu vois Khorasan, la maison a tenu. Tout va bien.
- Bon, on va pouvoir manger maintenant, intervient Jian.
- Et s'ils bombardaient à nouveau, tremble Khorasan. Il faut peut-être partir à Hauraman, le temps que ça se calme.
- Et laisser notre maison ouverte aux quatre vents ? Non, tranche Abdulkader. Toutes les vitres sont cassées. On ne va pas abandonner notre maison. Si les baasistes bombardent à nouveau, on reviendra à la cave !

Loqman le sait, on ne contredit pas son père qui, à 50 ans, règne en maître sur la famille. Tout le monde était sur le point de remonter au rez-de-chaussée quand, soudain, le sifflement d'une bombe dans leur rue les précipite au sol, les mains sur la tête pour se protéger. Au bout de quelques secondes, Loqman se détend et relève la tête, interloqué puis joyeux.

- Elle n'a pas explosé !
- Attends, elle peut toujours sauter. Écoute, ça siffle encore. Ils ont repris les bombardements, observe son père inquiet.

Loqman tend l'oreille…

– Eh bien, ce doit être une série défectueuse alors ! Vous entendez le bruit qu'elles font ? On dirait qu'ils nous bombardent à coups de métal, comme si les bombes étaient vides. Je vais voir.

De retour dans la cave, Loqman annonce que beaucoup de maisons sont détruites et que les deux jolis oiseaux qu'ils gardaient en cage sont morts.

– Ce doit être le bruit qui les a tués.

Non loin de là, toujours réfugiée dans sa cave, la famille d'Ali commence à sentir une odeur de pomme.

– Mmh, ça sent bon, sourit sa nièce Hamida.

Mais l'odeur sucrée du fruit laisse bientôt la place à une odeur étrange.

– Il faut monter vérifier la bouteille de gaz. Si on l'a laissée ouverte, c'est un coup à ce qu'on saute tous à la prochaine explosion, remarque Ali.

La bouteille est bien fermée. En revanche, dehors, c'est un paysage de désolation qui attend les rescapés de la première vague. La maison de grand-père Hadji est en miettes. Aucun signe de vie. Hamida ne voit pas non plus la trace de son cousin dans les gravats.

– Rentrez dans la maison, je vais le chercher. Il a peut-être été demander du secours pour Hadji, lance son frère Mohamed tandis que d'autres bombes « bizarres » explosent dans un nuage de fumée rouge, un peu plus loin, apparemment sans faire de dégâts.

Dans le quartier Farmanbara, la famille d'Hamida et celle de Loqman n'ont pas encore réalisé qu'elles étaient bombardées avec des gaz létaux. À un kilomètre de là, en revanche, Hoshiyar a entendu des gens crier dans la rue : « C'est le chimique, c'est le chimique ! » Par chance, ses parents connaissent des peshmergas qui leur ont dit que, s'il y avait une attaque de ce genre un jour, ils devraient mouiller un chiffon et le mettre sur leur nez et leur bouche. Aussitôt, toutes celles qui portent un voile l'enlèvent et le déchirent en morceaux. Maliha et toutes les autres mamans les trempent en vitesse dans un baril d'eau qu'elles avaient descendu à la cave, avant de nouer les bouts de tissu autour du visage des plus jeunes. Hoshiyar attrape un mouchoir dans sa poche et le mouille. Les hommes font de même avec leur ceinture traditionnelle transformée en écharpe. Et puis tous se précipitent dans la rue défoncée jonchée de cadavres.

Ils ont la chance d'avoir trois véhicules à leur disposition. Trente-huit personnes s'entassent à l'arrière du *Dodge*, en essayant de ne pas mettre les pieds dans la grande marmite encore pleine du repas de midi. Les autres se répartissent dans la *Datsun* et un taxi. Mais ils sont au cœur d'une des principales cibles des *MIG* et des *Mirages*[1] irakiens qui sillonnent le ciel. Les explosions de fumée rouge retombent en grappes blanchâtres inquiétantes sur cinquante mètres tout autour. Le frère de Maliha roule à peine deux cents mètres avant de s'écrouler mort, au volant. Le chauffeur de taxi a le temps de faire cent mètres de plus. Ses yeux se révulsent. Il est déjà mort quand son taxi percute le mur d'une maison.

Hoshiyar, lui, est coincé contre le rebord de la plateforme, à l'arrière du *Dodge*, la main plaquée sur le mouchoir humide qui masque son visage. Les femmes sont les premières à s'évanouir. Le *pick-up* est trop chargé ; certaines passent par-dessus bord et tombent inertes dans la rue recouverte de poussière et d'innombrables débris. Le chauffeur prend l'embranchement à gauche direction Inab. Et, cent mètres plus loin, il s'écroule à son tour sur le volant. Hoshiyar regarde autour de lui. Le petit garçon maigre aux cheveux noirs est le seul conscient. Sa mère, qui ne s'était pas protégée le visage, est inconsciente comme les autres. Il tire sur les manches de son pull trop court pour essayer de rentrer ses mains à l'intérieur. En vain. Secoue sa mère sans réaction. « *Elle va se réveiller, c'est sûr, pense le petit garçon. Il faut que je reste là pour l'aider après. Elle va être contente comme ça.* »

Une demi-heure plus tard, la famille d'Hamida est toujours dans la cave d'Ali qui commence à s'impatienter quand son fils Mohamed revient enfin. Le jeune homme âgé de 24 ans est bouleversé.

– Je… je n'ai pas trouvé mon cousin. Mais… j'ai vu des dizaines de morts dans les rues du quartier. J'ai vu des oiseaux calcinés, des vaches avec les yeux brûlés ! C'est le gaz. Ils nous bombardent au chimique. Il faut sortir de la cave. Si une bombe tombe près de chez nous, le gaz sera trop concentré dans la cave. Il faut fuir.
– Oh mon Dieu ! Mais on n'a rien mangé et bu depuis ce matin. On est déjà fatigué. Si on part comme ça, on n'y arrivera pas, assure Kochida. Je vais réchauffer la soupe et le riz d'hier vite fait. Et on part.

1. *Mig*, chasseur de fabrication soviétique. *Mirage*, chasseur de fabrication française.

En cinq minutes, la mère d'Hamida et la femme d'Ali distribuent les assiettes pour que tout le monde mange sur la nappe en plastique, par terre. Mais les enfants n'ont pas faim. La peur leur a noué l'estomac. Hamida va devoir porter Hywa. Elle tend son assiette le regard vide mais ne mange pas beaucoup. La soupe et le riz ont un goût amer.

À 15 h 50, c'est la panique. Les voisins qui étaient dans la cave avec toute la famille sont partis en courant. Les parents d'Hamida décident de rester. Ils mourront peut-être, mais ils ne veulent pas quitter Halabja. Hamida sait que ça ne sert à rien de les raisonner. Elle monte dans une voiture avec Hywa, son grand frère Hussein qui porte son fils Rebaz dans les bras et son neveu âgé de 12 ans. Les deux fils d'Ali prennent place devant ; Bakir s'asseoit au volant. Avant de s'installer à ses côtés, Akram s'adresse à ceux qui n'ont pas eu de place dans le *pick-up*.

– On se retrouve à Trifa. On dépose Hamida, Hussein et les enfants et on revient vous chercher, d'accord ? Vous ne bougez surtout pas.

Bakir démarre en trombe et prend la direction de la montagne. Il slalome entre les corps figés sur la route, évite des fils électriques tombés sur la chaussée défoncée et ralentit inexplicablement.

– Qu'est-ce que tu fais ! lui crie son frère.

Tous les deux se regardent. Un flot ininterrompu de sang noirâtre coule du nez de Bakir qui commence à tourner de l'œil.

– Prends ma place !

Akram fait le tour de la voiture et pousse son frère évanoui sur le siège passager. Hamida serre son fils et son neveu dans ses bras en leur disant qu'ils seront bientôt à Trifa. Leur oncle repart sur les chapeaux de roue, tourne brusquement pour éviter un nouveau chapelet de bombes à 100 mètres devant lui.

– OK, demi-tour ! Ils ne nous auront pas. On va aller à Bamok. Je connais des petites rues pour rejoindre la montagne d'Hawar par là. L'Iran, est à 14 km ; c'est notre seule chance.

16 heures. Chez Loqman aussi on se demande par où partir. Toute la famille est déjà sur la remorque du tracteur, avec les réserves de nourriture. Un amoncellement de fils électriques bloque la route de Trifa. Un

automobiliste leur déconseille la parallèle ; elle est jonchée de morts. Le chauffeur décide d'aller vers Sazan. Les vingt-cinq personnes à l'arrière commencent à vomir. Leurs yeux brûlent. À la tombée de la nuit, le tracteur a quitté la plaine d'Halabja et entamé la montée sur Sazan tous feux éteints pour éviter d'être repéré par les avions de chasse.

À quelques kilomètres de distance, sans lumière, le même sort attend le tracteur de Loqman et la voiture d'Hamida, dans les premiers lacets. Les deux véhicules basculent dans le fossé. Pas de blessés ni d'un côté ni de l'autre, mais des gens qui n'y voient quasiment plus à cause du gaz qui a brûlé les pupilles.

Sur la route de Sazan, Loqman et un copain étudiant sortent leur ceinture et la déroulent sur douze mètres chacun, demandant aux enfants de la tenir comme une ligne de vie, pour qu'ils ne se perdent pas en chemin. Le village d'Ababaylé n'est pas très loin. Ils espèrent trouver de l'aide là-bas.

– Ne faites pas de bruit, précise Loqman, car il y a des gens qui dorment sur la route.
– Mais pourquoi ils dorment au milieu, pourquoi ils ne vont pas sur le côté ? lui demande sa sœur Rangun, âgée de 14 ans.

Elle n'y voit plus, dit qu'elle est fatiguée et qu'elle aussi veut dormir. Loqman ravale ses larmes. Comment lui expliquer que tous ces gens ne dorment pas mais qu'ils sont morts !

– Tu dormiras plus tard.

Le village d'Ababaylé semble désert. Loqman avise une porte ouverte et demande s'il y a quelqu'un dans la maison dont les habitants semblent être partis précipitamment. Personne ne répond. Il devine une carafe de lait de vache, en boit une gorgée et la tend aux enfants. Moins de cinq minutes après, tout le groupe se met à vomir un étrange liquide verdâtre. Ils ont tous les jambes coupées lorsqu'ils entendent un homme appeler un certain « Osman ».

– Il y a du monde ici. Aidez-nous ! À boire ! crie Loqman.

L'homme remplit un seau et le tend aux rescapés d'Halabja, pressés d'enlever le goût amer de leur bouche. Mais très vite, ils sont pris de tremblements. L'eau aussi est contaminée.

Un autre homme oriente le groupe vers la mosquée. Tous les habitants du village sont là. À l'intérieur, des pleurs, des râles… et la prière des morts.

Sur la route de Bamok, Hamida n'est pas mieux lotie. Elle aussi n'y voit plus. Son frère Hussein, en revanche, semble aller mieux. Il sort de la voiture avec son fils Rebaz.

– Je vais trouver des secours et on revient vous chercher.

Deux heures plus tard, Hamida n'y tient plus. Elle ne sait pas encore qu'Hussein a dû s'arrêter sur le bord de la route, plus haut dans la montagne. Aveugle, lui aussi. Elle décide de partir à sa rencontre avec son fils et son neveu, laissant les fils d'Ali morts dans la voiture. Mais un peu plus loin, voilà qu'ils tombent tous les trois dans un fossé rempli d'eau. Cette-fois ci, c'est son neveu qui part chercher de l'aide… et qu'elle ne reverra pas non plus. Hamida va passer toute la nuit dans l'eau avec son petit Hywa qui est comme un chiffon mort dans ses bras. Elle crie, elle pleure, le secoue. Il ne réagit pas. Elle est désespérée.

Désespéré, Hoshiyar commence à l'être. Il fait nuit noire à Halabja. L'écho des bombes a fini par se taire dans sa tête. Le petit garçon est toujours dans le *pick-up* avec tous les membres de sa famille. « *Et s'ils ne dormaient pas ? Et s'ils étaient…* » De sombres pensées lui traversent la tête. Il voit des rescapés au bout de la rue et décide de s'allonger parmi les morts, sans bouger. « *Où j'irais de toute façon ! Je ne pourrai pas vivre sans ma famille* » se dit Hoshiyar. Mais quand un homme monte dans le *pick-up* et se met à retourner les corps pour les fouiller, il se relève d'un bond et demande à l'inconnu ce qu'il cherche.

– J'ai faim, répond l'homme, la bave aux lèvres.

Hoshiyar lui dit de prendre la casserole et de partir. Ni lui ni le pauvre bougre qui vient d'interrompre son cauchemar ne savent que la nourriture est empoisonnée par le gaz.

Le petit garçon se replonge au milieu des siens. La nuit est très fraîche mais il ne sent pas le froid. Son cerveau est plus engourdi que ses muscles. Soudain, il sent que ça remue dans le *pick-up*. Il relève la tête et voit son petit frère se mettre à grogner. Hoshiyar enjambe deux corps, le retourne vivement et le prend dans ses bras. Il n'est plus seul !

– Mon frère, s'il te plait. Mes parents, ils sont morts ou vivants ? S'ils sont morts, demande à Dieu de me prendre, articule le jeune enfant d'une voix faible.

Hoshiyar est bouleversé. Il n'a pas le temps de répondre. La tête de son petit frère roule entre ses bras.

– Ah, Xodé[1] ! Prends-moi aussi, prends-moi, s'il te plait ! Laisse-moi les rejoindre, hurle le garçon, les yeux inondés de larmes.

Au petit matin, la fatigue ne lui accorde plus que quelques hoquets pour laisser s'écouler son immense chagrin. Allongé sur le corps des siens, il sent ses forces l'abandonner. La ville a disparu autour de lui. Il ne pense à rien, ne voit rien. Jusqu'à ce qu'un cri le sorte de sa torpeur. Il lui faut pourtant quelques secondes pour que l'information parvienne à son cerveau. Cette voix…

– Baktiar ! hurle presque Hoshiyar.
– Râââ, j'ai mal à ma jambe, gémit son grand frère, en se tordant de douleur.
– Attends, laisse-moi voir.

Il rejoint son aîné affalé sur le petit rebord en bois qui sert de siège, des deux côtés du *pick-up*. D'habitude, Baktiar flotte littéralement dans son pantalon kurde bien trop bouffant pour lui qui est plutôt petit et fluet pour 13 ans. Mais là, une de ses jambes remplit quasiment l'espace vide. Elle a triplé de volume, et l'autre en prend le chemin. Hoshiyar attrape son frère de deux ans son aîné par les épaules et l'aide à descendre en évitant sa tante Amina qui gît, à l'arrière du *pick-up*. Il l'a à peine adossé au mur en briques de la maison voisine que c'est son cousin Akram, 11 ans lui aussi, qui se réveille, suivi par sa mère Amina, recroquevillée au pied du *Dodge*. Elle s'est blessée à la tête en tombant du véhicule, mais le sang a séché depuis la veille. Elle a l'air d'aller. Hoshiyar reprend espoir. « *Peut-être que les autres aussi vont se réveiller* », se dit-il. Mais ils ne se réveillent pas. Et tante Amina ne réalise pas ce qui se passe.

– Mes enfants, allez voir s'il y a des gens pour nous aider. Et si vous avez faim, achetez quelque chose au passage à un marchand ambulant !

Hoshiyar retient ses larmes. Comment lui dire ? Il ne dit rien, cherche une canne pour aider Baktiar à marcher. Et tous les deux se dirigent lentement vers une maison vide pour se laver les mains et le visage. De retour auprès d'Amina et de son fils, ils s'asseyent par terre sans vraiment savoir ce qu'ils attendent, le regard dans le vide.

1. Xodé = Dieu, en kurde.

À l'aube du 17 mars 1988, l'armée iranienne comprend l'ampleur de la catastrophe en voyant les réfugiés arriver sur son sol par milliers. Téhéran donne l'ordre de pénétrer en Irak pour porter secours aux victimes du bombardement chimique, mais les militaires prennent soin d'amener des journalistes avec eux. Il s'agit d'un événement jamais vu dans l'histoire des guerres modernes, et la guerre Iran-Irak se joue aussi sur le terrain de la communication. L'armée iranienne a donc besoin de témoins pour prouver au monde de quoi est capable le régime baasiste de Saddam Hussein.

Les Kurdes trouvés mal-en-point dans la petite montagne qui sépare les deux pays sont les premiers évacués. Loqman et sa famille grimpent tant bien que mal dans un camion. Premier arrêt, le poste médical avancé de l'armée iranienne. Le traitement est le même pour tous, sous les tentes flanquées d'un croissant rouge : une piqûre censée les aider à lutter contre les effets des gaz et des gouttes dans les yeux. Puis, ils sont transférés à l'hôpital de Kermanshah où on leur donne un pyjama avant de les trier en fonction de leur état de santé. Loqman est séparé de sa femme, inconsciente. Lui ne peut plus parler, ses cordes vocales sont brûlées. Ses poumons lui font atrocement mal. Il sera du prochain bus pour l'hôpital de Téhéran.

Hamida et son fils, toujours inconscient, sont quant à eux obligés de passer un jour de plus dans la montagne. Le 17 mars à 5 heures du matin, trois hommes les ont bien aidés à sortir de ce maudit fossé pour les amener un peu plus haut sur la route. Mais ils sont repartis immédiatement. Et aucun des nombreux réfugiés qui sont passés devant elle n'a jugé bon de s'encombrer d'une jeune maman qui n'arrêtait pas de vomir avec un bébé apparemment mort dans ses bras. Heureusement, son frère Hussein, finalement arrivé à la frontière, a payé deux jeunes pour venir les chercher. L'incroyable chaos qui régnait au sommet avec des milliers de personnes cherchant à fuir les bombes, ajouté aux travaux sur la route, ne leur a permis de passer la frontière qu'à une heure du matin. Et la descente sur Kangavar n'a pas été de tout repos non plus pour tous ces gens qui, pour beaucoup, n'y voyaient plus.

Hamida, Hussein et leurs enfants arrivent finalement en ville vers 14 heures. Ils patientent encore quelques heures avant de recevoir des calmants. Mais vu leur état, Hamida et son fils sont aussitôt transférés à l'hôpital de Téhéran où se trouve déjà Loqman depuis la veille.

À ce moment-là, les militaires iraniens ratissent Halabja depuis plusieurs heures. Les bombardements irakiens ont repris le 17 mais ils ont vite cessé. Et depuis, une chape de plomb s'est abattue sur la ville.

Des milliers d'habitants semblent avoir été surpris dans leurs occupations au moment où sont tombées les premières bombes. La mort ne les a pas emportés de la même façon selon les quartiers.

Ici, les soldats retournent des corps violines, gonflés comme si les victimes avaient avalé de force des dizaines de litres d'eau avant de mourir.

Là, la couleur de la peau n'a pas été altérée mais une poudre blanche entoure la bouche et les yeux. Dans les maisons, des femmes sont affalées sur leur cuisinière ; d'autres semblaient laver les légumes ou étaler le linge. Et là, des hommes, des enfants agenouillés, face contre terre, sur leur tapis de prière. Ils n'ont pas eu le temps d'esquisser le moindre mouvement. Ailleurs, les soldats découvrent des visages figés pour l'éternité avec une horrible grimace. Et un jeune garçon en blouson bleu, les yeux vides, mort en train de se tirer les cheveux tellement la douleur devait être forte. Ramazan, un journaliste turc, manque de vomir en imaginant les souffrances endurées par ces victimes innocentes. Plus loin, deux corps attirent son attention sur le pas d'une porte. Un père en tenue traditionnelle, tombé tête la première sur la marche. Et contre lui, un nourrisson emmailloté, la tête renversée vers l'arrière. Un bébé qu'il a cherché à préserver dans sa chute en mettant son avant-bras en protection entre lui et le sol. Mais l'asphyxie a rattrapé le nourrisson comme elle a rattrapé le père. Un rescapé qui accompagne les soldats iraniens pour les guider dans la ville le reconnaît.

– C'est Oumer Xamar. Il est marié. Il a dix enfants, huit filles et deux garçons. Celui-là est le dernier. Mais qu'est-ce qu'ils font là ?

Iraniens, Turcs ou occidentaux, les journalistes font leur métier, ils prennent des photos. Et ils accompagnent le guide chez Oumer. Là, tous comprennent. Une bombe a éclaté tout près de la maison. Ils retrouvent l'épouse d'Oumer, les huit filles et le fils aîné, sans vie. Cette fois, impossible de contenir la nausée.

Hoshiyar est le premier à voir arriver les soldats iraniens et le civil, appareil photo en bandoulière. « *Enfin des gens pour nous aider à enterrer nos morts comme c'est dit dans le Coran* », se dit l'enfant. Au lieu de ça, le photographe commence à mitrailler le *pick-up* rempli de cadavres. Hoshiyar serre les poings de rage. Quand il voit l'appareil photo se tourner vers sa tante, son cousin, son frère et lui, assis contre un mur, il plaque sa main droite sur ses yeux pour qu'il ne le voit pas. Tout au moins, c'est ce qu'il croit. Ahmad, le jeune journaliste iranien, comprend et s'adresse doucement aux quatre rescapés.

– Venez avec nous. On a une voiture. On va vous amener jusqu'aux hélicoptères de l'armée iranienne.
– Non, pas sans les autres, rétorque Hoshiyar les yeux mi-clos, à cause du gaz qui a attaqué ses pupilles.
– Ne vous inquiétez pas. Les soldats vont s'occuper d'eux. Ils vont être enterrés comme il faut. Où sont tes parents ?

Hoshiyar tend le menton vers le *pick-up*, le visage dans le vague, désespéré.
– Ah, reprend le journaliste navré d'avoir posé la question. Puis, après un court silence… Mais tes parents te diraient la même chose s'ils étaient là. Tu dois te faire soigner. Tu dois vivre pour raconter ce qui s'est passé, comme je vais le faire avec mes photos. Pour dire qui était ta famille. Allez viens. Venez tous les quatre. Je vous amène.
– Il a raison. Il faut le suivre. On ne peut pas rester là, intervient Amina.

Une heure plus tard, un soldat les hisse dans un hélicoptère avec d'autres blessés, direction Kermanshah. Comme Loqman quelques minutes avant lui, les blessés sont dirigés vers l'hôpital pour être triés selon la gravité des blessures. Amina est le cas le plus préoccupant. Elle est séparée des trois enfants qui sont conduits à la mosquée où des Kurdes iraniens ont organisé une soupe populaire. Mais ils ne restent pas là très longtemps. On leur indique que des camps de toile se montent à Kangavar, à quelques kilomètres. Hoshiyar, Baktiar et Akram s'y rendent à pied, comme des milliers d'autres, à charge pour eux de se débrouiller pour monter la tente une fois sur place. Seulement, les trois enfants n'ont jamais fait ça. Et personne ne leur dit comment s'y prendre. Dans la nuit, la pluie et le vent arrachent leur frêle abri mal arrimé. Désespérés, ils s'enroulent dans la toile, collés les uns aux autres, et finissent par s'endormir de fatigue dans la boue.

Le 18 mars au matin, enfin, des Kurdes d'Halabja les aident à s'organiser tandis que des Kurdes iraniens leur disent de ne pas s'inquiéter, que leurs parents sont soignés à l'hôpital et qu'ils reviendront. Hoshiyar sait au fond de lui que ce n'est pas vrai, mais il veut y croire. Sa vie de paria ne fait que commencer.

***

– C'est gquoi « gparia » ? demande Snur à Kavout qui s'attendait à la question.

- Nergiz, qu'est-ce que tu entends par paria ? Hoshiyar est toujours vivant. Il travaille. Il a un bon métier. Et il s'est marié il n'y a pas très longtemps.
- C'est exact. Je parlais de sa vie à l'époque. C'est intéressant que Snur le sache si tu veux bien lui traduire ce qu'a été l'après-Halabja pour tous les rescapés. Il y en a eu des milliers dans tout le Kurdistan. Mais dans ce cas précis, ce que les rescapés ont de spécial, c'est que leur existence même a été niée. Révéler qu'ils étaient d'Halabja pouvait leur valoir la mort. Très vite, Tarek Aziz, le ministre des Affaires étrangères, a pris la parole dans les médias pour accuser les Iraniens de crime contre l'humanité à Halabja. L'avis de décès des victimes a été établi le 13 mars 1988 pour faire croire que le bombardement était l'œuvre des Iraniens. Et quelques mois après, les bulldozers sont entrés en action pour qu'il ne reste rien de la ville dans la vaste plaine d'Halabja. Bagdad ne voulait aucune trace du crime. Ce qui veut dire qu'il ne fallait pas non plus de témoins. Le gouvernement irakien a donc annoncé un jour qu'il pardonnait aux Kurdes d'Halabja et qu'ils étaient autorisés à rentrer d'Iran. La plupart sont rentrés. Ils pensaient revenir chez eux. Au lieu de cela, on les a conduits dans un gigantesque camp de prisonniers près d'Erbil. Hoshiyar, Baktiar et Akram se sont méfiés. Ils n'ont pas voulu y aller. Akram a pu se réfugier chez quelqu'un de sa famille à Souleymanieh. Les deux frères se sont cachés chez une tante, à Chamchamal. Mais ils n'ont pas pu aller à l'école. Lorsque Hoshiyar s'est présenté à la directrice, en octobre 1988, elle l'a refusé en lui disant que c'était « les ordres de l'État », que les gens d'Halabja, c'était « comme de la drogue », que c'était « interdit ». L'année suivante, la directrice avait changé. La nouvelle est allée voir la tante des deux frères et a dit qu'elle acceptait Hoshiyar à condition qu'il ne dise jamais qu'il était d'Halabja. C'est ça être un paria, Snur, tu vois. Et pour que tout le monde comprenne, Saddam Hussein a fait construire un deuxième Halabja à quelques kilomètres du premier qui avait été rasé. Il voulait montrer au monde qu'il ne s'était jamais rien passé. Le régime irakien a tout fait pour nier le crime et il n'a jamais voulu que les habitants de la ville martyre se mélangent aux autres.
- Aaaaaah, ils étaient gcomme en gprison, alors !
- En quelque sorte, répond Kavout qui semble émue elle aussi par le sort des rescapés d'Halabja.

Nergiz saisit la balle au bond et demande à Snur si elle a eu l'impression d'être en prison dans son enfance.

– Nôôôn ! répond la jeune femme. Ma gmère me laissait gfaire tout ce gue je voulais, sourit Snur. Je n'étais même gpas obligée de faire la guisine et la vaisselle comme aujourg'hui.

Leila, Yassa et Haliz, qui n'en perdaient pas une miette depuis le début, rigolent d'un même rire cristallin.

– Ah, tu es à plaindre, tiens, la sermonne gentiment Leila, amusée par l'espièglerie de sa fille aînée.

Snur rit de bon cœur elle aussi, comme si elle avait déjà oublié les rescapés d'Halabja[1].

1. Pour connaître les conséquences épidémiologiques du bombardement chimique d'Halabja, lire le chapitre XIX.

X

Anfal 2 du 22 mars au 1er avril 1988
Des centaines de villages rasés

22 mars 1988. Hamida est tombée dans le coma en arrivant à l'hôpital de Téhéran. Son fils Hywa est en train de récupérer dans le service de pédiatrie. Elle a été transférée au service des grands brûlés, le corps complètement recouvert de crème et de bandes stériles. Les médecins ne peuvent rien faire de plus. Elle est sur une liste d'attente pour se faire soigner en Suède[1].

Loqman[2], lui, attend un vol pour l'Allemagne. Ses cordes vocales, sa gorge et ses poumons sont brûlés. Il n'y voit quasiment plus.

Ce jour-là, assis en boule dans une faille de la montagne de Qara Dagh, à quelques kilomètres à l'ouest d'Halabja, Mohammad Rosta n'est pas tranquille. La pluie n'arrête pas de tomber depuis le matin. Le vent lui glace les os malgré la veste en laine sans manche qu'il a enfilée par-dessus son khaki couleur sable dont il est si fier. Et il attend de nouveaux chargeurs pour la *kalachnikov* qu'il garde bien au chaud entre ses cuisses amaigries et sa poitrine. *« Un thé ne me ferait pas de mal »*, se dit Mohammad en pensant à la chaleur de son foyer, à Kurdamir.

1. Après deux semaines de coma, ce sera finalement la Norvège où Hamida va passer deux mois et dix jours avant de retourner en Iran. À son retour, elle va apprendre que neuf membres de sa famille sont décédés. Son plus grand bonheur est d'avoir retrouvé son fils dans le camp de réfugiés de Kamyran, brûlé lui aussi mais moins qu'elle. Hamida a gardé des cicatrices sur le cou, le torse, les aisselles et les jambes. Elle a perdu la vue à l'œil droit et garde 4/10e à l'œil gauche qu'elle avait fait opérer trois fois entre 1988 et 2013. Son fils a souhaité changer de prénom après le bombardement d'Halabja. Hywa (espoir en français, car Hamida avait l'espoir que son mari revienne) a pris le nom de Wrya (vigilant) avant de devenir journaliste, autrement dit témoin de son temps.
2. À son retour en Iran, après quarante jours en soins intensifs en Allemagne, Loqman va apprendre que sa femme est morte des suites de ses blessures. Il a également perdu sa mère, deux sœurs et deux frères. Quatre opérations des yeux lui ont permis de préserver 5/10e à l'œil gauche et 2/10e à l'œil droit, mais sa vue continue de baisser.

Anfal 2 du 22 mars au 1er avril 1988

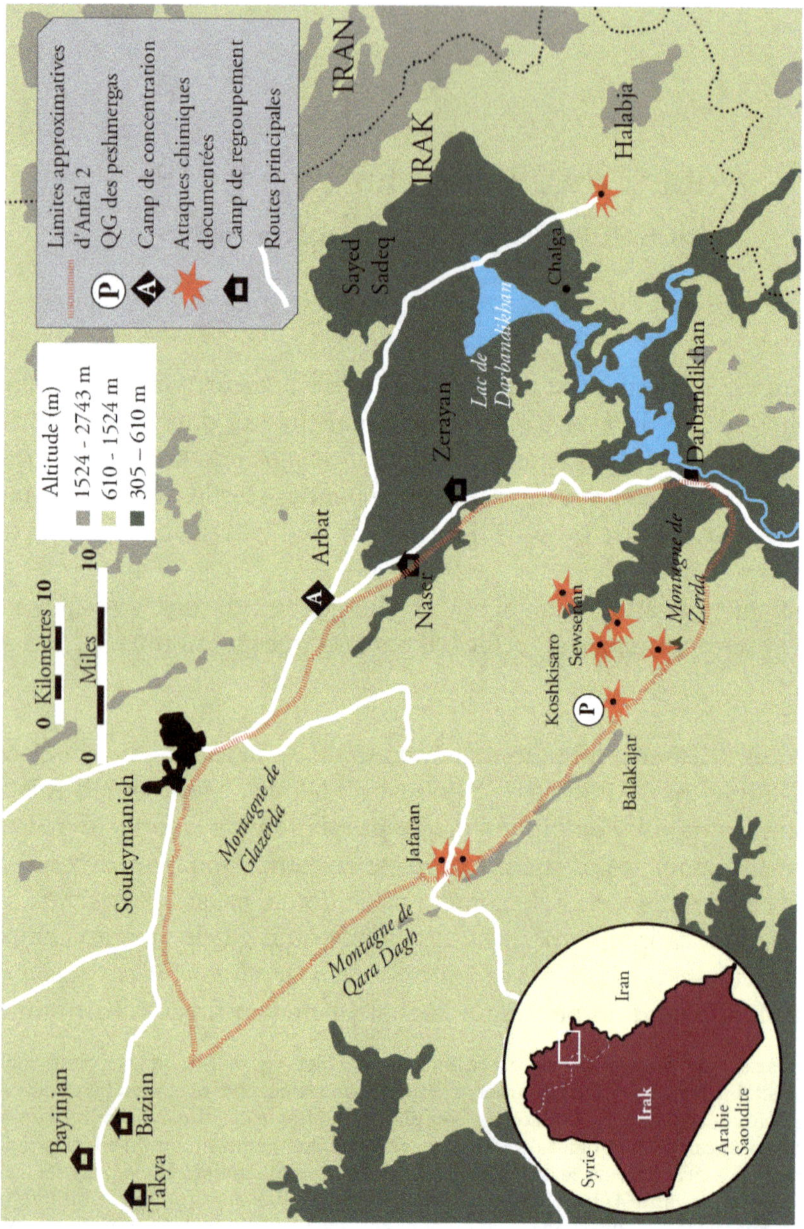

Figure 6 – Carte Anfal 2. Source *Genocide In Iraq: The Anfal Campaign Against the Kurds*. A Middle East Watch Report, Human Rights Watch, 1993. © Michael S. Miller, Rightsmaps.com. Carte adaptée par Loghman Rashidy

Seulement, il y a 60 km et dix heures de marche entre lui, ses deux femmes et ses onze enfants qu'il n'a pas vus depuis un mois, date à laquelle l'armée de Saddam Hussein a lancé l'opération Anfal, dans le secteur de Sargalo Bargalo. Le menton appuyé sur ses genoux anguleux, il laisse son esprit flotter jusqu'à sa douce région de Garmian, bien plus plate que ces montagnes qu'il avait déjà défendues comme peshmerga dans les années 60 et au début des années 70. Sur la fin, Saddam Hussein, qui n'était pas encore président, avait promis une plus grande autonomie aux Kurdes. « *Encore une promesse qu'il n'a pas tenue* », se dit Mohammad en serrant un peu plus le canon froid de sa kalache. Oui mais voilà, aujourd'hui il a 44 ans. Et s'il dépasse de près d'une tête la plupart de ses frères peshmergas, il n'est plus aussi à l'aise pour sauter de rocher en rocher et courir les sentiers avec ses grandes jambes.

Courir, tirer, se mettre à l'abri, tirer encore... Mohammad sait que c'est l'affaire de quelques heures. « *Le calme avant la tempête* », pense cet expérimenté peshmerga, ses grandes oreilles toujours aux aguets. La bonne nouvelle, c'est qu'il n'y a pas d'avion dans le ciel, mais il sait que ça ne va pas durer. Les chefs de la Résistance ont prévenu : Halabja a été bombardée le 16 mars. Le secteur de Sargalo Bargalo est calme depuis le 19 mars. Et pour cause, la plupart des villages ont été rasés. L'armée irakienne est en train de regrouper ses forces autour du barrage de Darbandikhan. Il faut s'attendre à une offensive.

18 h 55. Sur les hauteurs de la montagne Zimnako, un officier supérieur regarde sa montre. Plus que cinq minutes avant l'heure H. Dans la vallée, les lumières commencent à s'allumer dans les foyers des 25.000 Kurdes qui ont la chance de vivre à Darbandikhan. Ce n'est pas l'envie qui manque au chef des opérations de lâcher sur eux ses bombes chimiques, mais les villes ne font pas partie du plan. Ce sont les villages kurdes qu'il faut éliminer de la surface de la terre.

Les *Katiouchas* sont en position. L'officier fait un signe de la tête. Plus légères que les ogives traditionnelles, les roquettes chargées de gaz sont en place dans les fûts longs de près de 2 mètres. Les cibles sont connues des artificiers : Chalga, Sewsenan, Koshkisaro, Takya, Balakajar où il n'y a que des civils... et, au nord-ouest, Jafaran, pas très loin de la position de Mohammad et de son groupe de 45 peshmergas, ni de celle de son fils Dara, qui est en poste à trois kilomètres. Dans toutes les bases de Qara Dagh, ils doivent être 700 environ à combattre les armes à la main... contre 30 à 40.000 soldats estime Mohammad. La lutte s'annonce disproportionnée, comme à Sargalo, mais les peshmergas n'ont jamais baissé les bras.

19 heures. Le sifflement qui précède l'explosion n'est pas le même que celui des bombes qu'il a l'habitude de voir passer au-dessus de sa tête. « *Le chimique* », pense aussitôt Mohammad. Ses mains écrasent un peu plus les lobes étonnamment fins de ses grandes oreilles. S'il pouvait s'enfoncer davantage dans l'anfractuosité de la roche pour faire corps avec elle, il le ferait. Mais son dos a déjà épousé le roc qu'il s'apprête à défendre bec et ongles.

La guerre de position commence. Il faut se déplacer, pour que les pilotes des avions de chasse qui arrivent maintenant sur zone ne donnent pas d'indications trop précises aux canonniers de Darbandikhan. Et puis, il faut éviter leurs bombes aussi. Mohammad a de la chance. Le vent glacial dont il se plaignait tout à l'heure souffle de face et les bombes chimiques sont tombées dans son dos… à quelques centaines de mètres du groupe de son fils qui, lui en revanche, est sous le vent.

Dara, le portrait craché de son père. Même moustache noire, même silhouette longiligne. À 26 ans, le garçon tout en os est aussi agile qu'une chèvre des montagnes et vif comme l'éclair. Dara se tient la tête de douleur. Il n'a pas été blessé par les éclats de la bombe. Mais le champignon de fumée est retombé lentement sur son versant exposé aux vents. Ses yeux et ceux de plusieurs de ses camarades brûlent. Ceux qui, à quelques mètres près, ont été épargnés par les fumées décident de les ramener à Jafaran où ils trouvent bientôt d'autres villageois aveuglés par les bombes chimiques.

À 3 km de là, au deuxième jour de la bataille, le chef du groupe de Mohammad pense pouvoir résister une semaine, dix jours tout au plus.

– Rentre chez toi, dit-il à Mohammad. Tu as vu la bombe tomber sur la position de Dara ? Tu as la charge de deux familles. Tu sais ce que l'armée fait dans les villages. Tu dois les sauver elles maintenant. On se débrouillera.

Pas la peine d'épiloguer. Mohammad sait que son ami a raison. La ligne de défense de Sharezur va céder, c'est inéluctable.

À Jafaran, rien ne distingue sa tenue kurde du khaki des collaborateurs du régime. « *Au moins, ces rats nous permettent de passer inaperçus aux yeux des soldats* », pense Mohammad qui s'arrête net en croisant un groupe d'hommes, de femmes et d'enfants en pleurs au détour d'une rue. Parmi eux, son fils Dara. Aveugle, comme les autres. Mohammad se précipite. Au son de sa voix, Dara relève la tête et esquisse un sourire, une grimace plutôt. Il se veut rassurant.

– Rentre à la maison, papa. Ne t'inquiète pas. Tu dois aller t'occuper de mes frères et sœurs. Je vais te rejoindre dès que je pourrai.

Mohammad reprend la route le cœur lourd. À la sortie de Jafaran, il surprend quatre membres du jahsh, des traîtres, couteaux à la main, en train de s'acharner sur deux peshmergas mourants. Il détourne la tête, dégoûté. Ce n'est pas le moment de risquer sa vie. Il a ses enfants à sauver.

Dix heures plus tard, bonne surprise, la guerre n'est pas arrivée jusqu'à Kurdamir. Les réfugiés en revanche… Plus de 1000 personnes ont envahi les cours des fermes et les champs dans ce village habité en temps normal par une vingtaine de familles. Alors, la solidarité s'organise[1].

À Sewsenan, petit village tout en longueur de 500 personnes, les habitants n'ont pas eu le temps de fuir, le 22 mars 1988.

À 19 h 30, c'est la panique. Quarante projectiles viennent de s'abattre sur la vallée dans un fracas assourdissant. Gulala, une jeune Kurde de 19 ans, était en train de se préparer pour aller voir sa tante Kakaw, à l'autre bout du village. À peine plus de 400 mètres séparent les deux maisons, 400 mètres qui vont décider qui va vivre ou mourir, tout au moins jusqu'au lendemain. Les tirs de *Katiouchas* sont tombés sur la partie ouest du village adossé aux contreforts de la montagne. Gulala habite l'une des premières maisons à l'Est, route de Darbandikhan. Khasna, sa mère, laisse tomber la vaisselle à la première explosion.

– Aux abris, crie Mohemed Amin, son père.
– Mais, je ne suis pas habillée, pleure Muhabat, la petite sœur âgée de 14 ans.
– Viens comme ça, cours, rétorque vivement son père qui, comme tous les gens du village, a creusé des trous susceptibles d'abriter les siens en cas de bombardement.

À Sewsenan, rares sont les familles qui n'ont pas fourni au moins un peshmerga à la Résistance. C'est sans doute la raison de cette énième

1. Retrouvez Mohammad et sa famille dix jours plus tard, dans le chapitre suivant.

tentative de raser le village. Mais au moment de sortir, Osman, le voisin, déboule dans la maison, l'air affolé.

– N'allez pas aux abris. Vous allez mourir là-dedans. Ils bombardent au chimique et le gaz descend. Fuyez par la montagne, finit de crier Osman, déjà reparti en courant.

Gulala le suit mais, contrairement à lui, elle s'arrête au bout du jardin et regarde vers l'ouest. La fumée blanche commence à se dissiper quand elle réalise que les bombes sont tombées tout autour de la maison de sa tante. Elle s'élance vers la maison martyrisée, suivie par ses deux frères et sa petite sœur. Par chance, elle n'a pas mis de robe kurde. Elle est donc plus à l'aise pour courir. Mais la nuit commence à tomber. Elle se blesse jusqu'au sang en se tordant la cheville dans un trou creusé sur la route par un éclat d'obus. De la poudre blanche tapisse le fond et souille sa plaie. Très vite, du pus dégouline de façon continue de sa blessure. La tension est tellement grande qu'elle n'y prête pas attention et repart en trainant un peu la jambe. Chez Kakaw, surprise. La maison n'a rien. Mais une fois à l'intérieur, Gulala découvre sa tante et son oncle sur le lit, la bave aux lèvres. Un râle fait bouillonner la mousse de façon très inquiétante.

– Ils vont mourir. On ne peut rien faire pour eux. Allons voir les voisins, avertit aussitôt la courageuse jeune femme.

Dehors, elle tombe sur des peshmergas descendus de la montagne pour porter secours aux habitants de Sewsenan. Ils se répartissent les maisons avec d'autres rescapés et frappent à chaque porte. Derrière certaines, Gulala trouve des gens déjà morts. Ici, c'est un homme qui s'est écroulé dans sa douche. Là, une famille entière décimée alors qu'elle était en train de manger. Mais la jeune femme trouve aussi des gens blessés. Avec ses frères, elle aide à les transporter sur les deux tracteurs du village. « Malband », le QG régional des peshmergas de l'UPK, est à trois kilomètres. Ils trouveront un médecin là-bas.

Les peshmergas font deux allers-retours pour évacuer tous les blessés. Pendant ce temps, ceux qui peuvent marcher commencent l'ascension de la petite montagne qui coupe les maisons du vent. Parmi eux, Fariq, 26 ans, et sa femme Aïcha, 22 ans, qui porte son fils Dler, âgé de deux mois. Ils n'habitaient pas très loin de chez Kakaw, à l'ouest du village. Fariq se demande pourquoi ils ont survécu et pas leurs voisins. Il ne remarque pas tout de suite la chute d'Aïcha qui a fini par s'évanouir à cause du gaz respiré plus bas. Ne la voyant pas arriver au replat suivant, il fait marche arrière et la trouve inanimée. Fariq secoue son épouse qui revient à elle doucement. Elle n'y voit plus rien ; c'est la panique.

– Où est mon bébé ? hurle la jeune maman.

Dler a roulé dans la pente lorsque sa mère est tombée. Il fait trop noir pour le chercher. La mort dans l'âme, Fariq attrape Aïcha sous les aisselles et l'aide à grimper jusqu'au sommet.

Pour la famille de Gulala aussi, la fuite est propice aux idées noires. Les parents et les plus jeunes ont dit au revoir à Adib, le fils aîné, parti rejoindre le camp du « Malband » pour combattre. « *Soixante-huit morts. Pourquoi, pourquoi ?* » ne cesse de se répéter Gulala pendant la montée. Les peshmergas ont donné un coup de main pour l'enterrement. Rahim, un des leurs, originaire de Penjwin, faisait partie des victimes. Mais à côté de lui, « *il y avait soixante-sept civils* », ressasse Gulala, révoltée par un tel carnage. Sa famille a attendu 1 h 30 du matin, que tout le monde soit évacué, pour partir en dernier, ou presque. Et maintenant, Mohemed pense au bétail, mort asphyxié ; aux semis de blé, pollués par les gaz… « *Nous reviendrons et nous replanterons* », veut croire celui qui paraît déjà vieux à l'aube de sa soixantième année. Comme les autres, il est parti avec les vêtements qu'il portait sur lui, rien de plus. « *Au moins, j'ai sauvé l'essentiel, les papiers d'identité. Maudits papiers irakiens* », enrage Mohemed tout en ouvrant la voie en direction de Koshkisaro, distant de cinq kilomètres.

À Koshkisaro, les rescapés de Sewsenan ne sont pas les seuls Kurdes à fuir les bombes chimiques. Au petit matin, il n'y a pas assez des six fours à pain du village pour nourrir tout le monde. Mohemed décide de pousser jusqu'à la montagne de Darban Faqra, dont il juge la nature hostile plus sûre pour échapper à l'armée irakienne. Mais un peshmerga lui conseille d'attendre le soir et de marcher de nuit pour ne pas attirer l'attention. Il avise un creux d'1 m^2 dans la roche. Tous s'y blottissent en attendant le crépuscule.

La famille de Fariq, elle, a trouvé refuge au camp des peshmergas où ont été transférés les blessés. Le lendemain du bombardement, Aïcha, sa femme, est examinée par un médecin. Elle n'y voit toujours rien, mais elle est surtout effondrée par la perte de son fils qu'elle pense mort dans la coulée de pierres, au-dessus du village. Le docteur lui donne un calmant. Rien n'y fait. Elle est inconsolable.

Le soir, à quatre km de là, Mohemed donne le signal du départ à la nuit tombée. Arrivé à la première source, le père de famille demande à sa femme et à ses enfants de faire silence. Devant, il y a deux bergers avec leur troupeau. Ils les ont vus. Angoisse. Le plus jeune s'avance vers la famille paniquée. Elle ne peut faire confiance à personne. Certains bergers sont des indicateurs de « *ces ânes du Jahsh* », comme il surnomme les traîtres kurdes. De quel côté penchent ceux-là ?

– Ever bash, bonsoir. Vous venez de Sewsenan ?
– Pourquoi cette question ? demande Mohemed, méfiant.
– Comme ça ! Au cas où vous auriez l'idée de continuer votre promenade de nuit sans chaussure jusqu'à Nasr. L'armée est déjà là-bas.

Blanc de Mohemed qui regarde à tour de rôle ses pieds nus et sa femme sans trop savoir quoi dire.

– Si vous voulez aller là-bas pour rejoindre Souleymanieh après, je peux vous aider reprend le berger. Il vous suffit d'avancer accroupis au milieu des moutons. De toute façon, tout le secteur est cerné par les militaires, c'est votre seule chance.

Khasna tire son mari à l'écart par la manche.

– On n'a pas le choix. Il faut lui faire confiance, chuchote la mère de famille.
– Hum ! D'accord, on vous suit, poursuit Mohemed plus fort.

À l'aube, le troupeau sort du couvert de la forêt et s'avance à la vue de tous, encadré par les deux bergers.

– Et s'ils nous dénoncent, risque Gulala à voix basse, les jambes suffisamment fléchies pour que son dos ne dépasse pas celui des moutons.
– Je vous ai entendue, lance le plus jeune berger tout en guidant ses bêtes de la voix. Non, je ne vais pas vous dénoncer ni vous abandonner. Je vous amène chez moi.
– On est déjà mort, traduit Mohemed, complètement découragé.
– Silence ! répond sèchement le jeune moustachu. Patrouille à cent mètres, au nord-ouest de notre position.

Les minutes suivantes sont interminables et douloureuses pour les genoux. Mais une demi-heure plus tard, ils arrivent aux portes du village sans avoir été arrêtés. Le berger a tenu parole. Il conduit les bêtes dans l'enclos, près de chez lui, et ouvre sa porte à cinq mètres. Mohemed et sa famille se faufilent à l'intérieur où ils sont enfin en sécurité.

Quasiment au même instant, Ahmad, un oncle de Gulala, et son fils Sediq profitent de la lumière hésitante de l'aube pour se glisser juste au-dessus du village de Sewsenan sans être vus. Les anfractuosités du relief les ont bien aidés mais elles compliquent aussi la recherche d'éventuels survivants. Soudain, des pleurs attirent leur attention. Le son les guide jusqu'à un tout petit bébé emmailloté dans un tissu traditionnel kurde. Sediq le prend dans ses bras et il remonte aussitôt avec son père jusqu'au sommet de la montagne pour redescendre vers un autre village qui n'a pas été touché par les bombardements. Tous les deux amènent le bébé à Ismat, une grand-tante qui a perdu ses cinq enfants dans le bombardement de Sewsenan. Elle reconnaît de suite Dler, le fils de son neveu Farik. Mais ne sait pas si les parents sont en vie ou s'ils ont réussi à fuir.

Une semaine après, la famille de Mohemed récupère de la pire semaine de sa vie chez des cousins, à Souleymanieh. Le berger a payé les places dans le bus jusqu'à la deuxième plus grande ville kurde du pays, à cinquante minutes de chez lui. Eux sont en sécurité. Leur village a été rasé, comme tous ceux du périmètre Anfal 2.

Aïcha et Farik ont aussi pu rejoindre Souleymanieh où une heureuse surprise les attend. Tante Ismat a enfin retrouvé leurs traces grâce à des voisins qui se sont renseignés pour elle. Le 31 mars, dix jours après le bombardement, ils retrouvent leur bien-aimé Dler[1]. Aïcha est toujours aveugle et le restera. Dler semble avoir un problème à un œil et sa jambe droite est encore boursoufflée à cause des brûlures dues au gaz. Mais ils sont vivants et ensemble.

Le lendemain, le Bureau Nord déclare le nettoyage ethnique de la zone Anfal 2 terminé.

1. Dler est devenu fonctionnaire du service d'électricité, un emploi réservé en sa qualité de victime d'Anfal. Quelques années après le bombardement chimique de Sewsenan, des médecins ont considéré que son nanisme était dû à la combinaison des gaz et de sa chute dans la montagne, la nuit du 22 au 23 mars 1988. Il est aveugle de l'œil droit et très handicapé par sa jambe droite qui le brûle encore, des années après.

XI

Anfal 3 du 7 au 20 avril 1988
La solution finale à grande échelle

Le 3 avril 1988, deux jours après la fin de l'opération Anfal 2, il ne reste que cinq peshmergas dans le coin où combattait Mohammad Rosta[1]. Les survivants amènent avec eux 49 civils et quelques combattants blessés. Ils les escortent jusqu'à l'aride région de Garmian qui va être le théâtre de l'opération Anfal 3 sur un territoire quatre à cinq fois plus grand que celui de la région de Qara Dagh, visée la dernière semaine de mars. Mais ça, ils l'ignorent encore. Dara, le fils de Mohammad, est parti un peu avant avec deux amis qui le guident sur le chemin caillouteux. Ses yeux brûlent toujours. Le moindre rayon de soleil sur ses pupilles est pire qu'un fer rouge chauffé à blanc. Mais lorsqu'il porte ses deux mains en protection autour de ses yeux gonflés, il arrive à voir flou quelques secondes entre ses cils gluants.

À Kurdamir, il est accueilli par les hurlements de joie de sa mère qui le serre très fort dans ses bras. Akhtar est loin d'imaginer que, bientôt, elle ne le reverra plus.

7 avril 1988. L'armée de Saddam vient de lancer son offensive sur la région de Garmian. La guerre est aux portes de Kurdamir. Il faut partir, encore. Le soir, toutes les remorques du village débordent de meubles, derrière des tracteurs fatigués. La fumée âcre qu'ils dégagent est loin d'être la préoccupation majeure de Mohammad.

– Il faut se séparer pour ne pas offrir une cible facile à l'armée, prévient le chef du clan.

Les sages du village acquiescent. Les vingt familles originaires de Kurdamir décident finalement d'aller à Sarnawae, à douze km de là.

---

1. Voir chapitre précédent.

Anfal 3 (Nord)

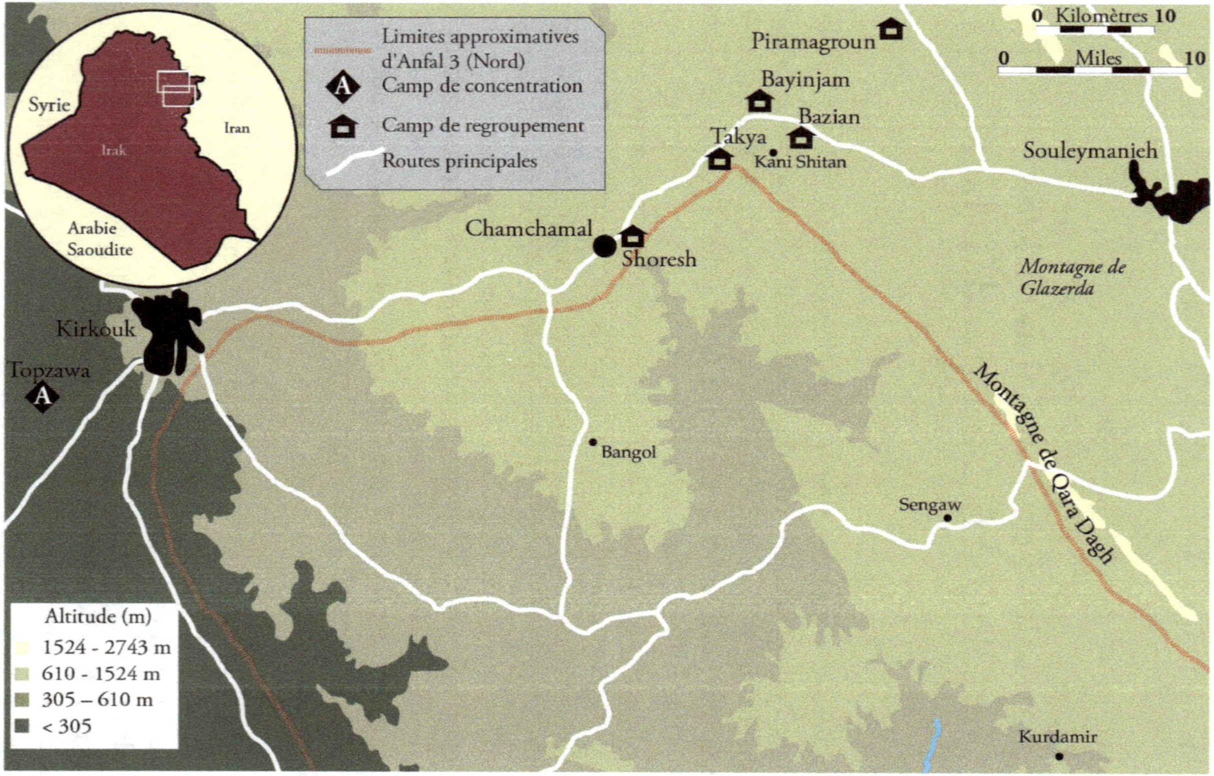

Figure 7 – Cartes Anfal 3 Nord et Sud. Source *Genocide In Iraq: The Anfal Campaign Against the Kurds*. A Middle East Watch Report, Human Rights Watch, 1993. © Michael S. Miller, Rightsmaps.com. Carte adaptée par Loghman Rashidy.

Anfal 3 (Sud)

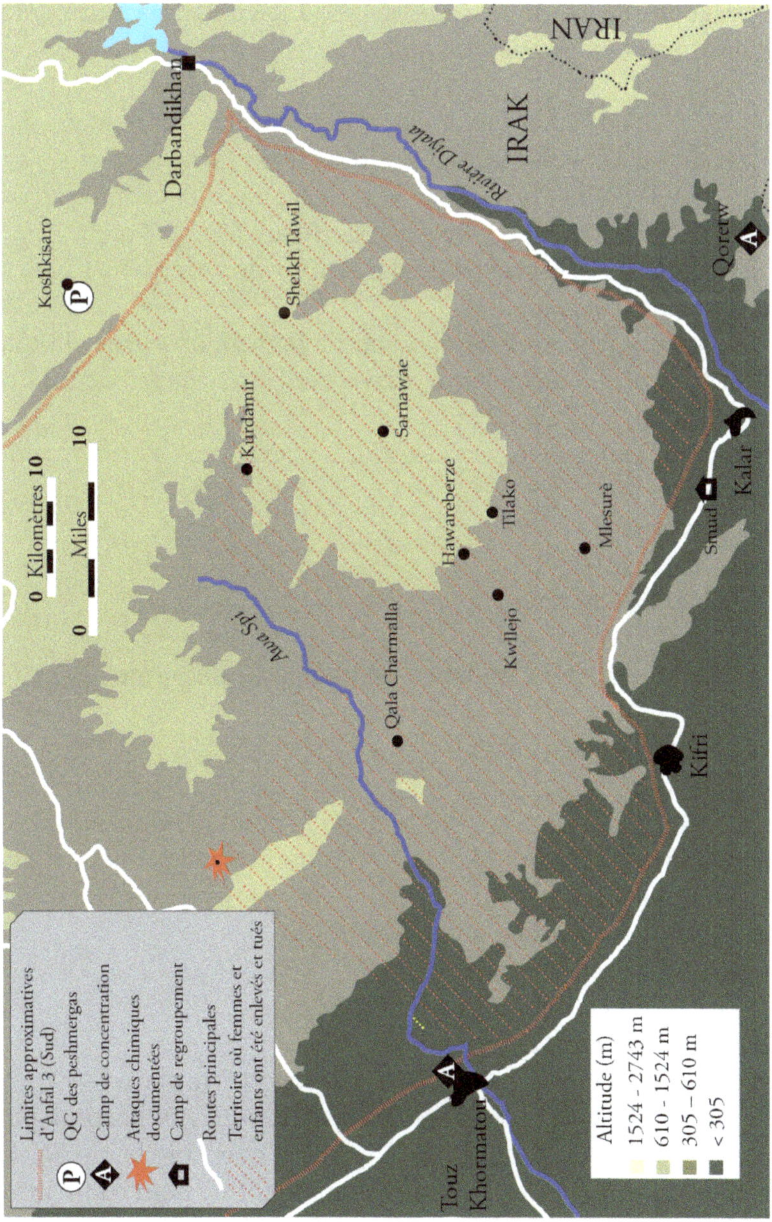
Koshkisaro
Darbandikhan
Sheikh Tawil
Kurdamir
Sarnawae
IRAK
IRAN
Rivière Diyala
Qoretw
Kalar
Tilako
Hawareberze
Mlesurê
Kwllejo
Qala Charmalla
Awa Spi
Kifri
Touz Khormatou
0 Kilomètres 10
0 Miles 10
Limites approximatives d'Anfal 3 (Sud)
QG des peshmergas
Camp de concentration
Attaques chimiques documentées
Camp de regroupement
Routes principales
Territoire où femmes et enfants ont été enlevés et tués
Altitude (m)
1524 - 2743 m
610 - 1524 m
305 – 610 m
< 305

Akhtar prend le petit dernier dans ses bras. Fière de ses racines, elle l'a appelé Garmian. Il a un an et de jolies mèches noires. C'est surtout le onzième enfant de Mohammad ; son rayon de soleil dans la tourmente. Son plus grand sujet d'inquiétude aussi.

Le 8 avril, arrivées à Sarnawae, les vingt familles apprennent que Kurdamir a été rasé la veille par les bulldozers de l'armée.

- Ils vont faire la même chose ici, ne vous faites pas d'illusions, soupire Dara en caressant la tête de son fils Mariwan, âgé de 8 mois.
- Qu'est-ce qu'on va devenir, demande Shwan, son petit frère, le troisième fils de la fratrie.
- On va s'en sortir, assure Mohammad avant de détourner la tête en direction d'un tracteur qui arrive vers eux, chargé de quatre peshmergas.
- Bonjour Mohammad, ça va la santé ? La famille, ça va ? demande le plus âgé.
- Ça va. Et vous, ça va ?
- Ça va.
- Qu'est-ce qui vous amène ?

Le plus âgé des quatre résistants, un peu gêné, détourne le regard vers Dara.

- Et toi Dara, ça va les yeux ?
- Je serre les dents.
- Est-ce que tu peux les serrer les armes à la main ?
- Noooooon, crie aussitôt Akhtar. Je t'ai porté pendant neuf mois. Tu es à nouveau comme un enfant avec tes yeux blessés ! Regarde, nous sommes obligés de t'aider pour tout.

Puis, tournée vers les quatre peshmergas…

- Vous n'allez pas nous le reprendre !
- C'est qu'on manque de bras. On a eu beaucoup de pertes.
- Dara, intervient Mohammad les larmes aux yeux. Tu ne peux pas y retourner. Tu as été touché par les gaz. Tu es encore faible. Reste avec nous, mon fils. Tu ne seras pas assez en forme pour combattre. S'il te plaît, ne t'en va pas.

Dara est déjà debout. Il embrasse Mariwan sur le front et le donne à sa mère.

– Papa, avec mes yeux, je ne serai pas en état de travailler pour nourrir ma famille. Alors qu'avec mon arme, je peux peut-être vous aider à gagner du temps pour fuir encore.

Les épaules basses, Dara attrape sa kalache et prononce ses dernières paroles, articulant chaque mot comme s'il voulait que la phrase ne finisse jamais : « S'il vous plaît, faites attention à mon fils. »

Toute la famille est en larmes, y compris Khazna, sa belle-mère, et Mohammad, pourtant pas du genre à montrer leurs émotions tous les deux. Tous raccompagnent Dara jusqu'au tracteur dans lequel les cinq peshmergas montent sans se retourner. Au fond d'eux, ils savent qu'ils ne reviendront pas.

Trois jours. Mohammad et sa famille ne restent pas plus de trois jours à Sarnawae. Un temps consacré essentiellement à chercher Dara. En vain. Behe, une vieille tante, est venue les avertir au lendemain de son arrivée.

– Dara et son groupe n'ont pas pu résister plus de 24 heures dans les combats à Sheikh Tawil. Ils se sont dispersés. Je l'ai vu qui se cachait dans les ruines à Kurdamir. Il m'a demandé de vous avertir ; il a besoin de nourriture.

Mais, entre-temps, le passage d'une patrouille irakienne a obligé Dara à fuir de nouveau. Tandis que sa mère et son frère Shwan le cherchent à Kurdamir, il arrive à Kwllejo[1] où il espère se mêler aux réfugiés. Mais il passe difficilement inaperçu avec ses yeux toujours gonflés à cause des gaz chimiques respirés le 22 mars. Très vite, il est repéré par Tayer, un des collaborateurs kurdes les plus zélés du régime baasiste. Tout le monde s'en méfie dans le camp. Hélas, Dara ne le connaît pas. Il croit Tayer lorsque ce dernier lui dit qu'il va le faire passer pour un civil, au dispensaire. Deux heures plus tard, le traître regarde de loin l'arrestation du jeune peshmerga. Dans le camion des services de renseignements irakiens, il y a déjà onze autres rebelles qu'il a aussi dénoncés pour quelques dinars… onze rebelles, dont cinq de ses cousins. Nul ne reverra jamais les douze résistants.

Mohammad et sa famille ignorent tout de cette trahison lorsqu'ils arrivent au camp de Kwllejo le lendemain, de nouveau poussés sur les

1. Kwllejo : Kulajo en anglais. Prononcer Couoléjo en français.

chemins de l'exode par les bombardements qui se sont rapprochés de Sarnawae, à cinq km de là.

Préoccupé à l'idée que Dara se terre quelque part, seul et sans nourriture, Mohammad ne fait pas attention aux rumeurs qui bruissent dans le camp. Il est dans la gueule du loup et il ne le sait pas encore. C'est un autre traître, Hamasalih, un des chefs de la collaboration dans le secteur, qui va lui permettre d'en sortir. Mohammad le croise au détour d'une rangée de tentes. Ils se connaissent depuis plusieurs années. Hamasalih sursaute, étonné de le voir là. Il a du respect pour cet homme qui a eu le courage que lui n'a pas eu quand les baasistes ont commencé à dénier les droits les plus élémentaires aux Kurdes. Courber l'échine pour survivre, c'est ce qu'il a fait toute sa vie. Mais aujourd'hui, il sait ce qui va arriver. Il sait qu'avec son passé de peshmerga, l'homme qui se trouve devant lui court directement à la mort s'il reste quelques heures de plus à Kwllejo.

Hamasalih jette des regards inquiets autour de lui. Les mots, parfois incomplets, se précipitent enfin sur ses lèvres charnues. Mohammad comprend que sa famille court un grand danger. Hamasalih est en train de lui expliquer que les Arabes ont décidé de déporter tous les Kurdes de la région. Le tri des réfugiés ne va pas tarder à commencer.

Hamasalih regarde sa montre nerveusement. Il a l'air d'hésiter. Puis murmure doucement dans l'oreille de Mohammad.

– Dis à ta famille de se tenir prête. Je vous retrouve dans une heure derrière votre campement. Prenez le minimum d'affaires, je vais vous faire sortir de la ville dans mon *pick-up*. Après, je ne vous connais plus. Mais si vous arrivez jusqu'à Kalar, alors je pourrai de nouveau vous aider.

Mohammad rebrousse chemin en pensant à Dara. « *Comment est-ce qu'il va nous retrouver si on part encore ?* »

Hamasalih roule feux éteints dans la nuit noire. Il s'arrête enfin derrière le sommet de la colline qui surplombe Kwllejo. Treize silhouettes fatiguées descendent du véhicule. « Ne vous approchez plus de la ville. Anfal va frapper durement les Kurdes ce soir, ici. Allez plutôt au camp de Smud[1]. Vite, le temps presse ! »

Hamasalih repart sur les chapeaux de roue sans dire au revoir. Ses pneus dérapent sur le chemin de terre. En deux coups de volant, le conducteur pressé retrouve sa trajectoire. Akhtar lui tourne déjà le dos

1. Smud ou Smwd : prononcer Smoud. Mot arabe signifiant Résistance.

pour regarder la succession de collines qui la séparent de Smud. Des fantômes plus noirs que la nuit. Un frisson lui parcourt l'échine. Elle serre son fils Garmian dont elle devine le sourire au clair de lune. Au soir du 14 avril 1988, la nuit la plus terrible pour les Kurdes de la région commence. Elle sera aussi son pire cauchemar.

Mohammad a donné le signal du départ il y a quelques heures déjà quand Akhtar butte sur une pierre. Dans sa chute, la jeune maman lâche Garmian qui roule, tel une poupée de chiffon, quinze mètres plus bas. Un hurlement déchire la nuit. Garmian gît inconscient, en sang. Il décèdera le lendemain. Mais pour l'heure, Akhtar est abattue. Incapable d'avancer. Et Hamasalih a dit qu'il fallait partir vite. Vu l'état de Garmian, Mohammad comprend que son fils n'a aucune chance. Mais il doit sauver ses neuf frères et sœurs, dont Jyan, la dernière, âgée de 2 ans. Décision est prise. Akhtar va tenter de trouver du secours à Kwllejo, où il reste ses cinq beaux-frères, sa sœur et leurs enfants. Quant à Mohammad, c'est le cœur lourd qu'il repart dans la nuit avec Khazna, sa seconde épouse, et ses enfants qui pleurent tous sans rien dire pour ne pas aggraver la tristesse de leur père.

Le 15 avril, Akhtar n'arrive pas à lâcher son enfant mort. Elle se balance frénétiquement d'avant en arrière devant la tente de sa belle-famille. Consent enfin à laisser Garmian qui est aussitôt enveloppé dans un drap blanc. Ses oncles ont à peine le temps de l'enterrer que, déjà, les militaires les poussent dans la file avec des milliers de Kurdes qui attendent de monter dans des camions en partance pour Qoretw[1]. Mais ça, tous l'ignorent encore.

Officiellement, ils vont être conduits dans la ville de Kalar où ils disposeront de logements plus adaptés à des conditions de vie décentes. Officiellement seulement. Car Ali le chimique prépare un tout autre avenir aux Kurdes qu'il compte bien voir disparaître de toutes les terres arables au nord du pays, comme il l'explique le jour-même aux gouverneurs de la région Nord[2] : « *Tout ce bassin, de Koysinjaq à ici [Kirkouk], je vais l'évacuer. Je l'évacuerai jusqu'à Gweir et Mossoul. Aucun être humain, sauf sur les routes principales. Pendant cinq ans, je ne permettrai aucune existence humaine là-bas. Je ne veux pas de tomates, je ne veux pas de gombos et de concombres. Si nous n'agissons pas de cette manière, les activités des saboteurs ne cesseront jamais, pas avant un million d'années. Ce ne sont que*

1. Voir cartes en tête de chapitre et en annexe.
2. Le compte rendu de cette réunion a été retrouvé dans les archives du régime en 1991.

des indications, mais avec l'aide de Dieu, nous les appliquerons très bientôt, dans pas plus d'un mois à partir de maintenant. En été, il ne restera rien. »

Mais ce vendredi, l'heure est au regroupement dans des camps de concentration. Dans le véhicule militaire où se trouvent déjà des Kurdes de Mlesurê[1], le confort est plus que précaire. Tandis qu'à quelques kilomètres de là, Mohammad a laissé ses enfants et sa deuxième épouse à des proches, dans le camp de Smud, pour aller se cacher dans les montagnes, Akhtar se concentre sur son nouvel environnement pour ne pas penser à son fils. Ils sont une cinquantaine, entassés comme du bétail, à l'arrière du camion débâché qui rend les rayons du soleil d'autant plus brûlants. Les yeux encore gonflés, Akhtar écarte d'un air gêné un homme venu se coller contre sa robe kurde très colorée. Les bras en cercle devant elle, elle tente d'élargir son espace vital. À quatre km de Kwllejo, un virage pris un peu trop serré par le chauffeur l'envoie malgré tout dans les bras d'un de ses beaux-frères.

- Ils prennent la route de Qoretw, observe ce dernier. Ça veut dire qu'on ne va pas à Kalar ; ce n'est pas bon signe ça. Écoute Akhtar, si tu veux retrouver tes enfants, il faut que tu sautes. Sauve-toi.
- Mais je vais me tuer ; le camion roule trop vite.
- Non, on arrive à un virage en « S » à 500 mètres. Je connais la route. Le conducteur est obligé de ralentir. Tu peux le faire. C'est ta seule chance de revoir tes enfants.

Akhtar a déjà perdu Garmian. Il est hors de question que les baasistes l'empêchent de revoir ses frères et sœurs. Le conducteur rétrograde. Elle enjambe une jeune mère de famille qui lui souhaite « bonne chance », et saute sur la route au début du virage. Le camion suivant pile. Trois militaires en descendent et infligent un passage à tabac en règle à la fugueuse qui simule un évanouissement. Persuadé qu'elle est déjà morte, un des soldats la pousse du pied dans le fossé, sous le regard horrifié des beaux-frères d'Akhtar qui étouffent des sanglots tandis que les camions repartent.

La campagne est de nouveau silencieuse. Encore rempli d'eau depuis les pluies de la semaine dernière, le fossé offre un triste spectacle à Akhtar. Elle a du mal à se reconnaître dans le reflet boursouflé que lui renvoie l'eau croupie. Son œil gauche est fermé. Du droit, elle inspecte ses poignets bleus, tâte ses côtes douloureuses. L'une d'elle forme une étrange virgule au-dessus de son foie, mais elle est en vie et bien décidée à tout faire pour revoir ses enfants.

---

1. Mlesurê ou Mlesura : prononcer Mlessouré.

Il lui faut une heure pour rejoindre Kwllejo en claudiquant. À l'approche du camp, elle trouve une famille kurde avec laquelle elle avait noué une relation amicale sur les routes du malheur. Elle explique ce qui s'est passé. Tous décident de partir sur le champ. À Kalar, après quinze km de marche dans la plaine encore verte à cette période de l'année, les amis d'Akhtar lui proposent de venir avec eux chez des cousins, le temps pour elle de se remettre de ses blessures.

Un mois après, la nouvelle parvient aux oreilles de son mari Mohammad[1], qui se cache lui aussi à Kalar. Après avoir laissé ses enfants et sa deuxième épouse entre de bonnes mains, à Smud, il a reçu assez de nourriture des bergers pour rejoindre la préfecture de la région où il a retrouvé Hamasalih, le traître qui les avait tous aidés à quitter Kwllejo.

– Il m'a caché pendant trois jours dans sa cave. Et après, je suis allé chez Bakir Ali, un officier de l'armée de Saddam qui est contre ce que les siens font aux Kurdes, explique Mohammad en serrant Akhtar dans ses bras, tout à sa joie de la retrouver.

Plus tristement, il lui apprend aussi que Dara a été vendu par Tayer aux services de renseignement irakiens. Akhtar sait ce que ça veut dire. En même temps, son mari est vivant, devant elle. Elle soupire…

– Un traître kurde nous a sauvés. Un autre a condamné mon fils aîné. Et maintenant, voilà que je te retrouve dans la maison d'un officier irakien qui te protège. Ce monde est dirigé par des fous sanguinaires, mais il y a encore des gens qui ont une conscience. Il y a donc de l'espoir pour les Kurdes, Inch' Allah !

***

– Aaaaah, une higtoire qui finit gbien ! J'aime gbien, applaudit Snur, confortablement installée sur sa chaise de jardin, tandis que le soleil est encore haut et que les ouvriers commencent la pause du carrelage dans sa nouvelle maison.
– Oui, hein, sourit Kavout ! Les Arabes n'étaient pas tous des hommes sans cœur ni les Kurdes des saints.
– J'ai interviewé d'autres rescapés qui ont été aidés et parfois sauvés par des Arabes pendant Anfal 2 et Anfal 3, période au cours de

1. Mohammad a perdu 24 membres de sa famille lors de la déportation de Kwllejo, dont son fils Dara et ses cinq frères qui étaient dans le camion d'où s'est évadé sa femme Akhtar.

laquelle les déportations et la vie concentrationnaire ont commencé à fonctionner à plein régime, intervient Nergiz.

- Tu gpeux ragonter ? demande Snur par l'entremise de Kavout.
- Oui, mais je te préviens, pour un dénouement heureux, il y en a des dizaines très tristes à côté. Tu veux vraiment tout savoir ?
- Heu… oui, finit par répondre Snur après une longue inspiration suivie d'un petit temps d'hésitation.
- Alors ferme les yeux et imagine que tu es à Qala Charmalla, un village très pauvre où vivent trente-cinq familles, à quarante km de Kalar. Il n'y a que deux peshmergas dans ce village pas très porté sur la guérilla. Les 200 habitants vivent de l'agriculture et de l'élevage. Parmi eux, Amina, 33 ans, et son mari Khwrshid. Ils ont sept enfants, trois garçons et quatre filles : Awat, la plus âgée, a 10 ans et Bestwun, le plus jeune, 8 mois.

***

Le 9 avril 1988, un hélicoptère survole le village. En équilibre sur le patin, un soldat tient un drapeau blanc. Il fait signe aux villageois de se rendre aux autorités à Kalar. Amina et les autres ont entendu dire que le gouvernement avait lancé une vaste offensive dans la région. Il paraît que l'armée détruit les villages et regroupe la population dans les grandes villes afin de couper les peshmergas de tout soutien. Le soir-même, les sages décident qu'ils n'ont pas d'autre choix qu'obéir.

Amina prépare quelques affaires avant de jeter un œil à son visage fatigué dans la glace fêlée suspendue à la fenêtre, au-dessus de l'évier. Le trait vertical noir qui divise son menton en deux a l'air plus net que son reflet, mais les étoiles tatouées de part et d'autre comme le soleil stylisé qui entoure sa fossette depuis l'enfance n'éclairent plus son chemin depuis longtemps.

À l'instar de beaucoup de femmes de Garmian, Amina porte fièrement son tatouage traditionnel. Ce qui n'empêche pas les temps de changer. Afficher sa culture kurde est encore plus mal vu que lorsqu'elle était adolescente. La mort dans l'âme, dans la soirée, elle demande à Sherzad, son fils aîné âgé de 8 ans, de venir.

- Écoute, Sherzad, tu es grand maintenant, lui dit son père. On a besoin que tu amènes les bêtes en lieu sûr, à Kalar. Évite les routes, cache-toi quand tu vois des soldats. On te rejoindra avec tes frères et sœurs dès que la situation se sera calmée, d'accord !

– Oui, ne t'inquiète pas, papa. J'y arriverai, répond fièrement le jeune garçon en bombant le torse tandis que sa maman retient ses sanglots.

Le 10 avril à 7 h 30, trois heures après le départ de Sherzad, les 200 habitants de Qala Charmalla prennent la direction de Mlesurê, à trois jours de marche de là. Des milliers de Kurdes de la région s'y trouvent déjà. Ceux de Qala Charmalla arrivent le 13, une heure après les habitants d'Hawareberze parmi lesquels se trouvent, Taimour, 12 ans, ses trois sœurs et leurs parents, Abdullah et Sarah.

Les enfants s'inquiètent tandis que les grandes personnes discutent de l'opportunité d'aller ou non à Kalar. Mais les risques de guerre alimentent aussi les conversations des plus jeunes qui se rassurent comme ils peuvent.

– À Qala Charmalla, les soldats sont arrivés le 9 en hélicoptère, mais ils avaient un drapeau blanc, raconte Awat, une des filles d'Amina.
– À Kwllejo, où on a fui la première fois, tout le monde a sorti des drapeaux blancs pour montrer qu'on ne voulait pas se battre avec le gouvernement. Mais les soldats nous ont obligés à venir ici. La seule différence, c'est que les traîtres nous ont laissés amener un peu de nourriture, c'est tout, rétorque Taimour, le regard dur sous son épaisse chevelure noire.

Pendant ce temps, Amina tente de convaincre les anciens. Tous ces hélicoptères qui tournent au-dessus des déplacés ne lui disent rien de bon.

– On est à 40 minutes de Kalar. On sera mieux là-bas qu'ici. Dans une grande ville, ils ne pourront rien nous faire, assure-t-elle.

Mais soudain, après le bruit des hélicoptères dans le ciel, ce sont les chenilles des tanks qui grincent sur les collines, autour de Mlesurê. Les enfants qui jouaient dehors s'éparpillent comme des moineaux. Certains courent se réfugier dans la mosquée, d'autres dans les cours de ferme ou entre les roues des tracteurs encore chargés d'un enchevêtrement de meubles imbriqués les uns dans les autres. Awat risque un œil, sous la remorque. Les soldats se sont arrêtés au sommet de la colline. Quant à tous ces hommes qui descendent…

– Ahhh, les traîtres du Jahsh !

Un frisson la saisit, comme il saisit sa mère qui les a vus arriver elle aussi. Amina décide malgré tout de rester avec les anciens car c'est avec eux que les mustashars vont engager la discussion, à n'en pas douter.

– Bonjour. Comment allez-vous ? Vous allez bien ? Et la famille, ça va ?

« *Mmh, ce sont des traîtres, mais ils n'en sont pas moins Kurdes* », sourit Amina intérieurement. La suite de la conversation avec le chef du village contribue à la détendre encore plus.

– Ne craignez rien, nous sommes là pour vous aider. On a demandé à l'armée de nous laisser faire. Si vous ne faites pas d'histoire pour nous suivre à Kalar, ils n'interviendront pas, assure le plus petit des Jahshs. C'est dans votre intérêt. Il n'y a pas la place de tous vous accueillir à Mlesurê. La région doit être vidée de toute façon. Ce sont les peshmergas qu'ils traquent, pas vous. À Kalar, vous serez logés dignement.

Les anciens parlementent longtemps. Amina n'y tient plus.

– Il faut y aller, ce sera mieux pour les enfants, pense sincèrement la jeune mère qui ne veut pas croire que l'armée fera quoi que ce soit à des familles qui n'ont jamais rien fait d'autre que cultiver leur terre.
– Et on peut prendre nos meubles, demande un ancien ?
– Plus tard, vous pourrez revenir les chercher. Il y a déjà le minimum pour vous installer à Kalar. Mais dans une heure, tout le secteur va grouiller de soldats. Vous reviendrez quand le « nettoyage » sera terminé. Alors, vous pourrez vous installer comme vous le souhaitez.
– Mmh, laissez-nous quelques minutes.

Les anciens de plusieurs villages se réunissent dans un coin de la mosquée et échangent à voix basse pendant quelques instants quand, finalement, le plus vieux de tous revient sur ses pas au rythme où veut bien le porter sa canne.

– C'est d'accord, finit par lâcher le vieil homme. On vous suit.

Tout heureuse, Amina sourit à son petit Bestwun qui n'a pas quitté ses bras depuis qu'elle est arrivée de sa longue marche. Elle se précipite dehors et tente de se faire entendre dans le brouhaha des mères qui cherchent leurs enfants. Awat sort son museau de dessous la remorque, suivie par ses deux frères et ses trois sœurs. Khwrshid, leur père, a compris qu'il ne pourrait rien amener, mais Amina n'entend pas partir sans son agneau préféré qu'elle entoure de son bras libre de façon presqu'aussi maternelle qu'elle porte Bestwun. Et voilà la famille partie, tête basse, à l'assaut de cette colline bientôt recouverte par plusieurs centaines de naufragés d'une guerre civile qui ne dit pas son nom. C'est en tout cas ce qu'Amina pense jusqu'à ce qu'un soldat lui arrache violemment des mains son agneau pour le jeter à plusieurs mètres de lui, devant le bus. Le bêlement de terreur qui accompagne le vol plané est insupportable pour Amina qui se précipite vers le pauvre animal. Mais elle est aussitôt renvoyée dans le rang avec des mots d'arabe aux relents glaçants.

Toute la famille monte finalement dans le bus où s'entassent déjà d'autres villageois. Amina jette un regard triste vers son petit agneau qui s'est relevé en boitant. Elle serre ses trois plus jeunes enfants et regarde enfin son mari qui a l'air tout aussi abattu qu'elle. Elle ne dit rien pour ne pas faire peur aux plus jeunes, mais elle commence à craindre pour leur vie à tous. Une crainte qui s'accentue lorsque le convoi dépasse Kalar pour traverser le camp de Smud au ralenti. Des centaines de Kurdes réfugiés là tentent d'arrêter les bus mais les soldats n'hésitent pas à les repousser en tirant des rafales dans les pieds des manifestants. Rien ne doit entraver l'avancée du convoi de Mlesurê qui, sorti de Smud, met à peine une demi-heure pour faire les 25 km qui le sépare de la sinistre prison de Qoretw, à l'est, non loin de la frontière avec l'Iran. Le 10, elle a été en partie vidée des déportés de Kirkouk et sa région, déplacés vers le camp de Dubz[1]. Pour les Kurdes préalablement rassemblés à Mlesurê, elle n'est aussi qu'une étape.

Le 14 avril, le grand tri commence. Majid, le troisième fils d'Amina, s'impatiente au milieu de la longue file qui attend devant une des tables dressées par l'armée dans la cour de Qoretw. Il y a là les habitants d'Hawareberze, de Qala Charmalla, mais aussi de dizaines d'autres villages.

Un peu plus loin dans la file, Taimour trépigne. Ce dernier a l'impression que toute la région de Garmian s'est donné rendez-vous pour faire la queue. Fatah Beg, un Kurde devenu un serviteur zélé du régime, veille à ce qu'il n'y ait pas de triche sur les âges, ce qui n'est pas évident dans un pays où il n'y a pas d'état civil.

À 18 heures, le recensement est terminé. Un soldat annonce au groupe d'Amina qu'il partira le 15 avril à l'aurore, non pas à Kalar mais à Kirkouk. Finalement, après deux heures de tergiversations en

1. Dubz, également écrit Dibz ou Dibs. Prononcer Doubz.

plein soleil, les officiers ordonnent au convoi de rouler jusqu'au camp de Topzawa[1] où les détenus arrivent le 15 au soir.

Au moment où Taimour tente de fermer les yeux à Qoretw, la pluie saisit Khwrshid au visage. Le mari d'Amina vient de sauter du camion pour atterrir dans la cour de Topzawa, le camp de concentration situé au sud-ouest de Kirkouk. Mohammed, le frère d'Amina, le suit de près, ainsi que tous les hommes du village qui ont ordre de se mettre en rang, tandis que femmes et enfants doivent rester dans les véhicules. « Déshabillez-vous » ! hurle un officier de la police secrète dont l'uniforme vert a du mal à contenir le ventre rond.

Il n'y a plus un traître kurde en vue. Les hommes du Jahsh qui les avaient convaincus de se rendre à Kalar avec eux et qui les ont accompagnés jusque-là ont disparu. Amina comprend qu'elle ne va plus revoir son frère, Khwrshid et les amis de son mari. Des soldats de Saddam leur attachent déjà les mains dans le dos. C'est la dernière image qu'elle garde d'eux.
Les femmes aussi sont triées. Amina est jeune et ses enfants sont petits. Elle a le droit de rester avec eux. Mais la femme de Mohammed est plus âgée, et sa nièce aussi. L'adolescente est séparée du groupe avec des centaines d'autres jeunes de son âge. Transférée dans une pièce sans fenêtre, Amina essaie d'entretenir l'espoir pour ses enfants serrés les uns contre les autres avec des dizaines d'autres familles. Mais une Kurde de 27 ans arrivée quelques jours plus tôt se charge vite de remettre les pieds sur terre à toutes celles qui la pressent de questions.

– Mon mari est revenu me voir une heure après le tri effectué à la descente du camion, le 7, raconte cette jeune maman au regard éteint. C'était la pagaille, il en a profité quelques secondes. Il m'a dit : *On ne va pas rester vivants. Pour nous, c'est terminé. Les militaires ont dit qu'ils allaient nous exécuter. Un des chauffeurs de bus nous a autorisés à prévenir nos femmes. C'est un Kurde. Il pense qu'il va être tué aussi. Fais attention aux enfants. Il faut croire que tu les reverras un jour.* Et il est reparti.

Au cours de cette nuit sans sommeil, une jeune Kurde de Bangol finit d'anéantir tout espoir dans la petite communauté de Qala Charmalla. Elle sanglote en racontant son histoire.

– Ils ont déporté tout le village. Nous sommes arrivés le 7 avril nous aussi. Le premier soir, ils ont enlevé tous les enfants à leurs mères, à part les nouveau-nés. Le lendemain, les maris ont été séparés de

1. Voir cartes en début de chapitre et en annexe.

leurs femmes. Après ça, on est resté 3000 à 4000 dans la grande salle jusqu'à ce qu'ils fassent du vide pour vous. Les vieilles femmes et les bébés ont commencé à mourir de faim et de soif au bout de deux jours. Les… les soldats tiraient leurs corps et… ils les jetaient dehors, comme des sacs ! Le 10, avant le transfert, ils ont rendu les enfants aux mères de famille. Une femme, qui avait quatre enfants, les a tous retrouvés morts. Mais ma voisine, Inch' Allah, ses sept enfants étaient tous vivants (machinalement, Amina resserre l'étreinte sur Bestwun). Je ne sais pas où ils ont été conduits, eux, ma mère, mes sœurs, et les milliers d'autres. Moi, je n'ai pas d'enfant et… (elle plonge sa tête de honte dans ses mains). Oh, si je pouvais mourir de suite, Xodé[1] ! Je… je… je ne veux pas finir comme les filles de mon âge. Tous les soirs, les soldats viennent en chercher, pour… pour leur… pl… (dans un souffle à peine audible, elle lâche enfin…) pour leur plaisir. Parfois, on les entend crier. Parfois, on n'entend rien… jusqu'à la rafale, et puis… plus rien. Il paraît que les soldats les laissent au bord des routes autour et que les gens des villages à côté les enterrent discrètement, la nuit.

Amina a l'air d'un zombi en montant dans le premier camion du convoi pour Dubz, le 16 au matin. Ses six enfants sont encore avec elle, heureusement, mais pas Khwrshid. *« Et Sherzad, mon Dieu, est-il arrivé à Kalar avec le troupeau ? Est-il encore en vie »*, s'interroge la maman, hagarde.

Taimour, lui, débute son troisième jour à Qoretw. Pour la première fois, il commence à ressentir la sensation de faim. Les prisonniers sont au pain sec et à l'eau, une eau sale mais surtout salée, à tel point que Taimour la recrache à la première gorgée une fois le camion-citerne parti. Difficile de dormir également. Il y a tellement de fuites sur le toit que l'eau de pluie recouvre toute la chape en ciment, noyant même les nombreuses douilles dont le jeune garçon devine le reflet cuivré sur le sol. Impossible de les compter avec cette forêt de jambes. D'ailleurs, il ne préfère pas. S'il y a eu autant de morts qu'il y a de douilles dans cette pièce… Il secoue ses boucles de jais pour effacer le tableau de ses idées noires et focalise son attention sur ses trois petites sœurs ; Gelas 10 ans, Lewlaw 8 ans et Snur 7 ans.

***

1. Xodé = Dieu, en kurde.

- Ohhh, Taigmour a une guetite sœur qui s'agpelle comme moi ! relève Snur en reposant son thé sur la moquette de la cuisine.
- Oui, répond Kavout qui sourit en voyant son amie tordre ses doigts de plaisir. Mais tu sais, c'est dur ce qui va se passer pour elle et sa famille après.
- C'est gdur toutes les hisgoires que vous ragontez. Mais c'est la vie des Kurdes. Pour papa et maman aussi c'était gdur.

Incroyable ! Pour la première fois, Snur pense son histoire et celle des rescapés interviewés dans l'histoire globale des Kurdes ! Le début d'une prise de conscience ? Voyons comment elle va réagir après la mort de la fillette…

- Je peux continuer ou tu en as marre ?
- Gontinue, répond Snur après avoir entendu la traduction de Kavout. Je veux savoir ce qui est arrivé à la gpetite Snur, à Taimour, à Amina et aux augtres.
- Un frisson la parcourt au moment de replonger mentalement dans la cellule humide de Qoretw.

***

Taimour voit bien que ses sœurs ont faim elles aussi. Mais elles ne disent rien et restent debout sans se plaindre, faute de pouvoir s'asseoir dans l'eau souillée. Par chance, il y a tellement de monde dans cette cellule que les prisonnières se tiennent les unes les autres, épaules contre épaules. Sarah a réussi à mettre ses quatre enfants côté mur pour qu'ils ne soient pas écrasés. Taimour se met entre ses sœurs et les autres prisonnières pour les protéger comme il peut. Certes, il n'est pas bien grand pour un garçon de 12 ans et il est plutôt menu. Mais c'est son devoir. Un devoir dont il s'est plutôt bien acquitté jusqu'ici.

De Topzawa au charnier : itinéraire d'un survivant

Neuf jours après la famille d'Amina, c'est aux villageois d'Hawareberze d'être triés à la descente du camion en fonction du sexe et de l'âge. Taimour n'est pas fâché d'avoir quitté Qoretw. Il ne sait pas encore que c'était un paradis à côté de Topzawa. Amina et les siens ont eu la chance – tout est relatif – de n'y rester que 24 heures. Lui va y rester un mois, sans son père, son oncle Omar, son oncle Osman et tous ses cousins plus âgés que les soldats ont amenés avec d'autres hommes le soir de leur arrivée.

Des hommes, il y en a pourtant de l'autre côté du couloir qui sépare deux immenses cellules. Ils sont privés de nourriture et n'ont pas le droit d'aller aux toilettes. Taimour les voit dépérir de jour en jour en dépit de la nourriture qu'il arrive à leur lancer à travers les barreaux à chaque fois que les gardiens ont le dos tourné. Mais le pire, c'est l'odeur. Celle des morts qui s'ajoute aux besoins que les prisonniers font dans leur ample pantalon, par pudeur. À chaque fois qu'il voit de nouveaux prisonniers remplacer les cadavres, Taimour pose systématiquement la même question…

« Est-ce que vous avez vu Abdullah Ahamad Kader ? C'est mon père. Nous sommes d'Hawareberze. » Et systématiquement, il obtient la même réponse : non.

Femmes et enfants sont un peu mieux traités. Deux pains par jour et par personne, c'est la ration dont ils doivent se contenter. Mais ils ont le droit d'aller aux toilettes. Les gardiens ne sont pas mécontents de ce minimum d'hygiène. Chaque jour, ils viennent faire leur « marché ».

– Toi, viens ici ! Et toi aussi.

Deux jeunes femmes du sud de Garmian s'avancent tremblantes. Leur visage gracile exprime la terreur. S'y ajoute vite les larmes quand les mères s'accrochent à elles pour les retenir. Quelques coups de *kalachnikov* sur les épaules leur font vite lâcher prise. Le bruit métallique de la grille qui se referme est une torture supplémentaire pour Taimour qui n'en peut plus des cris et des suppliques à Dieu qui n'entend pas leur désespoir. Il a surpris des mères en train de discuter entre elles du sort des jeunes femmes que les soldats viennent chercher quasiment tous les jours. Des filles de vingt ans en moyenne, les plus jolies, que personne ne revoit jamais. Ces mères pleuraient leur honneur perdu. Taimour sait ce que ça veut dire.

Il fait tourner entre ses doigts les 15 dinars[1] qu'il cache au fond de sa poche. Son père les lui a donnés juste avant d'être amené par les soldats, en arrivant à Topzawa. Il se souvient de ses dernières paroles.

– Quand tu auras l'occasion, achète quelque chose à tes sœurs. Et fais attention à la famille.

1. 15 dinars égale environ (à l'époque) 50 dollars.

« *15 dinars, si seulement c'était suffisant pour acheter la liberté d'une seule de ces filles* », pense Taimour, alors que des larmes roulent en silence sur ses joues d'enfant. Ce jour-là malgré tout, il s'accroche à la vie qui va naître dans un coin de la cellule. Sa mère et d'autres entourent une jeune maman qui est en train d'accoucher. Mais il est en colère aussi, contre les soldats qui bafouent la règle en assistant à l'accouchement et en se moquant de cette femme au visage déformé par la douleur des contractions. Ils la traitent de chienne. « *Ce sont eux les animaux* », pense Taimour.

Pour un peu, les prisonnières passées par Topzawa envieraient presque leur sort, à Dubz. Là aussi, la ration alimentaire est limitée à deux pains par jour et par personne, et les morts se comptent par dizaines tous les jours. Mais les gardiens se comportent un peu mieux, et puis surtout la corruption permet d'améliorer l'ordinaire.

Évidemment, le cadre reste celui d'une prison. Celle-ci accueille 8000 femmes et enfants. Dans la cellule d'Amina, ce sont sept familles qui se partagent le sol en ciment, dans une pièce sans électricité, seulement éclairée par une fenêtre où même un enfant peine à passer les doigts entre les tiges métalliques qui s'entrecroisent à un centimètre les unes des autres. La cellule voisine est plus grande : 300 personnes, soit quarante familles s'y entassent. Beaucoup habitaient Kirkouk jusqu'au milieu des années 80… avant d'être expulsées, victimes de la politique d'arabisation menée par le régime, dont la famille de Nabar, 27 ans, qui essaie tant bien que mal de protéger ses sept enfants de la déshydratation. La chance a voulu que leurs 2 m^2 se situent sous une fissure du toit en tôle qui surchauffe la pièce au point de lui donner des allures de sauna. En moyenne, une vingtaine d'enfants meurt tous les jours de faim et de soif, dans cette prison. Nabar récupère chaque goutte de pluie dans un gobelet dont elle verse le contenu dans la gorge de ses enfants de plus en plus chétifs au fur et à mesure que le calendrier s'approche du mois de mai.

Dyar est le plus mal en point. Il y a longtemps que la gazelle tatouée sur le poignet gauche de sa mère ne le fait plus gazouiller. Lorsque l'armée l'a rendu à Nabar, le 10 avril à Topzawa, il ne tenait déjà plus sa tête. Un soldat l'a-t-il trop secoué après lui avoir arraché des mains le soir où ils sont arrivés dans le camp ? En tout cas, depuis, il est comme un bout de chiffon que sa maman caresse infatigablement en espérant lui rendre sa tonicité. Mais dans ses tripes, elle sait qu'elle devra faire appel, elle aussi, au moxtor de Dubz, le maire de la ville. C'est lui qui paie le linceul blanc à la place des prisonnières. Et c'est également lui qui alimente copieusement les gardiens en *bakchichs*[1] pour qu'ils conduisent les femmes en deuil en dehors de la prison et leur permettent d'assister à la mise en terre, dans un jardin voisin. Un convoi tous les dix morts pour un enterrement collectif, c'est la règle. Et à chaque fois, les familles reviennent avec quelques dinars. Un cadeau des femmes du village qui les ont cachés dans des mouchoirs en papier, aux abords des tombes fraichement creusées. De quoi se servir dans le magasin secret des militaires qui arrondissent leurs fins de mois en vendant un peu de nourriture aux prisonnières.

Si seulement cet argent avait permis de sauver Dyar ! Quelques semaines après, c'est sa sœur Charo qui décline. Elle perd connaissance plusieurs fois par jour, mais revient à elle à chaque fois. Nabar veut croire que Xodé ne va pas lui enlever un deuxième enfant. La petite fille de 2 ans la prépare gentiment au contraire.

- Moi, je vais mourir aussi, articule un jour la fillette d'une voix paisible avant de demander à manger des glaçons.
- Il n'y en a pas, répond sa mère.
- Des concombres alors ?

Sentant la mort proche, Nabar demande à voir les militaires pour quémander un concombre. Ils sont en train de boire de l'alcool de l'autre côté du mur. L'un d'eux se lève de table, va chercher une pastèque, en coupe une tranche, fait mine de la donner… mais crache dessus et la jette par terre avant d'insulter la jeune maman.

Le lendemain, Nabar s'adresse à un autre soldat, un Arabe kurdophone qui a l'habitude de faire l'intermédiaire entre ses collègues et les prisonnières. À sa demande, il entre en contact avec son frère Oubed, à Chamchamal, et l'autorise à amener un sac de vêtements pour les enfants. À l'intérieur, Nabar trouve une paire de chaussures de couleur verte. Sa fille a de la fièvre, elle est agitée. Elle avance le bout d'une des deux chaussures vers les petites lèvres.

- Tiens ma chérie. Je t'ai trouvé un concombre. Tu peux le sucer.

Charo s'exécute. Sa mère la sent qui s'apaise. Et puis plus rien. Sa fille a rejoint Dyar au rang des victimes d'Anfal 3.

***

---

1. Pot-de-vin.

– Engore une ! Mais alors, Nabar, Amina, Taimour… eux aussi ils sont gmorts, demande Snur très triste. Pergsonne les a aidés ?
– Nabar, non. Elle est restée à Dubz, avec ses autres enfants, jusqu'à la fin du mois d'octobre 1988, un mois et demi après l'arrêt de l'opération Anfal. Elle n'a jamais plus mangé de concombres de sa vie. Amina non plus n'a pas été aidée. Elle a été transférée à la prison de Nugra Salman, dans le désert, au sud de l'Irak, fin juin ou début juillet 1988. Trois jours après son arrivée là-bas, elle a perdu son fils Swad. Et puis, une heure après, c'est Bestwun qui est mort. Mais elle s'en est sortie, comme les quatre autres enfants qui ont tenu avec elle jusqu'à la libération, mi-novembre 1988[1]. Par chance, elle a retrouvé son fils aîné, Sherzad, qui avait pu se cacher à Kalar pendant toute l'opération Anfal. Elle a longtemps espéré retrouver aussi son mari, qu'elle croyait en prison quelque part. Elle n'a arrêté de croire à son retour qu'après le procès de Saddam Hussein, fin 2006.
– Et Taimour aglors ?
– C'est sans doute la pire et la plus belle histoire de tout le génocide, cette année-là.
– Enfin, c'est difficile de parler de belle histoire. Il a perdu 104 membres de sa famille pendant l'opération Anfal… précise Kavout dans sa traduction.
– 104 ! s'étrangle Snur.
– Oui, d'ailleurs il a témoigné au procès de Saddam Hussein. Mais la façon dont il a été sauvé est un espoir pour l'avenir de l'Irak comme du Kurdistan. Elle montre qu'il y a une amitié possible entre Kurdes et Arabes. Bon, ça dépasse un peu le cadre de l'opération Anfal 3, qui s'est terminée le 20 avril 1988. Car, à l'époque, il était encore à Topzawa et son évasion s'est produite cinq semaines plus tard, dans le désert, près de la frontière saoudienne, alors que l'opération Anfal 5 venait de débuter.
– Hhhhhhm, gans de gdésert ! Mais gomment il a fait ?
– Tu sais, c'est une longue histoire. Tu n'es pas fatiguée ?
– Si, avoue Snur. Mais guemain, tu me la ragonteras, tranche la jeune femme pleine d'espoir.

***

Retour à Topzawa le 24 mai 1988. La veille, le jeune Dyar est mort dans les bras de sa mère, au camp de Dubz, après une agonie de quarante

1. Lire le chapitre sur les mois difficiles qui ont suivi l'amnistie du 6 septembre, en particulier pour Amina, chapitre XVII.

jours. Taimour, lui, ne pense qu'à une chose : « *Où vont nous amener les soldats cette fois ?* »

Des centaines de prisonniers ont été réveillés à l'aube. Ils patientent sous bonne garde, à l'extérieur de la prison, devant une dizaine de camions citernes verts légèrement zébrés de blanc. Deux rangées de soldats guident cinquante femmes et enfants qu'ils pressent de monter dans le premier, avec quelques coups de crosse au passage. Taimour se décale d'un pas et compte cinquante personnes aussi dans sa file, dont trente de sa famille. Il y a ses trois petites sœurs, sa mère, mais aussi quasiment toutes ses tantes et ses cousines. Une de ses tantes a réussi à dissimuler une bouteille d'eau sous sa robe. Une autre demande l'autorisation de prendre une couverture.

– Pas besoin ! Là où on vous amène, il y aura tout pour vous, rétorque sèchement un soldat.

Dans la prison, Majid, 6 ans, a été réveillé par les freins stridents des camions citerne arrivés peu avant. Il les observe sur la pointe des pieds, par une fenêtre grillagée et finit par réveiller toute la cellule. Une maman supplie alors un gardien kurde.

– Quand est-ce qu'on va partir nous aussi ? Avec les enfants, je veux dire !
– Ne dites rien. Ne demandez rien. Vous ne savez pas vers quelle horreur ils vont en partant d'ici.

Fin de la discussion.

Avant que le mince filet de lumière se referme avec la porte arrière, Taimour a eu le temps de voir deux rangées de chaises en fer, dos à dos, toutes occupées au centre du camion. Et des femmes assises par terre, de part et d'autre de cette colonne vertébrale glaçante.

La fatigue et les soubresauts de la route ont raison des plus bavards. Au bout d'une heure, Taimour a fini par s'habituer à la pénombre. Mais il ne dit rien lui non plus et reste les yeux mi-clos jusqu'à ce que deux jeunes femmes se déshabillent complètement, n'en pouvant plus de chaleur.

Après six ou sept heures de route sans rien à boire et à manger, le convoi s'arrête enfin. À ce moment-là, les passagers, qui ne sont pas autorisés à descendre, réalisent qu'ils n'étaient pas seuls. Un soldat sort d'une cahute de 1 m^2 pour faire sa pause. Taimour lui donne 25-26 ans. Il est mat de peau, de taille moyenne… Mais, en le regardant passer, son regard s'arrête sur les deux jeunes femmes nues, au pied du geôlier.

À la lumière de la porte, il remarque leurs lèvres craquelées. Elles sont mortes, terrassées par la température et le manque d'eau.

Au bout de quelques minutes, les camions repartent. À l'intérieur, toutes les mères ont déjà compris que c'est leur dernier voyage. Une perspective à laquelle Taimour ne pense pas encore. Pour l'heure, il est abasourdi par les cris d'une femme enceinte qui a ses premières contractions. Le jeune garçon supplie sa tante. « À boire, à boire ! » Elle remplit le bouchon de la bouteille qu'elle avait réussi à cacher. Il fait semblant de boire l'eau chaude, se tourne vers la femme en train d'accoucher pour la verser dans sa bouche, et redemande à sa tante un bouchon plein pour renouveler l'opération. Impossible de faire plus, car il doit aussi garder de l'eau pour ses sœurs, au cas où… Mais Taimour est content. La dame a l'air d'aller mieux. Et surtout, elle est encore vivante au bout de 16 heures de route. Une satisfaction pour le jeune garçon qui a l'impression de s'être conduit en homme.

Nouvel arrêt. Le garde ressort de sa cahute pour descendre du camion et se rafraîchir. Il fait déjà nuit. Mais, par la porte entrouverte, Taimour remarque qu'ils sont garés devant une énorme citadelle éclairée par au moins deux projecteurs, en haut de la tour d'angle qu'il a dans son champ de vision. Plus tard, il apprendra qu'il s'agit de Nugra Salman, un camp de prisonniers, un lieu de mort plutôt, aussi sinistre qu'Abou Ghraïb. Lui et tous les autres passagers ont rendez-vous avec elle quelques kilomètres plus loin.

Les camions repartent, cette fois sur une piste non goudronnée. Les soubresauts sur l'acier froid n'arrangent pas le mal au dos des prisonniers. Ajouté à ça les cadavres des deux femmes nues qui commencent à sentir…

Ils s'arrêtent encore, dit Taimour en se parlant à lui-même.

La porte s'ouvre de nouveau sur la nuit noire. « Descendez », hurle un sous-officier à l'arrière !

Dehors, enfin ! Taimour croit d'abord à un geste d'humanité de la part des soldats qui tendent un gobelet à chacun des prisonniers. *« À boire »*. Il avale le liquide d'un trait, mais chancelle au bout de quelques minutes. Il veut en parler à sa mère, mais aucun son ne sort de sa bouche, pas plus que de celle de ses sœurs qui semblent tout aussi paralysées que lui. Il voudrait appeler au secours des Badawis qui passeraient par-là que les nomades perdus dans leurs pensées ne soupçonneraient même pas sa présence à trois mètres !

« Allez, remontez maintenant », aboient les soldats en poussant les prisonniers sans ménagement. Un quart d'heure après, les camions semblent faire des manœuvres sur du sable fin. Celui qui transporte Taimour et sa famille patine un peu, puis s'arrête. Les trois portes du véhicule s'ouvrent. Plusieurs militaires montent pour bander les yeux des prisonniers et leur attacher les mains dans le dos. Mais, avant d'être poussé vers la sortie, Taimour parvient à dégager une main. Il soulève légèrement son bandeau avant de sauter dans le sable. Il découvre les camions citerne alignés devant autant de fosses. Elles doivent faire environ 1,50 m de profondeur, 2 mètres de large et 6 mètres de long.

Pas le temps de réaliser, les soldats poussent tous les prisonniers dans les trous en hurlant, « allez, allez, allez… ». Certains tombent assis, d'autres allongés. Taimour fait le dos rond, replié sur lui-même, en position fœtale. En un quart de seconde, il relève la tête, aperçoit le ciel noir, les étoiles, et les soldats armés de *kalachnikovs*. Les images défilent dans sa tête : son village, son père, sa vie. Jusqu'au bruit caractéristique des crans de sûreté ôtés et de la fusillade.

Il y a deux soldats de part et d'autre de chaque trou. Ils vident consciencieusement un premier chargeur puis un deuxième en balayant l'espace de gauche à droite et de droite à gauche, sans oublier de changer de place pour être sûrs d'avoir tout le monde. Taimour est touché dans le dos et à l'épaule. Par réflexe, il se lève, remonte la pente par laquelle la tractopelle a sorti les dernières pelletées de sable, et se jette dans les bras du soldat le plus proche. Aucun son ne sort de sa bouche. La drogue avalée quelques minutes plus tôt fait toujours son effet. Mais les larmes du garçon qui regarde le soldat d'un air implorant parlent pour lui. Le soldat pleure aussi. Il obéit aux ordres. *« Putain d'ordres » !*

Le deuxième soldat qui s'acharnait un peu plus loin, sur son trou, se précipite. Il attrape Taimour par le bras, lui crie dessus en arabe et le jette dans la fosse comme un vulgaire paquet. Taimour se remet en position fœtale. Les tirs reprennent. Il prend une nouvelle balle dans le dos, en voit d'autres traverser la tête et le visage d'une femme enceinte, en face de lui. La même à qui il a donné à boire par deux fois pendant le voyage. Tout autour, une mer de sang recouvre en partie les corps entremêlés. Gelas, Lewlaw et Snur, ses trois sœurs, sont déjà mortes. Puis c'est la cervelle de sa mère qui gicle. La force de la balle a fait s'envoler son voile. « Sarah », appelle une tante. Puis plus rien. Elle aussi a été clouée par une rafale. Taimour décide de faire le mort jusqu'à ce que la fusillade cesse enfin.

Il entend les deux soldats s'éloigner pour prêter main forte à leurs collègues qui continuent leur macabre besogne à l'autre bout de la rangée de trous. Taimour attend encore quelques minutes et se hisse difficilement sur le bord rendu glissant par le sang des victimes. Juste avant de s'extirper de la fosse commune, il sent un mouvement et croise le regard d'une fillette effrayée.

– Qui es-tu ? D'où viens-tu, chuchote le jeune garçon.

La petite pleure sans lui répondre.

– Quel âge as-tu ?
– 8 ans, répond enfin la petite fille en hoquetant.
– Tu es blessée ?
– Non.
– Viens avec moi, ne fais pas de bruit.
– Non, je ne veux pas laisser ma maman.

Taimour regarde. La mère de l'enfant est déjà morte. Tant pis, il ne peut pas attendre plus sous peine de se faire repérer. Il s'appuie sur son bras valide et rampe jusqu'au monticule de sable extrait pour creuser le trou dans lequel gisent trente membres de sa famille et vingt inconnus qu'il pleure tout autant. Il sort un coupe-ongles de sa poche et commence à creuser ce tas de sable dur, signe que les trous ont dû être fait longtemps à l'avance. Tout en raclant le sol, il observe les soldats se regrouper près des camions, à l'autre bout du charnier. Deux d'entre eux montent dans un *pick-up* pour inspecter les fosses distantes d'une trentaine de mètres chacune. Taimour abandonne alors son abri et rampe dans la direction opposée avant de tomber sur trois fosses vides. Il se cache dans l'une d'elles et observe de loin les bulldozers en train de recouvrir les trous remplis de cadavres, avec le sable amoncelé sur les côtés. Bientôt, c'est au tour de celui où se trouvent sa famille… et la fillette qui est enterrée vivante. Le jeune garçon s'écroule sur lui-même. Il a perdu connaissance. Combien de temps ? Il n'en sait rien. À son réveil, il fait toujours nuit mais le lieu est désert. Les camions citerne sont partis.

Taimour est complètement perdu. Il ne sait pas quoi faire. Repense à son père qui lui a demandé de prendre soin de ses sœurs. Il pleure encore. Au petit jour, il décide de s'enfoncer dans le désert. Son pied glisse dans un trou. Des traces de pneus. Elles sont bien trop profondes ; ça pourrait être un transport de troupes. Il les laisse sur le côté et poursuit son chemin jusqu'à ce qu'il découvre de nouvelles traces, moins profondes. Il les suit pendant deux heures, à moitié délirant… avant de comprendre qu'il tourne en rond. Il se laisse tomber, découragé. Mais, en relevant la tête, il aperçoit une masse sombre à l'horizon. Une caserne de l'armée ? Il n'a pas le choix. Il perd trop de sang. Il suit cette illusoire boussole qui est en fait un campement de nomades.

Les chiens se dirigent vers Taimour, agressifs. Ce qui, paradoxalement, redonne espoir au jeune Kurde. Le kurde, la seule langue qu'il connaisse. Un homme sort de la tente avec une lampe car la nuit recouvre de nouveau le désert. Ne sachant pas où il est, Taimour lui demande comment aller à Kalar... plusieurs centaines de kilomètres au nord. Par chance, l'inconnu qui lui fait face connaît quelques mots de kurde. Il a vécu un temps à Mossoul. Il lui fait comprendre qu'il est dans le département de Samawa[1], puis lui amène de l'eau et à manger.

Taimour n'a pas la force d'avaler grand-chose. Il s'endort sans même penser à ses blessures qu'Habed découvre sans le réveiller. Sa femme, qui porte un large hijab noir, le déshabille et brûle ses vêtements kurdes tandis que le jeune Khaled, qui doit avoir une douzaine d'années lui aussi, va chercher des vêtements à lui sous la tente noire. Quelques heures après, Taimour se réveille dans une djellaba blanche, ses blessures pansées. Il se demande ce qu'il fait, habillé en femme. Il n'avait jamais vu d'Arabes de sa vie, à part les soldats en uniforme.

Habed lui dit qu'il va l'amener dans son village quand il fera jour, mais qu'il devra garder le silence car il ne parle pas arabe. Il lui apprendra la langue d'ici la fin de l'opération Anfal.

– On trouvera bien une solution pour te renvoyer chez toi quand toute cette folie sera finie. En attendant, tu es le fils d'un ami. Toute ta famille est morte dans un accident de voiture. Tu es très choqué, et c'est pour ça que tu ne parles pas, d'accord !
– Oui.
– Bon. Je dirai aussi que tu descends de Saïd, une famille reliée à Mahomet. Et que c'est un devoir pour moi de te garder à la maison, à cause de ça. Tu comprends ?

***

– Mais il ne comgprenait pas, puisqu'il ne parlait pas argabe, intervient Snur.
– Avec ses quelques mots de kurde, Habed est arrivé à se faire comprendre, précise Kavout. Et de toute façon, Taimour savait qu'il était en territoire ennemi, au milieu des Arabes. C'était la guerre, la misère régnait. Même s'il était chez des gens gentils, d'autres pouvaient le vendre au régime pour toucher de l'argent. C'était le seul témoin d'un massacre terrible. Pire, d'un crime contre l'humanité.
– C'est gquoi un grime contre l'humanité ?

1. Voir carte en annexe.

– Heu… c'est pire que tuer des combattants qui peuvent se défendre dans une bataille. C'est tuer des civils, comme toi et moi, juste en raison de leur origine ethnique. Par exemple, les baasistes voulaient nous tuer tous, simplement parce qu'on était Kurdes. Pour eux, les Irakiens devaient tous être Arabes. Et encore mieux, ils devaient tous être Arabes sunnites.
– Mais on est gsunnite !
– Oui, mais Kurde. Nous, ils nous tuaient à cause de notre origine. Et les Arabes chiites, ils les tuaient à cause de leur religion.
– Ah ! Mais si les gbaasistes voulaient que tous les gens soient comme eux, gpourquoi les bédouins ils ont aigdé Taimour ? Ils n'étaient gpas sunnites ?
– Si, et Arabes aussi. Ça montre que le problème, ce n'est pas les Arabes, c'est l'idéologie de gens qui se croient supérieurs aux autres. Tu sais, Haber, ce n'est pas le seul Arabe sunnite qui a aidé des Kurdes pendant l'opération Anfal.
– Je suis gontente pour Taimour. Qu'est-ce gu'il est devenu ?
– Il a vécu deux ans et demi avec les bédouins car, même après la fin de l'opération Anfal, c'était trop risqué de lui faire traverser tout l'Irak. Au bout d'un an, il parlait parfaitement arabe. Mais, à chaque fois que sa famille d'accueil avait des invités, il devait rester caché sans bouger dans la maison. Et puis un jour, après la guerre du Golfe, en 1991, un des fils de la maison a été faire son service militaire à Zakho. Il s'est lié d'amitié avec un soldat kurde auquel il a tout raconté. Deux oncles de Taimour sont venus le chercher à Samawa. Mais il a continué à se cacher jusqu'à la libération du Kurdistan car il y avait une prime d'un million de dinars pour sa tête. Après, la famille Talabani l'a pris sous sa protection jusqu'en 1996. Finalement, des soldats américains l'ont exfiltré par le poste frontière de Khabur et il a été mis en sécurité aux États-Unis le 27 février 1997, grâce aux contacts que Human Rights Watch avait au Conseil de sécurité national. HRW considérait en effet que Taimour et quelques autres pouvaient être des témoins essentiels dans un futur procès pour génocide, comme cela s'est effectivement produit après la capture de Saddam le 13 décembre 2003.
– Mmh ! Et il vit toujgours là-bas ?
– Non. Il est rentré au Kurdistan en janvier 2013. Mais il ne va pas très bien malheureusement. Ce qu'il a vécu le hante encore. Vingt-cinq ans après les faits, il dort une heure par jour, et toujours à côté de sa *kalachnikov*. Il a toujours peur que quelqu'un vienne le tuer. Dans sa tête, Anfal n'a jamais vraiment cessé.

- Le gpôôôvre !
- D'une certaine manière, il est handicapé. Comme toi, tu vois. Lui, c'est le syndrome de stress post-traumatique qui le perturbe, toi c'est ta voix. Mais maintenant, il se bat pour les victimes et ça lui permet de tenir, même s'il est en colère parfois, parce qu'il trouve que le gouvernement régional du Kurdistan n'en fait pas assez pour les aider[1].
- Mmh.

Snur ne dira plus rien ce jour-là. Ni les suivants. L'histoire de Taimour – qui allait sur ses 13 ans à l'époque – l'a profondément marquée. Besoin de prendre du recul. De faire une coupure avec l'horreur. Besoin de réfléchir également à toutes ces femmes et à tous ces hommes endeuillés, certes, mais qui – plusieurs dizaines d'années après – sourient toujours à la vie. Un peuple entier dans la résilience, ce serait bien. Mais pour Taimour et quelques autres, ce n'est malheureusement pas aussi simple !

1. L'État irakien n'a jamais indemnisé les victimes du génocide kurde, contrairement à une partie au moins des Arabes chiites victimes du régime baasiste. Parmi les victimes kurdes, certains considèrent que la région autonome ne défend pas assez leur cause à Bagdad.

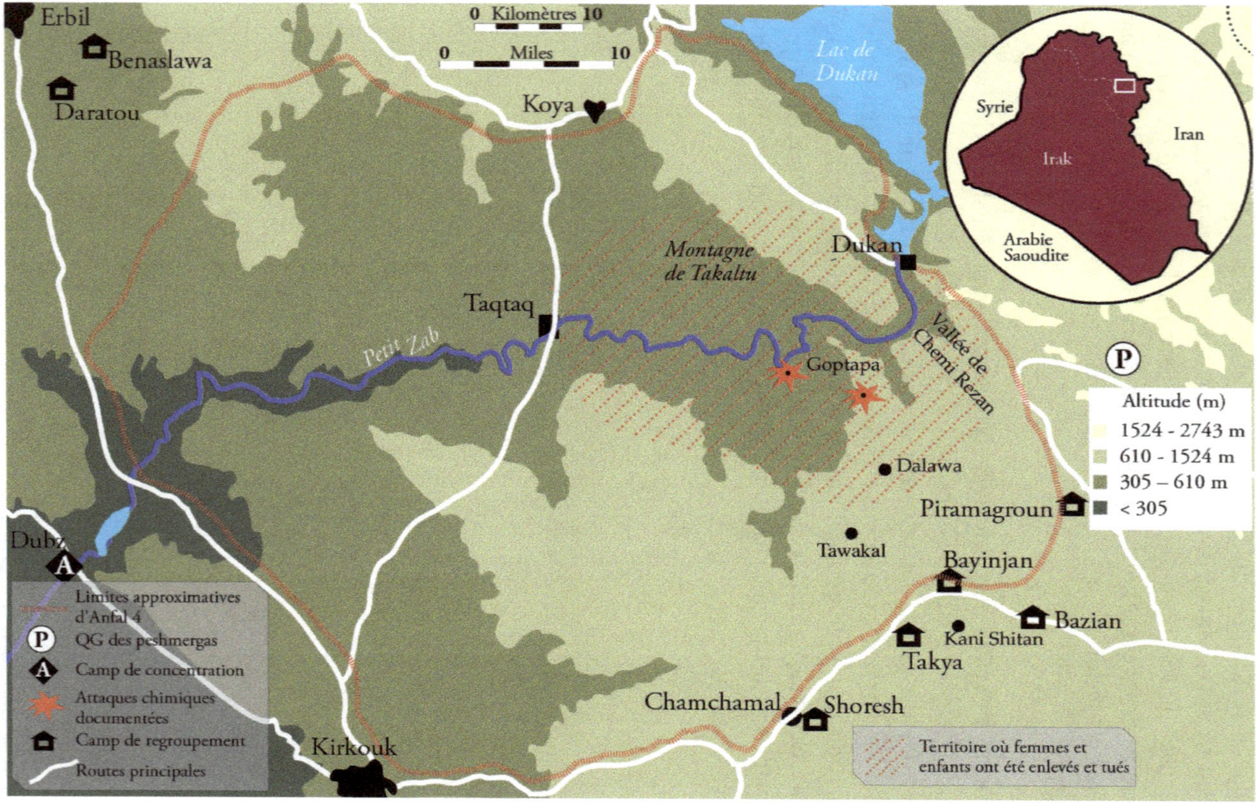

Figure 8 – Carte Anfal 4. Source *Genocide In Iraq: The Anfal Campaign Against the Kurds*. A Middle East Watch Report, Human Rights Watch, 1993. © Michael S. Miller, Rightsmaps.com. Carte adaptée par Loghman Rashidy

XII

Anfal 4 du 3 au 8 mai 1988
De Koya à Chamchamal

En cette fin d'été 2013, en pleine campagne électorale pour les élections législatives au Parlement de la région autonome du Kurdistan, Snur se montre de plus en plus intéressée par l'histoire de son peuple. Une envie de savoir teintée d'angoisse avec la multiplication des attentats aux portes du Kurdistan.

– Alors Snur, prête à reprendre le cours de l'histoire kurde ?
– Oui.
– Des Kurdes ont bénéficié de coups de main inattendus pendant l'opération Anfal 4, qui s'est déroulée du 3 au 8 mai 1988. Tiens, à Goptapa par exemple, une petite ville de 1050 habitants, à 30 km de Koya et 23 km de Takya. Pareil à Qasruk, dans le district de Taqtaq. Dans les deux cas, il y a eu beaucoup de martyrs, 700 à Goptapa, 150 le jour du bombardement chimique, 550 disparus après. Et 205 à Qasruk, où vivaient 150 familles. Mais à chaque fois, des soldats irakiens ont aidé des rescapés à s'en sortir. Tu veux savoir comment ?
– Oui.
– Alors, imagine-toi le 3 mai 1988 à Goptapa, au bord de la jolie rivière de Sad Dukan, à 1500 mètres en contrebas du village. Ali Abdulrhamane est en train de pêcher pour se détendre. À cette époque-là, il a 13 ans. Et, chose importante pour la suite des événements, c'est le 17e jour du Ramadan.
– Il fait gbeau ? demande Snur.
– Oui. Il y a un peu de vent, mais il fait très beau.

***

Le 3 mai 1988 à 17 h 25. Ali est le premier à remarquer les six avions de chasse qui arrivent à basse altitude, par la plaine, de l'autre côté de la rivière. Il ne lâche pas tout de suite sa canne à pêche, suivant du regard ces avions – jamais vus dans le secteur – jusqu'au sommet du village où la maison familiale est vide. Ali n'est pas fâché de savoir les siens dans l'autre maison, celle au milieu des champs, à 150 mètres de lui, même si les murs en torchis du petit deux pièces ne sont pas une garantie contre les bombes. Mais il n'est pas inquiet. D'abord, il y a ses deux grandes sœurs, Khadija, 21 ans, et Aïcha, 19 ans, qui aident sa mère à préparer le repas du soir. Ses petites sœurs, Sarah, 11 ans et Zhara, 8 ans, adorent quand ils sont tous réunis. Et puis, c'est tous les jours fête pour ramadan. Ça fait un moment, d'ailleurs, qu'il n'a pas vu les hélicoptères bombarder le village avec leurs roquettes. *« Bah, ils n'enverraient pas des Soukhoï nous bombarder »*, se dit l'adolescent en se reconcentrant sur le bouchon qui est en train de plonger dans les eaux poissonneuses.

Au deuxième passage des *Soukhoï*, en revanche, il lève un regard noir vers le ciel sans nuage. Un mauvais pressentiment que vient confirmer le fracas de quatre bombes, au troisième passage. La première est tombée sur la mosquée avec un bruit moins assourdissant que d'habitude. Pareil pour la seconde au milieu du village, et la troisième dans la rivière… Quelle que soit l'ampleur des détonations, elles se rapprochent. Ali prend ses jambes à son cou, le long de la berge, pour rejoindre l'abri le plus proche : un trou creusé dans la terre, plus loin et plus sûr que la maison. En chemin, il rencontre un groupe de vingt peshmergas venus avertir les villageois d'éviter ces trous justement. Il y en a des dizaines tout autour du village. Mais ils sont vraisemblablement contaminés.

– Ce sont des pièges mortels, prévient le chef du groupe. Les avions vous bombardent au chimique. Et les gaz descendent. Il faut au contraire monter sur les collines. Mais d'abord, mouille ta chemise et mets-là sur ton visage ; ça te protègera un peu.
– Merci, répond Ali qui s'exécute.

Agenouillé au bord de l'eau, il pense à la maison de son oncle Jabar, à 4 km, sur le point le plus haut des environs. Et il repart en courant. En chemin, il tombe sur Sarah, à moitié évanouie dans un fossé plein d'eau. Il se laisse glisser jusqu'à elle, enlève son tricot de corps précipitamment, le mouille et essuie le visage de sa petite sœur qui revient doucement à elle.

– Maman, Zhara et les autres sont parties de leur côté. Je ne sais pas où elles sont, pleure la petite fille.

– Ne t'inquiète pas. Je reste avec toi. On va attendre que les avions s'en aillent.

Vers 20 heures, une heure après le dernier raid qui a vu douze bombes chimiques tomber sur le village, Ali et Sarah se faufilent dans les failles du terrain poussiéreux, direction la maison de Jabar où ils arrivent à 21 heures, après plusieurs pauses en route. Et pour cause, Sarah n'y voit plus rien, à l'inverse de son frère qui était plus loin du point d'impact. Enfin en lieu sûr, ils trouvent oncle Jabar – qui par chance avait monté les vaches au pré avant l'attaque – mais aussi leurs sœurs, leur père et leur mère Nadjma. Un soulagement de courte durée quand tous s'aperçoivent qu'Aïcha n'a pas suivi.

– Aïcha, Aïcha, tu es où ? sanglote Nadjma, le bas de sa robe grise à fleurs ramené sur son visage.
– Ne t'inquiète pas maman, on va aller la chercher, la rassure Ali, tandis qu'oncle Jabar, 46 ans, le frère de sa mère, opine du chef.

Abdulrhamane, son père, veut participer aux recherches malgré ses 73 ans. Tous les trois filent dans la nuit ; sans lampe, pour ne pas attirer l'attention.

À 500 mètres du village, le clair de lune permet à Ali de repérer la robe blanche de sa grande sœur. Elle est tombée près de la rivière. Les trois hommes la trouvent la bave aux lèvres. Un râle inquiétant s'échappe de sa gorge. Décision est prise d'aller chercher un tracteur pour la ramener à la maison.

« Aïcha, répond moi, allez, répond… c'est Ali », supplie le jeune garçon, seul avec sa sœur, en essuyant la bave avec sa chemise. Pas de réponse, jusqu'au retour de son père et de son oncle. Ce dernier hisse la jeune femme sur la remorque du tracteur.

Obligé de passer par un chemin praticable, plus près du village, Abdulrhamane entend des gémissements. Ce sont d'autres blessés qui appellent à l'aide. Bientôt, ils sont une quarantaine, empilés sur la remorque.

– On y retourne, on va prendre les deux autres tracteurs, un chacun, lance Jabar en arrivant chez lui.

Après deux nouveaux voyages, ce sont bientôt quelque 300 personnes qui peinent à respirer, allongées dans la nuit tout autour de la maison. Toutes sont angoissées à l'idée que l'armée investisse le village au petit matin.

- On va à Dalawa, tranche Jabar.
- Tu as raison, c'est plus sûr, poursuit Abdulrhamane auquel personne n'ose s'opposer.

Avec ses 50 brebis, ses 10 vaches et ses chèvres, c'est l'homme « le plus riche » du village. Enfin riche, tout est relatif ! Surtout, sa famille est la seule en capacité d'évacuer tout le monde avec ses trois tracteurs.

À 2 heures du matin, ils ont parcouru les quelques kilomètres qui les séparaient de Dalawa. Tous, sauf Abdulrhamane, reparti au village chercher Abdullah, son fils aîné. Pour l'heure, Ali est plus inquiet pour Aïcha que pour son grand frère[1]. Il la rapproche avec précaution du feu allumé entre quatre pierres pour réchauffer les blessés. Mais, tout comme les victimes qui étaient les plus près des points d'impact, dans l'après-midi, elle vomit en s'approchant des flammes. Beaucoup n'y voient plus rien. Lui a bien les yeux qui brûlent, mais il y voit encore un peu. Il recule, à quelques mètres du brasier. « *Mais qu'est-ce qu'ils nous ont balancé, les salauds* », songe l'adolescent en colère.

Vers 4 heures du matin, Jabar, qui était parti en éclaireur, revient dans ce camp de fortune. « Des quatre côtés, on est entouré par l'armée irakienne. On n'a pas le choix ; il faut se rendre au régime », soupire la mort dans l'âme le quadragénaire.

Tous opinent, l'air abattu. Les blessés se hissent tant bien que mal sur les remorques et les tracteurs bondés pour prendre la route de Tawakal, où ils arrivent à 5 heures du matin. Le convoi brinquebalant se rend aussitôt à la caserne militaire. À l'instant où un officier les place tous en état d'arrestation, Aïcha lâche son dernier soupir. Mais sa mère n'a pas le temps de réagir ; le corps est piétiné par les blessés aveuglés qui descendent à tâtons sous la surveillance d'une cinquantaine de soldats armés.

Après quelques tergiversations, le commandant de Tawakal choisit de renvoyer la patate chaude à son collègue de Kani Shitan, où se trouve une grande caserne. Les prisonniers vont y passer la nuit suivante, à 8 km à vol d'oiseau, mais à 20 km par la route. Et il ne veut pas d'évasion.

1. Abdullah est mort devant la mosquée, tué par les gaz chimiques de la première bombe, alors qu'il allait préparer l'étable pour le retour des bêtes. Son père s'est évanoui peu après l'avoir trouvé. Il a été arrêté par l'armée le matin du 4 mai. Les soldats portaient des masques à gaz lorsqu'ils ont investi le village. Ils ont détruit toutes les maisons avec des pelles mécaniques et brûlé les ruines. Abdulrhamane a passé quatre jours à la prison de Souleymanieh, puis quatre à celle de Topzawa avant d'être déporté à Nugra Salman où il a été torturé pendant cinq mois. Il est mort des suites de ses blessures en 1989, moins d'un an après sa libération.

Il détache une partie de ses effectifs pour escorter les Kurdes gazés de nouveau entassés sur les remorques. Le corps d'Aïcha n'a pas bougé. Il y a des soldats des deux côtés de la route.

Le lendemain, 5 mai, le chef de Kani Shitan n'entend pas non plus s'embarrasser de civils malades alors que ses hommes sont en train de faire la chasse aux peshmergas. À 16 heures, le colonel choisit une escorte réduite et chuchote à l'oreille du responsable…

– Conduis-les à Chamchamal. Là-bas, ils s'occuperont de les trier. Après… pfff, qu'Allah les protège. Mais n'oublie pas, ce ne sont que des civils. Si certains se sentent assez forts pour tenter de s'évader en route, dis à tes hommes de regarder ailleurs. Nous sommes des soldats, pas des bouchers. C'est la période sacrée de Ramadan. Allah n'a jamais préconisé le massacre des innocents.
– Compris mon colonel !

Le monde d'Ali a basculé en 48 heures. Il regarde le corps d'Aïcha qui tressaute à chaque nid de poule sur la chaussée. Leur tour viendra, c'est sûr. À moins que… « *On approche de Takya,* calcule l'adolescent sans rien dire de ses projets. *Il y a bien 12.000 habitants dans cette ville. Je devrais pouvoir passer inaperçu !* » Mais il hésite. Jusqu'à ce que l'inattendu se produise. Étrangement, la route n'a pas été coupée à la circulation. Soudain, Ali aperçoit son cousin âgé de 26 ans sur la voie opposée. Il est venu de Kirkouk dès qu'il a entendu parler des arrestations.

« Saute dans ma voiture », lui crie Mohamed, qui a ralenti à hauteur du convoi. « Sinon, quand vous arriverez à Chamchamal, vous ne verrez plus le soleil. »

Il n'en fallait pas plus pour décider Ali qui préfère sauter sur la route pour ne pas faire courir de risques à Mohamed. Et il court jusqu'aux premières maisons de Takya, à 200 mètres, persuadé qu'une balle va le faucher dans son élan. Mais non ! Il jubile. « *Les soldats ne m'ont pas vu. Les soldats ne m'ont pas vu !* »

Il attend que le convoi disparaisse au loin, commence à ramper puis se redresse et court jusqu'à une vieille dame assise devant sa maison.

– Sauve-moi de cet Anfal, s'il te plait. Ils vont me tuer !
– Suis-moi. Cache-toi là ! Ils ne viendront pas te chercher dans l'étable. Mais on ne sait jamais. Si tu entends du bruit, glisse-toi dans la cuve à pétrole. Elle est vide et propre… Et puis, ce n'est pas marqué sur ton front que tu es un Anfal. Donne-moi tes habits. Je vais t'en chercher des propres, dit-elle après un petit moment d'hésitation.

Ali repart peu après dans une belle chemise verte. Pas vraiment l'allure d'un fuyard. Mais il reste inquiet. Apercevant un camion de l'armée au bout de la rue, il se plaque contre le mur d'une maison, fenêtres ouvertes. À l'intérieur, trois femmes âgées et un homme en train de lire le Coran. « Sauvez-moi, ils me cherchent. Aide-moi, toi et ce Coran », souffle Ali.

Pas de réaction. Le jeune adolescent soupire, attrape le paquet de cigarettes irakiennes sur le rebord de la fenêtre et s'apprête à repartir quand il tombe nez à nez avec Hadji Hamed, un sexagénaire qui a fui Goptapa avec lui et tous les autres.

– Ah, vous avez pu sauter aussi ! se réjouit Ali.
– On est plusieurs à avoir sauté. Les soldats n'ont pas bougé. Ils ont laissé les remorques en ville, et ils sont partis.
– Ah ouais ! Incroyable.
– J'ai de la famille par ici. Le colonel est un homme réputé très croyant. Il a dû avoir pitié. Les soldats n'auraient pas tous fermé les yeux s'ils n'avaient pas été couverts.
– Mmh ! Et vous savez où sont mes parents ?
– Non, désolé.
– Mince ! Sinon, vous pourriez m'amener chez mon cousin, Hadji Ali ?
– Suis-moi.

Plus tard, chez le cousin.

– Aliiiiii ! Heureux de te voir. Tu fais partie des Anfal, c'est ça ?
– Oui, je cherche mes parents. Ils sont chez toi ?
– Non, malheureusement.
– Les soldats ont laissé tous les gens des tracteurs partir, intervient une voisine. Ils se sont éparpillés dans tous les sens. Je ne sais pas où. Il ne restait qu'une jeune femme morte sur la remorque. Kak Braya[1] l'a transportée chez lui. On la prépare pour l'enterrement.

Ali se présente peu après à celles qui sont en train de laver le corps. Elles lui remettent le dinar irakien, la boîte d'allumettes et la chaîne en métal qu'Aïcha avait dans sa poche. Non, Ali n'est pas seul en ce terrible moment. 500 habitants de Takya assistent aux obsèques avec lui, au cimetière. Tous savent qu'Aïcha est une victime d'Anfal. Ils ne peuvent pas s'opposer au régime. Mais ils peuvent au moins être solidaires de cette victime innocente qui n'avait que 19 ans !

***

1. Kak, marque de respect pour un homme.

– 19 ans, soupire Snur. C'est gjeune.
– Qu'est-ce que tu retiens de cette histoire, demande Kavout.
– Mmh… Aïcha a été engterrée comme le dit le Coran, c'est gbien. Et sa maman ?
– Mohamed, le cousin qui a protégé la fuite d'Ali, l'a conduite à Souleymanieh avec Khadija, sa fille aînée, la grande sœur d'Ali. Ensuite, il a fait un deuxième voyage à Takya pour chercher les deux petites, Sarah et Zhara, qu'il a conduites chez ses soeurs, à Kirkouk. C'était dangereux car le régime avait prévenu : quiconque cachait des « Anfal » verrait sa maison détruite. Mais elles l'ont fait, jusqu'à ce que Nadjma réunisse tous ses enfants à Takya en 1991. Ils sont revenus à Goptapa en 1992. Et ils ont repris le cours de leur vie. Aujourd'hui, Nadjma a 40 petits enfants, dont sept que lui a donnés Ali.
– Oh, il a eu des genfants ! C'est gbien ! réagit Snur, tout sourire.
– Oui. Mais tant d'années après, il est toujours marqué par le bombardement du 3 mai 1988. Ses vêtements étaient couverts de gaz chimiques. Il les a portés pendant 48 heures, jusqu'à ce que la dame de Takya lui donne des affaires propres. Sa peau est pleine de taches brunes. Il a toujours des sensations de brûlures. Ça le gratte. Et les symptômes s'aggravent quand il fait chaud. Mais sans le colonel qui a ordonné aux soldats de fermer les yeux, il ne serait plus là pour le raconter.
– Gdans l'armée, ils n'étaient pas gtous méchants alors !
– Non, c'est ce qu'a dit aussi un autre rescapé d'Anfal 4 que nous avons interrogé Kavout et moi ; Mariwan, un homme de Qasruk qui est né le 1er juillet 1975. Pourtant, il a des raisons d'en vouloir à l'armée de Saddam. Anfal lui a pris ses parents et ses sept frères et sœurs. Mais lui, c'est grâce à un soldat qu'il a pu s'échapper.
– Ragonte-moi !
– Pour les habitants de Qasruk, l'enfer s'est déclenché le 3 mai 1988 à 14 heures…

***

Mariwan et son père Abdulkader viennent d'achever les labours en prévision des semis. La famille vit de la culture du tabac et du coton. Le mois de mai est un mois crucial, d'autant qu'il y a une bouche de plus à nourrir depuis le mois de mars, avec la naissance de la petite Jian. Et puis soudain, voilà 3000 soldats qui attaquent par les champs. Il y a des hélicoptères aussi. Pourtant, Qasruk est un village où il n'y a aucun peshmerga. Mais les 150 familles préfèrent jouer la prudence. Elles décident toutes de fuir pour se réfugier sur la montagne de Khalkhala où elles se divisent en deux groupes. Celui de Mariwan est arrêté huit jours plus tard, le 11 mai. L'opération Anfal 4 est déjà terminée depuis trois jours. Tous les villages de la zone ont été brûlés. Mais les 75 familles de son groupe sont affamées. La mère de Mariwan n'a plus de lait au sein pour nourrir Jian. Les 75 familles se rendent sans résistance.

Les soldats séparent les gens, les hommes d'un côté, les femmes et les enfants de l'autre. Personne ne reverra jamais Abdulkader et Kamaran, son fils aîné âgé de 14 ans. Mariwan n'a qu'un an de moins que son frère mais, heureusement, il fait plus jeune que son âge avec sa bouille ronde et sa fossette au menton; les soldats le laissent avec sa mère et ses six autres frères et sœurs. C'est lui l'aîné maintenant.

À Koya, on les enferme à Manzuna, une ancienne école transformée en prison, avec quatre bâtiments bas disposés en rectangle autour de la cour. Il y a déjà un millier de Kurdes à l'intérieur. Mariwan cherche à se renseigner.

– Comment ça se passe ici ?
– C'est le général Bariq[1] qui commande, un des nombreux cousins de Saddam Hussein. Tu vois le genre ! soupire un détenu désespéré.

Ce que Mariwan voit dans un premier temps, c'est qu'il n'a pas le droit de manger pendant trois jours. Après ça, les militaires autorisent les habitants de Koya à déposer de la nourriture à 150 mètres de la prison pour les détenus. Mais bien souvent, ils se gardent les meilleurs morceaux ; les prisonniers n'ont droit qu'aux restes.

Le pire, c'est pour les jolies filles. Les soldats se moquent d'elles en arabe : « Sales putes ! Vous allez avoir ce que vous méritez. »

Tout le monde sait ce que ça veut dire. Narchin, la tante de Mariwan, ne se fait pas d'illusion non plus pour les autres. Assise sur le carrelage moucheté caractéristique des années 60, elle tourne et retourne la situation dans sa tête. *« Il faut profiter de la période de Ramadan. Après, ce sera trop tard. La première grille est toujours ouverte. Comment passer la seconde ? »* Quelques jours après, elle réveille son neveu vers 3 heures du matin.

– Mariwan, réveille-toi. L'imam va appeler à la prière dans quelques minutes. Les soldats vont être occupés. Regarde la deuxième grille, ils ont oublié de mettre le cadenas. Essaie de sortir par là.

1. Plus tard, le général Bariq a été exécuté par le régime.

Joignant le geste à la parole, elle pousse la première grille et presse son neveu.

– Va-t-en !

Mariwan passe la tête. Personne dans le couloir. Et la grille, tout au bout, est effectivement ouverte. Il fait un pas en arrière et serre très fort sa tante dans ses bras. Tous les deux pleurent sans échanger un mot. Finalement, Mariwan se lance sans se retourner. Dehors, il se retrouve devant un grillage de deux mètres de haut mais bien abimé à sa base. Il se faufile dessous, accroche sa chemise qu'il déchire au niveau de l'épaule, mais parvient à passer de l'autre côté. Libre, enfin, mais pas encore en sécurité, il pique le sprint de sa vie à travers des terrains vagues jusqu'au quartier Qasré. À un km de la prison, il se laisse tomber derrière un abri où il reste caché pendant trois heures, terrorisé à l'idée d'être repéré.

Au petit matin, il se décide à marcher vers le centre-ville en espérant trouver un moyen de transport pour Taqtaq. Mais il est arrêté à un point de contrôle de l'armée.

– Toi là, oui, toi, où tu vas ? demande un des soldats en faction.
– Je rentre chez moi.
– Chez toi ? C'est où chez toi ? Tu as tes papiers ?
– Je les ai perdus, répond Mariwan penaud.
– Perdus !
– Et tes parents ?

Blanc…

– Mouais, tu es un Anfal, hein !

Le soldat murmure quelque chose à l'oreille de son binôme et demande à Mariwan de le suivre. Il arrête finalement un camion de transport dans la rue et interpelle le chauffeur.

– Tu amènes ce gosse à Taqtaq, compris ! Puis, se tournant vers le jeune adolescent : Allez, dégage !

***

– Et voilà, Mariwan n'a jamais su pourquoi ce soldat avait facilité son évasion.
– C'était un Kurde le solgat, demande Snur.
– Non, un Arabe. Mais il a sauvé la vie de Mariwan. En revanche, sa tante, sa mère et tous ses frères et sœurs ont été transférés quelques

semaines après son évasion. Et depuis, ils sont portés disparus, comme son père et son grand frère. Ils font partie des 205 victimes d'Anfal dans le village de Kasruk. Tous morts, tu l'imagines. Mais Mariwan aussi est une victime. Être le seul à avoir survécu est une torture quotidienne pour lui[1], même s'il remercie sa tante Hamdia d'avoir pu le cacher pendant un an. Heureusement, il s'est marié en 1999 et a eu quatre fils. C'est pour eux qu'il continue à vivre. Il nous a dit que, s'il n'avait pas eu d'enfants, il serait devenu fou.

– C'est les gens gui ont voulu gtuer tous les Kurdes les fous.

Sourire de Kavout qui donne raison à Snur.

– Mais tu vois, tous les soldats n'étaient pas d'accord avec les ordres. Sinon, ce soldat à Koya, et le colonel, dans l'histoire d'Ali, n'auraient pas sauvé des Kurdes. Pareil pour la population. Rappelle-toi du bédouin qui a sauvé Taimour…
– Qui ?
– Taimour, le jeune transporté dans un camion-citerne au sud de l'Irak, pour être exécuté. Celui qui a perdu 104 membres de sa famille.
– Aaaah, oui ! Alors, agprès ça, ils ont tous fait gcomme le solgat, le golonel et l'ami de Taimour, ils ont arrêté de gtuer les Kurdes.
– Non malheureusement. Ils ont continué à bombarder les gens avec des gaz chimiques, dans la vallée de Balisan notamment. Pour eux, c'était la deuxième fois. Et aussi dans la région où tu es née. C'est à cause de ça que tu as ton problème de voix.

Elle soupire…

– Tu me ragonteras plus tard s'il te plait ? J'ai gpas envie là.
– Bien sûr, Snur. Quand tu veux.

1. Lire ce qu'a été sa vie après le génocide chapitre XV : « La dure vie des orphelins d'Anfal ».

XIII

Anfal 5-6-7 du 15 mai au 26 août 1988
La double peine au nord du lac de Dukan

Mi-mai 1988, les précédentes phases de l'opération Anfal ont été un succès au sud du Kurdistan. Mais, depuis les bombardements chimiques des 15 et 23 mai, à Wara et Hiran, ça traîne en longueur au nord du lac de Dukan, entre Ranya et Shaqlawa, le dernier secteur sous contrôle des peshmergas de l'UPK qui résistent encore. Or, le camarade al-Majid brûle d'en découdre avec leurs frères ennemis, les peshmergas du PDK. Ces derniers mènent une stratégie de harcèlement sur les troupes irakiennes dans les montagnes de Bahdinan, tout au nord, entre Duhok et la frontière turque. Le général al-Majid est pressé de leur rabattre le caquet et d'assainir le nord du pays.

Le 19 mai, il a eu une discussion avec Saddam Hussein[1]. À l'ordre du jour, l'efficacité du gaz chimique contre les Kurdes. La réponse du raïs a été sans appel : « *Oui, c'est efficace, surtout sur celui qui ne met pas de masque tout de suite, comme on a pu en juger. (… Le gaz) en extermine des milliers et les rend incapables de manger ou de boire. Ils devront évacuer leurs maisons sans rien prendre avec eux, jusqu'à ce que nous puissions enfin les éliminer.* » Il a surtout insisté sur les zones interdites délimitées dans la directive 4008 : « *Nous attaquons ceux qui y vivent. Nous ne distinguons pas qui a des armes ou pas, qui est civil ou non. Ce sont des saboteurs.* »

De quoi galvaniser son cousin Ali le chimique. Mais le déplacement de Jalal Talabani à Washington, en juin, l'oblige à temporiser. Sur le terrain militaire, les peshmergas de l'UPK mènent la vie dure à l'armée autour des montagnes de Korak. Voilà maintenant que leur chef investit le terrain diplomatique, promettant des révélations sur l'usage des armes chimiques par l'armée irakienne. Mieux vaut faire profil bas…

1. L'enregistrement de cette conversation a été diffusé au tribunal, devant la haute cour de justice irakienne, les 8 et 9 janvier 2007.

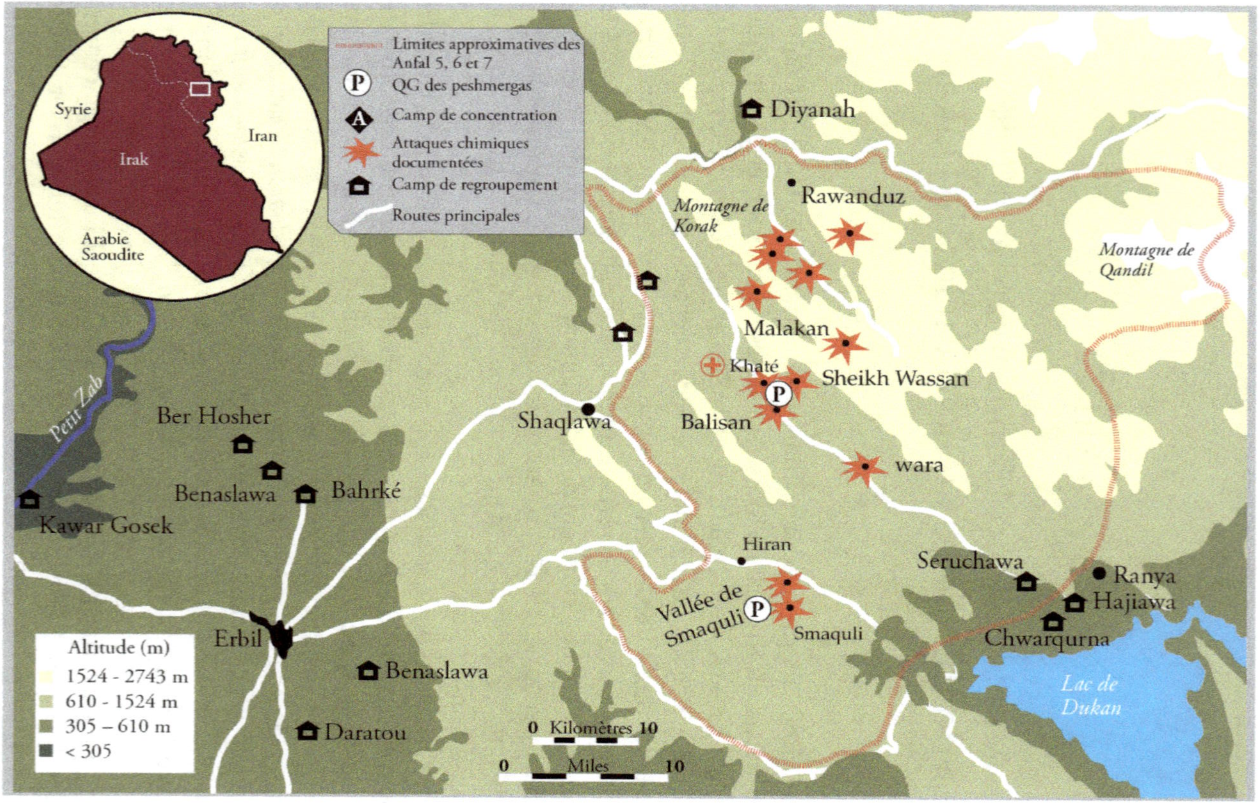

Figure 9 – Carte Anfal 5, 6 et 7. Source *Genocide In Iraq: The Anfal Campaign Against the Kurds*. A Middle East Watch Report, Human Rights Watch, 1993. © Michael S. Miller, Rightsmaps.com. Carte adaptée par Loghman Rashidy

même si l'allié américain fait mine de ne pas entendre pour ne pas gêner Bagdad qui livre une bataille féroce contre l'Iran.

Il y a malgré tout des bombardements sporadiques – parfois chimiques – qui ciblent les peshmergas et, donc, par contrecoup, leur famille. Hassia est en train de donner naissance à son sixième enfant, le 16 juin 1988, quand arrivent les avions irakiens. Les contractions ont commencé. Elle est transportée dans la vaste grotte qui sert de QG aux combattants kurdes, depuis 1985, aux abords de Malakan. On l'appelle « la grotte de l'Oncle ». Elle abrite dix familles et un dispensaire pour soigner les blessés. Abdel, son mari, se veut rassurant. Mais changer de vêtements n'arrange pas les symptômes des survivants. Leur peau, devenue noire, gratte, et les cloques suintent. Le petit Darbaz a bien vu le jour, mais il vomit tout le lait contaminé qu'il tête au sein de sa mère, quand le liquide blanchâtre ne s'écoule pas par son nez. Du lait en poudre va lui sauver la vie mais, trente ans plus tard, il a encore du mal à avaler sa salive et beaucoup de problèmes avec son œsophage. C'est pire encore pour Sarbas, son frère aîné, qui a de graves problèmes respiratoires. À côté d'eux, Sangar, né en 1985, s'estime chanceux. Fin septembre 1988, le petit bout de chou a marché pieds nus sur un éclat d'obus tombé trois mois plus tôt, près de la grotte. La brûlure a été immédiate.

Décision est prise alors de laisser Abdel dans les montagnes, qu'il connaît comme sa poche, et de mettre les enfants en sécurité à Seruchawa[1] où ils vont vivre jusqu'en 1991. Hassia ne pouvait pas faire autrement, car les bombardements se sont intensifiés quand Saddam Hussein a tapé du poing sur la table, en juillet 1988.

Le 16 juillet, la communication personnelle n° 14671 du bureau de la présidence est à la signature. Le raïs tenait à ce que l'opération Anfal soit « *rapidement terminée après les fêtes religieuses* » de l'Aïd al-Adha[2], prévues le 25 juillet. Effet de leur sixième sens, ou plus vraisemblablement de la qualité de leurs services secrets ? Le 26, les commandants kurdes ont demandé aux hommes qui ne sont pas en état de combattre de se replier en Iran avec leur famille. À charge pour les peshmergas valides de protéger leur retraite. Mais dans les vallées reculées de Malakan, Smaquli ou Balisan, le message est loin d'avoir touché tous les civils qui ont échappé à la déportation en se terrant dans les reliefs. C'est le cas de Salam Husein, un des rares à être resté dans la vallée de Balisan avec son beau-frère Hamad et son ami Jaffar,

1. Prononcer Saroutchawa.
2. Aussi appelées Aïd el-Kebir.

après le bombardement chimique du printemps 1987. Trois mois plus tard, il est allé chercher sa femme Sabria et son fils Gardou à Sisawar. Jaffar, lui, a fait revenir Amina, sa femme, et Naz, sa fille, de Shaqlawa. Tous les sept vivent paisiblement dans un trou creusé dans la montagne lorsqu'ils sont rattrapés par l'opération Anfal, le 31 juillet 1988.

Ce jour-là, Salam lève un regard inquiet vers le ciel en entendant les *Soukhoï* survoler sa montagne. Il trouve que c'est de plus en plus fréquent depuis quelques semaines. Des échos de l'opération Anfal, il en a bien entendu. Nawcha, la base des peshmergas du PDK, est à 500 mètres de son abri, et Mala Najib, celle de l'UPK, à 200 mètres dans la direction opposée. Mais il ne cherche pas nécessairement le contact. Il est bien là, dans son écrin de verdure, adossé au pied de la montagne. Quelques mètres plus loin, la rivière Kona Siqur leur apporte toute l'eau dont ils ont besoin. Les arbres des alentours regorgent de fruits ; leur feuillage abondant offre le couvert idéal. Et en prime, Sabria fait du pain délicieux. Que demander de plus ! Salam n'aurait pas pu vivre sous le joug du régime. Il préfère largement cette vie humble mais libre, même si elle signifie la peine de mort selon la directive 4008 toujours en vigueur en ce bel été 1988.

Salam le sait et reste donc aux aguets. Au deuxième passage, il sort de sa maison enterrée dans les dix mètres qui séparent la montagne de la rivière, jette un œil vers le ciel et saisit machinalement le masque à gaz dans lequel il a investi après l'attaque de 1987.

- Jaffar, tu vas voir qu'ils vont encore nous balancer des bombes chimiques, prévient Salam, qui a un mauvais pressentiment.
- Ne t'inquiète pas. Tous les jours il y a des avions, répond son ami tout en se dirigeant vers le ruisseau, une jarre vide à la main.

Sabria et Amina ne sont pas inquiètes non plus. Accroupies devant la maison de terre, elles préparent du boulgour et des tomates pour que le repas du soir soit prêt avant la prière.

Quant à Gardou, il joue tranquillement dans son coin, en short et en tee-shirt, seuls vêtements qu'il arrive à supporter avec la chaleur.

Salam s'avance jusqu'à une trouée bleue, entre deux arbres, et crie, tout en mettant son masque à gaz.

- Dépêche-toi Jaffar, viens mettre ton masque ! Ils bombardent ! Mettez-vous tous à couvert dans le creux de la montagne.

Il attrape son enfant qu'il couvre d'un linge humide et court vers ce creux, distant de vingt mètres à peine. Vingt mètres qui séparent son fils de trois ans de la mort. Une des trois bombes larguées est tombée à dix mètres de leur position. La fumée est bien plus opaque que quinze mois avant, lors du premier bombardement chimique de Balisan. De là où il est, Salam ne voit même pas Sabria et Amina, qui sont mortes, tout comme Jaffar qui n'a pas eu le temps de faire les cinq mètres qui le séparaient de son masque. Gardou n'est plus qu'un paquet mou dans les bras de son père qui décide d'aller chercher du secours à la base de l'UPK. Il fait quelques pas et s'effondre à son tour, inconscient, le visage heureusement protégé par son masque.

Salam est dans la même position lorsque les peshmergas le trouvent dans la soirée, au côté du cadavre de son fils. Ils le conduisent à l'hôpital de Khaté où il apprend cinq jours plus tard que sa femme, son fils, son beau-frère, ses amis et leur fille sont tous morts intoxiqués par les gaz qui étaient trois fois plus concentrés qu'en 1987. Une blessure bien plus grave que celle qu'il devine derrière le bandeau qui couvre ses yeux. Comme en 1987, il est aveugle. Comme en 1987, cela ne va pas durer. Mais les séquelles ont l'air plus importantes que l'année précédente lorsqu'il sort de l'hôpital, dix jours plus tard. Toujours dans le brouillard, il décide néanmoins de retourner à Mala Najib. Là, les peshmergas lui apprennent qu'une vingtaine de villages sont occupés par l'armée, dans la vallée. Ils ont fait leur possible pour retarder l'avancée des soldats en juin et pendant une bonne partie du mois de juillet, notamment en tenant les montagnes de Korak. Mais la situation devient intenable pour eux.

– Déjà, le 31 juillet, on aurait dû être partis, avoue le leader du groupe. Nos commandants avaient décidé un retrait partiel de la zone, le 26. Maintenant, on ne peut plus faire autrement. On se replie en Iran. Désolé mon ami, tu es trop faible pour nous suivre. Tu vas devoir te débrouiller tout seul.

Immédiatement, Salam[1] pense à Taoufik, un ami qui habite Seruchawa. La mort dans l'âme, il décide de le rejoindre. Des larmes coulent sur ses joues.

La douleur de Salam Husein importe peu à Ali le chimique qui brûle d'impatience. Comme d'habitude, ce sont les civils qui payent le prix

1. Salam est resté à Seruchawa jusqu'à l'amnistie, le 6 septembre 1988. Ensuite, il a été contraint par le régime de faire son service militaire. Un service auquel il a réussi à échapper au bout de six mois, reprenant sa vie de clandestin dans les montagnes. Il est revenu à Balisan après la chute de Saddam Hussein en 2003, l'année où il s'est remarié. Sa nouvelle épouse lui a donné cinq enfants. À ce jour, il pense encore que la position de sa maison a été révélée et vendue aux autorités par un traître du jahsh.

fort... au risque de retarder les militaires qui ont d'autres chats à fouetter avec les peshmergas. Le 1er août 1988, un cadre de la région de Mossoul s'en inquiète auprès de l'ombrageux patron du Bureau Nord. Il demande quoi faire des Yézidis. Certains imaginent qu'ils pourraient être assignés à résidence dans les maisons des Kurdes expulsés...

Le ton monte au point d'affoler l'aiguille de l'enregistreur audio de la réunion. Le secrétaire général du Bureau Nord n'oublie pas que les Kurdes, sunnites pour la plupart, ne sont jamais que d'anciens Yézidis convertis au fil des siècles passés. Autant dire que, pour lui, ils ne valent pas mieux que les fils de Mustafa Barzani, « les descendants de la trahison » comme il les appelle !

« Nous les avons déportés de Mossoul sans leur donner de compensations. Nous avons rasé leurs maisons. Nous leur avons dit, « allez, allez-vous-en » ! (...). Voulez-vous augmenter la population arabe avec ces gens ?! (...). Nous devons arabiser votre région seulement avec de vrais Arabes, et non des Yézidis qui disent un jour être Kurdes, et le jour suivant être Arabes. Nous avons fermé les yeux quand les Yézidis ont rejoint le Jahsh au début, afin d'éviter que le nombre de saboteurs augmente. Mais à part cela, de quelle utilité sont les Yézidis ? Aucune !

Affaire classée. Il est hors de question de faire des exceptions. Les Yézidis vont bientôt l'apprendre à leurs dépens, tout comme les chrétiens qui sont nombreux dans le périmètre du huitième Anfal.

Six jours après, les choses se précipitent. Ali Hassan al-Majid veut passer à la dernière étape du plan de nettoyage. Autour de la table, ce 7 août 1988 à Kirkouk, des officiers venus de tous les fronts, armée de l'air comprise, pour faire le point avec lui. Le Premier Corps d'Armée est chargé de terminer le travail dans les vallées de Smaquli, Balisan et Rawanduz. Ali Hassan al-Majid balaie les détails d'un revers de main et demande au Cinquième Corps d'Armée commandé par le général de brigade Yunes Zareb de se tenir prêt pour l'opération Anfal 8. Il est basé à Erbil. Il se chargera de « nettoyer » le gouvernorat de Duhok, en commençant par le district de Zakho à l'ouest, mais attaquera aussi le secteur yézidi de Sheikhan, plus au sud, à l'est du barrage de Mossoul.

La bataille finale d'Anfal ne dérogera pas à la règle. Elle débutera le 25 août par une campagne aérienne à laquelle participera le bataillon des armes chimiques, et se poursuivra le 28 août par l'engagement des troupes au sol, « *aux premiers rayons de l'aube* ».

Le 8 août, coup de chance pour le « camarade » Ali Hassan al-Majid. Le cessez-le-feu avec l'Iran, qui était à l'ordre du jour depuis le 17 juillet, est finalement annoncé par le haut commandement. Libérées de leurs obligations sur les fronts Sud et Est, des unités des Troisième, Sixième et Septième Armée ont ordre de prendre position au Kurdistan. Ali le chimique s'apprête à lancer 200.000 hommes[1] dans la bataille.

Face à eux, 8.000 peshmergas du PDK[2] auxquels il faut ajouter des peshmergas UPK et communistes, ainsi que les 36.000 villageois de la « force civile de soutien », très impliqués dans la logistique et dans l'évacuation des blessés.

1. Dans son livre *Génocide en Irak, la campagne d'Anfal contre les Kurdes*, (Khartala édition, *op. cit.*, page 296), Middle East Watch rapporte que, d'après plusieurs anciennes sources militaires de l'époque, entre quatorze et seize divisions régulières de 12.000 hommes chacune ont participé au dernier Anfal, en plus du bataillon d'armes chimiques, d'unités des forces aériennes irakiennes, des bataillons de défense nationale et des Kurdes pro-régime du Jahsh.
2. Ce chiffre de 8000, rapporté par Hoshyar Zebari le 7 juin 1993 à Washington DC, est sujet à caution. Dans *The kurdish movement in Iraq, 1975-1988* (*The Kurds : a contemporary overview*, publié par Kreyenbroek et Sperl, *op. cit.*, p 138), A. Sherzad a évalué les peshmergas du PDK à 10.000, en 1988, répartis dans ses quatre QG, à Zewa Shekhan pour la région de Bahdinan, dans la vallée de Smaquli pour le gouvernorat d'Erbil, à Jafaran pour la région de Kirkouk et du côté de Chwarta pour tout le secteur de Souleymanieh… même si c'est bel et bien dans le secteur d'Anfal 8, dépendant de Zewa Shekhan, qu'ils étaient les plus nombreux. Secteur où l'armée irakienne évaluait le potentiel de ses opposants entre 1800 et 2000 peshmergas du PDK, auxquels il fallait ajouter selon elle 250 à 300 peshmergas de l'UPK, 200 à 220 combattants du Parti communiste irakien et une centaine de « saboteurs » du Parti populaire démocratique du Kurdistan, un groupe dissident du PDK.

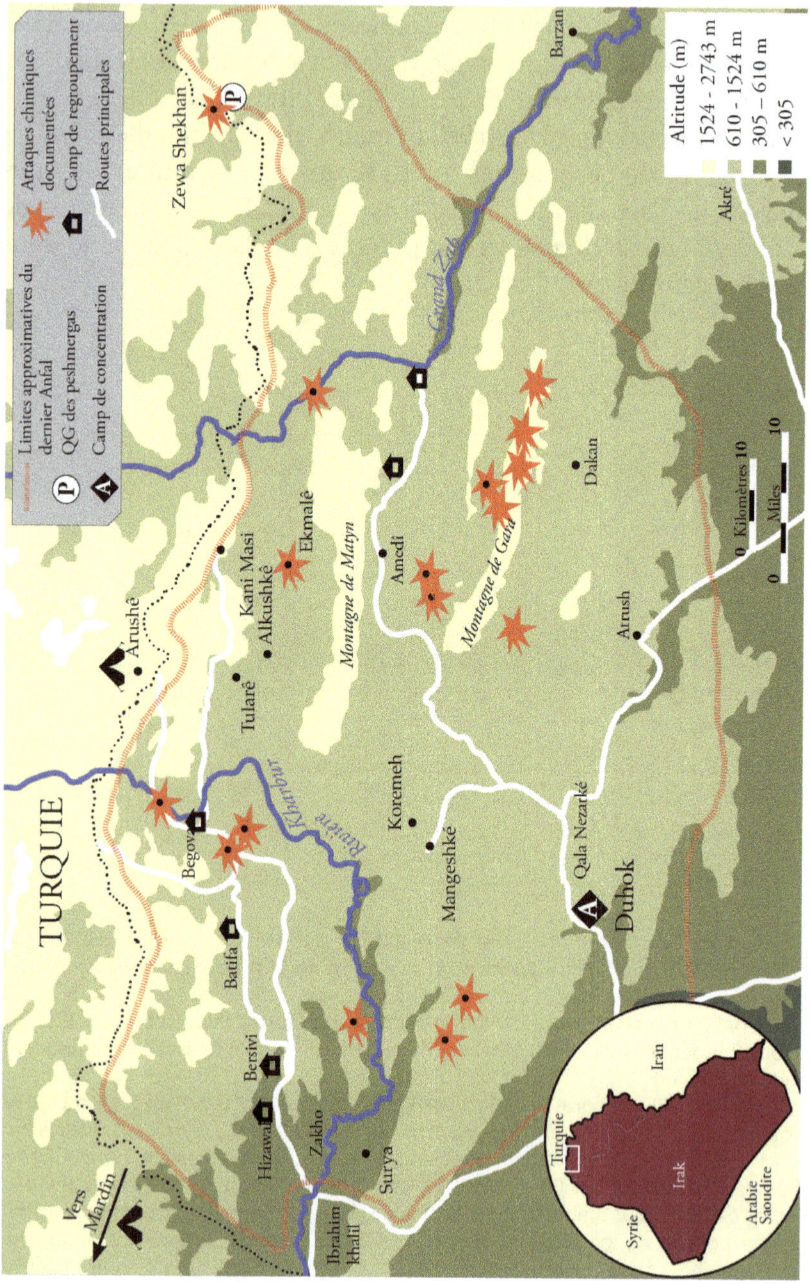

Figure 10 – Carte Anfal 8. Source *Genocide In Iraq: The Anfal Campaign Against the Kurds*. A Middle East Watch Report, Human Rights Watch, 1993. © Michael S. Miller, Rightsmaps.com. Adaptée par Loghman Rashidy.

XIV

Anfal 8 du 25 août au 6 septembre
Pour en finir avec le PDK

– Bonjour Snur. Prête pour connaître l'histoire du dernier Anfal ?
– Oui.
– Après la fin de la guerre Iran-Irak, Massoud Barzani a conscience que ses hommes ne vont pas faire le poids. Seule chance d'éviter la manœuvre d'encerclement, fuir en Turquie ou en Iran. Le 24 août, ton père demande à ta mère de se tenir prête. La frontière avec l'Iran est l'unique porte de sortie. Par chance, elle est dans la direction opposée à celle de Koremeh[1], votre village natal, qui va être le théâtre d'un énième crime de guerre.
– Pfff, engore. Les baasistes voulaient gtuer tous les Kurdes musulmans, alors !
– Non, pas que les musulmans. Ils tuaient aussi les Kurdes yézidis et les chrétiens qui soutenaient les peshmergas. Je t'en parlerai tout à l'heure. D'abord, je vais te raconter l'histoire du village de ton père.

***

Ce 25 août 1988, la chaleur est écrasante dans le vallon de Koremeh. Le poids de la *kalachnikov* et des six chargeurs accrochés à la ceinture se fait sentir après une journée de marche dans la montagne de « Matyn ». Heureusement pour Qahar et son cousin Hashem, l'ombre des amandiers se profile à l'horizon. Les deux peshmergas profitent du relief accidenté pour longer les failles du terrain jusqu'à la première ruine. De nouvelles pierres ont roulé dans l'enclos vide des moutons qui ne paissent plus depuis bien longtemps dans la région. Qahar pousserait bien jusqu'à sa maison, à l'entrée sud du village, côté Mangeshkê. Mais à quoi bon. Elle a été détruite comme les autres lors du dernier bombar-

1. Prononcer Koréma.

dement de l'armée irakienne, en 1986. Le coin droit de son épaisse moustache noire se soulève, formant une virgule de dépit sur sa joue ronde. Les soixante familles de Koremeh vivent dans des grottes, à 40 minutes de marche, depuis deux ans. Mais elles vont encore devoir fuir. Anfal 8 a commencé.

« Viens ! » Même tête baissée, Abdulkarim a reconnu la voix rauque et nasillarde de Qahar. Assis sur une pierre, devant la grotte Tshami qui abrite sa famille, il lâche aussitôt le chiffon avec lequel il nettoyait sa précieuse *kalachnikov*. Il essuie ses mains dégoulinantes sur la veste couleur terre de son khaki, la tenue traditionnelle kurde, reprend son arme, et se précipite derrière ses deux aînés sans demander pourquoi.

Ses quatre sœurs, qui guettaient le retour des deux hommes, sont inquiètes. Il n'y a qu'une dizaine de peshmergas au village pour les protéger, et parmi eux leur frère qui n'a que 19 ans. Certes, leur courage est inversement proportionnel à la taille de ces résistants de la première heure qui doivent mesurer entre 1 m 60 et 1 m 70. Mais elles aussi ont entendu parler d'Anfal et des bombardements chimiques. Elles ont vu les avions et les hélicoptères, plus nombreux que d'habitude ces derniers temps dans le ciel.

- Tu crois qu'ils vont nous attaquer ici ? demande Faïza, la petite dernière, d'un air suppliant.
- Ce sont des affaires d'hommes. Il y a le repas à préparer. Venez ici, répond leur mère d'un ton ferme.

Le son est étouffé par les pierres qui forment un mur à l'entrée de la grotte transformée en habitation troglodyte. Xamri est une maîtresse femme. Vian, Shamam, Hakima et Faïza savent qu'il vaut mieux l'écouter. Elles tournent les talons pour la rejoindre dans l'antre sombre.

Assis à l'ombre d'un amandier, les anciens viennent d'entendre le compte rendu de Qahar qui, à 34 ans, est le peshmerga le plus âgé du village avec Aboubaker. La guerre Iran-Irak est terminée depuis plus de deux semaines. Tous savent que Saddam Hussein va maintenant concentrer ses forces sur la région de Duhok, et plus précisément sur la Barwari voisine où sont retranchés bon nombre de résistants. Or, Koremeh est sur le passage.

Le 22 août, ordre a été donné d'évacuer le QG des peshmergas, à Zewa Shekhan. Tout au long de la chaîne de montagnes qui sépare la Turquie de l'Irak, l'exode a déjà commencé. Il faut partir.

Le soir, les soixante familles entament la lente ascension de « Matyn », guidées par Qahar et ses hommes. Quelques heures après, ils sont dans le secteur de Kela Shixo. Mais il faut encore traverser la route de Kani Masi pour atteindre la frontière turque et, derrière, la sécurité. Tout au moins, ils l'espèrent. Seulement voilà, des éclaireurs viennent d'alerter la tête du convoi. L'armée irakienne a bloqué la route.

« Il faut se disperser », annonce Qahar d'une voix grave. Décision est prise de former trois groupes de vingt familles pour éviter d'avancer tous ensemble à découvert. Un seul réussit à passer la frontière dans la nuit du 26 au 27 août.

Dans la journée du 27, les deux autres groupes sont de retour à Koremeh. Les sages et les chefs de familles tiennent conseil toute la nuit, sans les peshmergas qui en profitent pour faire le compte de leurs munitions.

Le 28 août, à l'aube, la solution retenue est que les femmes, les enfants et les anciens se rendent au gouvernement. « Ils ne nous feront rien », a dit Khalil, le père de Qahar, considéré par tous comme un grand sage. Et pas seulement pour les cheveux gris qui entourent un visage plus rond encore que celui de son fils. Quant aux peshmergas qui restent, ils pourront s'enfuir plus facilement par les montagnes sans leurs familles à protéger.

Abdulkarim est de cet avis. Mais en tournant machinalement la tête dans la direction de Mangeshkê, le jeune peshmerga aperçoit une cinquantaine de militaires de l'armée irakienne en surplomb, plus dix autres avec des tanks de l'autre côté.

– Ils sont là. On est à découvert ! crie-t-il en se jetant sur sa « kalache ».

Naïf Hassan, son père, lève une main apaisante et l'invite à se calmer. Il regarde Hadji Anwar et Khalil, qui clignent lentement des paupières devant son regard lourd de sens.

– On va aller leur parler, reprend Khalil. Il faut se rendre. Tous. Inutile de prendre des risques avec les femmes et les enfants.

Les peshmergas baissent la tête. Les anciens ont raison. Mais à quelle sauce vont-ils être mangés ?

Quelques minutes plus tard, les trois sages reviennent rassurants.

– Nous avons parlé à l'officier. Il a juré sur l'honneur du parti Baas, sur Saddam Hussein et sur le Coran que ses hommes et lui ne vous feraient rien. Vous allez juste être interrogés.

Les peshmergas sont dubitatifs, mais ils savent qu'ils n'ont pas le choix.

« Les anciens, les femmes et les enfants à gauche. Les hommes à droite », commande calmement l'officier qui a plutôt fière allure dans son uniforme irakien. Le ton posé du militaire âgé d'environ 35 ans et le fait qu'il ne porte pas d'arme finissent de rassurer Abdulkarim. *« Et puis, il a juré sur le Coran »* se répète le jeune peshmerga pour calmer sa nervosité. Il se retrouve bientôt au milieu d'un groupe de 33 hommes âgés de 14 à 60 ans, à l'ombre d'un des trois grands chênes qui dominent le village, sur le plateau d'herbes sèches. Parmi eux, onze habitants de Chelkê, arrêtés peu avant dans le village voisin.

À quelques mètres, les femmes gémissent, refusent de laisser partir leurs maris, leurs fils. L'officier les rassure.

– Suivez mes hommes. Ils vont vous conduire à Mangeshkê. Pendant ce temps, on va juste discuter avec eux.

Les femmes s'éloignent effondrées, suivies des enfants accrochés pour la plupart aux tissus chamarrés de leurs longues robes kurdes. Les hommes les regardent tristement disparaître derrière la butte.

– Qu'est-ce qu'ils vont nous faire, demande le plus jeune frère de Qahar, Atnan, qui caresse les billes au fond de sa poche pour se rassurer.
– Taisez-vous ! hurle l'officier, soudain plus autoritaire.

Puis, à son aide de camp…

– Abbas, le *talkie* !

Le conciliabule avec les supérieurs semble durer une éternité. L'officier tend enfin le *talkie-walkie* à Abbas et ordonne aux prisonniers de descendre 300 mètres plus bas, sous les amandiers.

« Ah, de l'ombre ! C'est plutôt bon signe », pense Abdulkarim. Mais quinze minutes plus tard, l'officier fait mettre les 33 prisonniers en ligne face aux seize soldats positionnés dix mètres plus haut dans la

pente. Aboubaker a juste le temps de les voir mettre un foulard vert pour couvrir leur bouche et leur nez. Immédiatement après, il entend l'ordre de l'officier.

« En joue ! » Sans réfléchir, Aboubaker crie « fuyez » ! tout en se jetant dans la pente. La fumée produite par les coups de feu tirés en rafales forme un écran entre lui et les militaires. Il roule jusqu'aux fourrés, 80 mètres plus bas, où il s'immobilise à couvert tandis que la fusillade continue sans interruption pendant deux à trois minutes, couvrant la stridulation des grillons de funeste manière.

Aboubaker serre les dents pour ne pas hurler de douleur. Il a été touché à la jambe gauche, pliée sous ses fesses au niveau du fémur manifestement cassé. Plus haut, les cris ont cessé depuis un moment quand les balles arrêtent enfin de siffler.

Abdulkarim, lui, s'est mis à plat ventre dès qu'il a entendu l'ordre de tirer. Les corps entremêlés d'Abdulrhamane, le cousin de son père, qui était sur sa droite, et de son copain Salah, qui étaient sur sa gauche, ont été les premiers à lui tomber dessus. Du sang coule sur son visage et dans son cou. Abdulkarim ne sait pas si c'est le sien. Il ne sait pas non plus s'il est blessé. Choqué, il ne sent plus son corps. Il est ailleurs, loin de cet amoncellement de cadavres. Absent de lui-même… jusqu'à ce que la voix, de nouveau calme et froide de l'officier, le ramène à la réalité. « S'ils ne sont pas finis, il faut les terminer d'une balle dans la tête. Je veux être sûr qu'ils soient tous morts. »

Tandis que le capitaine s'éloigne, Abdulkarim perçoit les bruits de pas de deux soldats en train de se diriger vers le bas de l'alignement. Il entend le premier claquement sec d'un pistolet, puis un second. Et les pas qui se rapprochent après chaque coup de feu.

« *C'est la fin* », pense le jeune peshmerga tout juste sorti de l'adolescence lorsque ses deux bourreaux arrivent à son niveau. C'est sans compter avec Abdulrhamane, Salah et son frère Khaled, qui cachent la position exacte de son corps. Abdulkarim entend le sifflement de la balle à côté de son oreille gauche. Simultanément, il ressent une brûlure au niveau du trapèze. La balle n'a fait qu'effleurer son cou. Les pas s'éloignent.

« *Allah est avec moi* », pense le miraculé. Mais jusqu'à quand ?

« Brûle-les », lance un des deux militaires à son collègue, qui sort son lance-fusées et tire une cartouche sur les herbes sèches, au pied des corps.

Tous les deux remontent enfin sur le plateau rejoindre le capitaine et les soldats qui les attendent tranquillement à l'ombre des chênes. Abdulkarim patiente encore quelques minutes. Appelle son cousin et ses amis les plus proches à voix basse. Mais il n'obtient pas de réponse… jusqu'à ce que les flammes lui lèchent les pieds. Un coup sec des jambes envoie rouler le corps de Khaled. Tant bien que mal, le jeune peshmerga se dégage d'Abdulrhamane et de Salah. Se relève. Tâte son khaki couvert du sang de ses amis. Et constate surpris qu'il n'est pas blessé en dehors de la brûlure laissée par la balle qui a frôlé son trapèze gauche.

Les militaires sont à plus de 500 mètres maintenant. Ils ne voient pas la scène de leurs crimes. Dès lors, Abdulkarim commence à trépigner frénétiquement sur le sol aride pour éteindre le feu avec ses pieds. Pas question pour lui de laisser les flammes abimer le corps de ses amis.

Qahar, qui faisait le mort 30 mètres plus bas, relève la tête en l'entendant.

– Karim, tu es vivant !

Abdulkarim retrouve sa bouille émerveillée de grand enfant et se précipite sur son aîné.

– Oui, ça va. Et toi, tu vas bien ?
– Ça va. Enfin, pour le moment. J'ai pris une balle dans le dos. Et une autre m'a frôlé le front.

À ses côtés, Hashem commence à remuer lui aussi. Mais il est grièvement blessé aux jambes. Impossible de marcher avec une balle dans chaque mollet. Abdulkarim le dégage des flammes en le prenant sous les bras et le tire jusqu'aux fourrés, dans un creux, d'où il ne sera pas visible. En rejoignant Qahar, il trouve Aboubaker blessé, à quelques mètres de son colov darsouk blanc et noir, la coiffe kurde dont il ne se sépare jamais. Abdulkarim le tire lui aussi dans un coin sûr et, sans prévenir, il tire d'un coup sec sur sa jambe désarticulée pour la remettre dans l'axe. Aboubaker étouffe un hurlement. Le jeune peshmerga lui ramène son chapeau tandis que, sous les amandiers, Qahar retourne le corps de son frère Atnan. Mort. « *À 14 ans ! Mais qu'est-ce qu'il leur avait fait* », tempête Qahar intérieurement. Rien, pas plus que le cousin qu'il reconnaît à son chitek, la ceinture de dix mètres qu'il a entrelacée autour de la taille à la façon caractéristique des Bahdinis. Deux balles ont traversé son visage. Il est méconnaissable. D'un revers de manche, Qahar essuie le sang qui coule de son front et fait le compte. Sur les vingt-sept morts qui gisent autour de lui, il y a son père, deux frères et neuf cousins. Manquent à l'appel Fatah et son frère Sdqi qui ont certainement réussi à fuir. Il serre les poings, éteint encore quelques flammèches avec les pieds et part sans se retourner rejoindre Karim.

Il était temps. Voilà les avions de l'armée irakienne qui font un passage pour bombarder le village.

– C'est pour ça que les militaires sont partis si vite, commente Abdulkarim avant de se coller au sol, avec Aboubaker et Qahar.

Au sifflement des bombes succèdent les explosions en chaîne sur 200 mètres, dans un fracas assourdissant. Lorsque le bombardement s'arrête enfin, même les grillons semblent retenir leurs élytres. Qahar est le premier à rompre le silence.

– C'est trop dangereux ; on ne peut pas rester là. On va construire un brancard pour te transporter jusqu'aux grottes.
– Non, répond Aboubaker en plongeant ses yeux noirs dans ceux plus clairs de son vieil ami. Je vais vous retarder. Et puis regarde-toi Qahar, tu es blessé toi aussi. Laisse-moi et sauve-toi, car tu es le dernier de ta famille.

Les gorges se serrent. À quelques mètres de là, Hashem donne la même réponse.

– Je vais souffrir pendant le trajet et vous aussi. Ce n'est pas la peine. Laissez-moi ici et partez. Si je peux, je vous rejoindrai.

Hashem et Aboubaker sont du genre têtu. Pas la peine de chercher à les convaincre. Tous se souhaitent bonne chance.

Sur la route des grottes, Abdulkarim est obligé de faire plusieurs pauses pour que Qahar puisse se reposer.

– Si je tombe, cache mon corps et recouvre-le de feuilles. Je ne veux pas que les baasistes le trouvent, lâche Qahar lors d'un rare moment de désespoir.
– Tu ne vas pas mourir, rétorque Abdulkarim. On va s'en sortir tous les deux.

De rage, il remet son aîné sur ses pieds et le soutient par les aisselles, décidé à atteindre les grottes où il devrait trouver pansements et médicaments. 300 mètres après la source, où ils s'interdisent de boire à cause de leurs blessures, nouvelle pause au pied d'un peuplier. Qahar écoute quelques secondes la douce musique de l'eau qui coule sans se soucier des fureurs du monde. Il respire le plus profondément possible. Puis il fouille l'une de ses poches, dont il tire un paquet de cigarettes plein de sang et un briquet.

– Voilà de quoi m'offrir un dernier plaisir au cas où…

Son jeune ami l'interrompt, estomaqué.

– La fumée… Elle ne sort pas par ta bouche mais par ton dos.

Tous les deux éclatent de rire. Un rire que Qahar est vite obligé de refreiner tant il accentue la douleur dans sa poitrine. Après les derniers soubresauts, il a un temps d'arrêt puis regarde son compagnon d'infortune avec une infinie fraternité et une seule pensée en tête : « *C'était le deuxième plus jeune du groupe après mon frère Atnan.* » Les liens du sang ont maintenant une autre signification pour lui comme pour celui qu'il appelle affectueusement Karim. Sans se le dire, ils savent qu'à partir d'aujourd'hui, c'est à la vie à la mort entre eux.

– Bon, on repart, lance Karim tout guilleret avec ses yeux pétillants qui faisaient tant fondre sa mère quand elle le voyait se resservir de la soupe avec gourmandise.

Mais au moment de se lever, le craquement des feuilles sèches le met en alerte.

– Ne bouge pas !

Karim s'empare du couteau de Qahar et s'apprête à s'enfoncer dans le bosquet quand il entend une voix familière.

– Au secours, aidez-moi !
– Mince alors, Hashem nous a suivis. Il doit être dans un sale état avec deux balles dans les mollets, observe Qahar. Karim, tu es le seul d'entre nous en forme. Va chercher un mulet aux grottes, et ramène-le.

Le benjamin de la bande file alors en courant et ramène l'animal un quart d'heure plus tard. Il pénètre dans le bosquet. Et là, surprise, il trouve Hashem, mais entend aussi des reniflements un peu plus loin. C'est Sdqi, qui a réussi à fuir malgré une balle dans la poitrine et une autre qui lui a quasiment arraché un doigt de la main droite. Il est en train de pleurer comme un enfant. Karim fait deux voyages et assoit Sdqi près de Qahar, qui récupère son couteau.

– Ne regarde pas, dit ce dernier.

D'un geste rapide, il coupe proprement le doigt qui ne tenait plus que par un lambeau de chair. Il relâche son chitek, déchire un bout de sa très longue ceinture, et fait un bandage autour de la main martyrisée.
– Voilà au moins une blessure qui devrait guérir, dit-il en souriant.

Les quatre hommes se regardent d'un air entendu. Hashem est hissé sur le mulet. Et ils arrivent finalement à la grotte des chauves-souris, la plus inaccessible de toutes pour qui ne connaît pas le coin, aucun sentier n'y conduisant. Karim allonge les trois blessés à l'abri avant d'aller chercher des bandages et de se transformer en infirmier.

Les premiers jours, c'est lui qui va faire la cueillette dans les potagers. Les quatre peshmergas se nourrissent de pain rassis, de raisins, de tomates et de 45 amandes par jour et par personne. Mais le stock s'épuise vite.

Au huitième jour, Karim se dit qu'il faut trouver une solution, sinon ils vont mourir de faim. Il parle à Qahar qui va mieux depuis qu'il lui a prodigué des soins. Il obtient son feu vert, prend les jumelles et marche jusqu'à Tahlava, le village le plus proche, qu'il observe de loin. De retour à la grotte, il fait un compte rendu à Qahar, considéré par tous comme le plus expérimenté.
– Il n'y a pas de soldats. En revanche, j'ai vu des traîtres.
– Ce sont peut-être des traîtres, mais certains nous aident parfois. Et on n'a pas le choix. On y va.

Qahar prend la tête du groupe. Hashem s'accroche comme il peut au cou dodelinant du mulet tiré par Karim. Et Sdqi ferme la marche, le souffle court. Arrivé à Sabna, le ruisseau qui marque la limite entre Tahlava et Koremeh, Qahar lève une main sans se retourner. Karim stoppe aussitôt la mule.
– Je vais aller les voir. Si je reviens, ça va. Sinon, c'est que je suis mort. Et alors, vous savez ce que vous avez à faire, lance Qahar, qui a laissé son couteau à ses amis.

Hashem opine du chef. Plutôt la mort que les tortures dans les geôles baasistes.
– Je vais avec toi, impose Karim.

Sourire affectueux de Qahar. Décidément, bon sang ne saurait mentir.
– Allez, viens.

À l'entrée du village, il comprend vite à qui il a affaire.

– Regarde leur armement. C'est une Fawdj. Une légion de traîtres kurdes. Les pires, murmure Qahar entre ses dents.

À la vue des deux peshmergas qui portent encore leur khaki couvert de sang, les collaborateurs zélés du parti Baas bondissent sur leurs armes et les pointent dans leur direction.

– Vous êtes venus vous rendre dit calmement Hissa, un jeune chef, qui n'a pas bougé du matelas posé par terre, devant la théière où de l'eau est en train de bouillir.
– Ça dépend de ce que tu comptes faire de nous. On n'est pas seuls. Tes amis ont juré sur le Coran qu'ils n'allaient rien nous faire et ils ont fusillé 27 des nôtres à Koremeh. La plupart étaient de simples villageois. Parmi eux, il y avait mon frère, âgé de 14 ans, et mon père, un sage du village.

Hissa ne bouge plus. Le regard trouble, il reprend.

– On est sans honneur. Aider des gens qui font ça à notre propre peuple…

Puis, à ses hommes.

– Baissez vos armes. On les conduits à Khaled.

Dans le village, le chef de la Fawdj a écouté le récit de la fusillade attentivement. Un air de dégoût s'est progressivement installé sur son visage.

– Je suis Kurde comme vous. Aujourd'hui, c'est vous. Demain, ce sera mon tour, je ne me fais pas d'illusion. Tant que durera l'offensive de l'armée, vous êtes sous ma responsabilité. Nous n'avons pas grand-chose pour vous soigner, vous et vos amis. Mais s'il faut que je vous enterre dans mon jardin, je le ferai. Je ne leur laisserai pas vos corps.

Karim est soulagé. Il sait ce qui arrive aux cadavres des peshmergas capturés par les militaires. Ils sont tirés par une voiture dans les rues des villages jusqu'à ce qu'une mère ou une épouse demande grâce, à charge pour elle ensuite de payer les balles qui ont servi à tuer son mari ou son fils.

Qahar demande à Khaled si deux de ses hommes peuvent aider Karim à ramener Hashem et Sdqi, restés prêts du ruisseau. Par sécurité, les blessés sont conduits dans une grotte, à l'écart du village, où ils vont rester deux jours et une nuit, jusqu'à ce que la nouvelle de la grâce présidentielle arrive à leurs oreilles avec un peu de retard.

Le 6 septembre, un ordre de Saddam Hussein a été lu à la télévision. L'opération Anfal est terminée. Pour le président de la République irakienne et leader du parti Baas, c'est un franc succès. L'amnistie doit permettre à tous les peshmergas de rendre les armes sans crainte. Khaled va voir Qahar, embarrassé.

– Je sais ce que j'ai promis, mais la guerre est terminée et vous avez besoin de soins. Au moins un de tes amis risque de mourir si vous n'êtes pas conduits dans un hôpital. Cette fois, ce n'est pas un capitaine qui a pris un engagement. C'est Saddam.

Qahar, Karim, Hashem et Sdqi sont sceptiques, mais là encore ils n'ont pas vraiment le choix. Bientôt, un *pick-up* beige de la Fawdj 27 vient les chercher pour les conduire à Mangeshkê. Qui sait, ils vont peut-être retrouver leurs épouses là-bas.

À l'entrée de Mangeshkê, ils sont dirigés vers le service administratif du parti Baas qui établit des listes en fonction des destinations. Un fonctionnaire arabe leur demande pourquoi leur khaki est plein de sang.

Qahar raconte une nouvelle fois ce qui s'est passé, la promesse faite sur le Coran par le capitaine, puis la fusillade.

– Vous êtes des menteurs, martèle le fonctionnaire furieux à grands coups de poings sur la table ! Des sunnites, tuer des sunnites après avoir juré sur le Coran… Jamais des représentants du gouvernement ne feraient ça. Gardes ! Amenez-les !

Les quatre blessés de Koremeh sont mis sur la liste des prisonniers à conduire à Qala Nezarké[1], la prison de Duhok. De l'autre côté de la ville, ils rejoignent 200 Kurdes assis à l'ombre des kazans, sur la place. Ce sont des habitants des environs qui se cachaient dans des villages ou dans des grottes et qui ont entendu parler de l'amnistie eux aussi.

Quelques heures plus tard, les soldats les font monter à l'arrière de sept *Hivas*, des camions militaires qui transportent une trentaine de personnes chacun, direction Batifa où l'armée a une place forte.

1. Qala Nezarké, qui peut également s'écrire Qala Nizarkeh.

Les familles sont conduites dans la mosquée. Mais les quatre rescapés de Koremeh ont droit à un traitement particulier. Immédiatement, ils ressentent la haine farouche des militaires à leur encontre.

« Ils meurent d'envie de nous tuer, murmure Qahar. Mais ils ne peuvent pas le faire avec les familles à côté. Sinon, ceux qui sont encore dans les montagnes ne se rendront pas. L'amnistie, c'est une occasion unique de tous nous contrôler. »

À moitié rassuré, Karim veut croire Qahar qui est devenu comme un second père pour lui. Tous les quatre sont d'abord enfermés dans la même pièce. Puis les militaires viennent chercher Qahar, Hashem et Sdqi les uns après les autres, soi-disant pour les soigner. En réalité, ils sont conduits dans des pièces différentes pour être torturés. Pendant trois jours, Karim se ronge les sangs en se demandant comment ils vont. Puis la porte de sa cellule s'ouvre enfin. Ses trois amis sont balancés à l'intérieur sans ménagement.

– Bonjour les soins, articule enfin Sdqi, complètement défait. Ils ont aggravé nos blessures. Ils devaient laver ma plaie, tu parles ! Ils l'ont agrandie avec un tournevis et ils ont versé de l'eau dedans.
– Moi, le tournevis, ils me l'ont planté dans le dos pendant deux jours et deux nuits avec un marteau. Pour chercher la balle soi-disant, poursuit Qahar.

Au quatrième jour, un caporal prénommé Mahdi se comporte de façon un peu plus civilisée pour les conduire à la prison de Qala Nezarké, à bord d'une *Chevrolet Malibu* bleue. Une prison de sinistre réputation. Aux quatre coins, des tours rondes surplombées de canons antiaériens entourent une immense cour rectangulaire où se croisent régulièrement camions militaires et bus remplis de Kurdes prisonniers de l'État irakien.

Les gardes se montrent moins polis que Mahdi. « Vous les Kurdes, fils de chiens, vous avez de la chance que notre maître à tous ait déclaré l'amnistie. Allez, nom, âge, village, plus vite que ça » ! tonne sèchement un homme de l'Istikhbarat[1] avant de pousser Qahar, Karim, Sdqi et Hashem vers les cellules du rez-de-chaussée où les hommes s'entassent par centaines. L'aîné du groupe lève les yeux, pour effectuer un rapide tour du « propriétaire », et remarque que les prisonniers ont accès aux coursives du premier étage. Ils semblent s'y bousculer même. Mais… à y regarder de plus près, Qahar n'aperçoit que des femmes, des enfants et

1. Istikhbarat = Renseignements militaires.

des vieillards. Où sont les hommes jeunes, songe le peshmerga lorsque des cris l'incitent à se retourner.

Tiens, voilà un groupe de prisonniers qui sort justement de l'aile opposée, des jeunes avec les yeux bandés et les mains attachées dans le dos, guidés par des agents armés du Amn jusqu'à trois bus aux fenêtres fermées.

« Ce n'est pas encore ton tour ! Rentre là-dedans », crie le garde en appuyant son injonction d'une claque magistrale sur l'oreille. Qahar suit ses trois compagnons d'infortune, avec des bourdonnements plein la tête. Une odeur d'ammoniaque et d'excréments les prend aussitôt à la gorge. La cellule est noire de monde. Et manifestement, rares sont ceux qui sont encore en bonne santé. « Ils ont tous été tués », répète sans cesse un homme qui se tape la tête contre un mur couvert de sang. Il semble avoir perdu la raison. Soudain, les quatre amis entendent une voix familière.

– Qahar, Karim…

C'est Aboubaker qui les appelle de son brancard, à deux pas de l'entrée, tandis qu'Hadji Missa et Hadji Osman, deux des anciens du village, chassent les mouches autour de sa jambe qui est en train de se nécroser.

– Aboubaker, vieux frère ! Tu es vivant… Depuis combien de temps tu es là, lance Qahar, en pressant le pas vers son ami. Et nos femmes, où sont nos femmes, nos filles ? À l'étage ?

Le visage du blessé s'assombrit.

– Les femmes ? Elles étaient ici, mais elles ont été transférées avec les enfants à Qala Salamié, la prison de Mossoul. Moi, ça fait deux semaines que je suis là. Ce sont des Kurdes qui m'ont trouvé le lendemain de la fusillade, à 9 heures. J'avais de la fièvre. Ils m'ont dit : « Soit on te met sur un mulet et tu essaies de te sauver à tes risques et périls, soit on t'amène à l'école de Mangeshkê où il y a une ambulance. » J'ai choisi l'ambulance. Mais sur le chemin, on a croisé l'officier qui a ordonné l'exécution. Il a dit à ceux qui me portaient de me poser par terre et il a marché sur ma jambe blessée. J'ai cru que les yeux me sortaient de la tête. J'ai hurlé comme un fou.

Karim secoue la tête de dépit.

– Ensuite, il a parlé de moi aux services secrets qui ont dit au médecin du service médical de faire une piqûre pour me tuer.

– Le docteur a dit d'accord et leur a ordonné de partir, ce qu'ils ont fait. C'est tout ce qu'il pouvait faire pour moi sans risquer lui-même la mort. Après, je suis resté trois jours et trois nuits sans soin, jusqu'à ce qu'on me conduise ici. Je croyais avoir connu l'enfer, mais ce n'est rien à côté de cette prison. Il faut qu'on sorte d'ici par tous les moyens…

Pour la première fois depuis des années, Aboubaker craque devant ses amis, puis se reprend.

– Ce que j'ai vu ici avant votre arrivée… C'était horrible, confie le peshmerga brisé, la paupière droite encore plus lourde que d'habitude. Tous les jours, j'ai vu des gens se faire tuer, parfois à coup de blocs de ciment qu'ils jettent sur la tête de leurs cibles prises au hasard. Ces barres couvertes de sang que vous avez dû voir en arrivant, ce sont des morceaux des berceaux qui ont été démontés pour frapper des hommes et des femmes à mort. Les chrétiens et les Yézidis sont de l'autre côté de la prison. Mais pour ce que j'entends, je ne crois pas que leur sort soit meilleur que le nôtre. Ce sont tous les habitants de Bashur[1] qu'ils cherchent à éliminer. Je ne sais pas pourquoi je suis encore en vie, pfff !
– Qu'on nous mette en prison nous et qu'on nous tue, d'accord. Mais pourquoi des femmes et des enfants ! s'emporte Karim, incapable de comprendre.
– Saddam a décrété l'amnistie, rappelle Sdqi. On devrait s'en sortir.
– À condition qu'ils nous donnent à manger, soupire Aboubaker. Parce qu'à part de l'eau souillée…

Pendant deux jours, il ne dort pas, toujours aux aguets. Finalement, la surpopulation est telle qu'on propose à des prisonniers de mettre leur nom sur une liste pour être transférés au camp de Bahrkê[2], dans les environs d'Erbil. Les cinq peshmergas saisissent l'occasion. « Ce sera toujours mieux qu'à Qala Nezarké », plastronne Karim, en essayant de remonter le moral de ses amis, sans trop y croire.

Les survivants de Koremeh retrouvent d'abord les femmes et les enfants du village dans le camp n° 1 de Bahrkê, à Jajnikan. Moins joyeux, les cinq amis apprennent très vite qu'Abdulkader Fatah, le frère de Sdqi,

1. Bashur, Kurdistan Sud en kurde, considérant que le Kurdistan irakien, au nord de l'Irak, est en réalité le Sud du Kurdistan historique. Les Kurdes estiment ainsi que le Kurdistan de Turquie est le Kurdistan Nord, le Kurdistan de Syrie le Kurdistan Est et le Kurdistan d'Iran le Kurdistan Ouest.
2. Bahrkê, ou Bahrka.

qui avait réussi à échapper à la fusillade, a finalement été rattrapé par l'armée à Chelky.

***

- Oulala, gu'est-ce gu'ils sont gdevenus ? demande Snur, horrifiée par tout ce qu'elle vient d'entendre.
- En ce qui concerne le frère de Sdqi, son corps n'a jamais été retrouvé. Sdqi, lui, a obtenu l'asile politique en Suède en 1996, mais il reste en contact téléphonique avec les autres survivants du massacre de Koremeh. Un village qui n'oublie pas ; les restes des 27 martyrs ont été enterrés selon leur rite en 1991, après la libération du Kurdistan, le secteur étant resté zone interdite pendant trois ans. Aujourd'hui, Aboubaker boîte toujours. Il a pris sa retraite de peshmerga. Qahar et Karim travaillent pour la sécurité du Kurdistan dans leur région d'origine. Hashem a déménagé à Souleymanieh où il travaille dans le BTP. Et…

Snur ferme sa bouche restée ouverte pendant toute la durée du récit. L'histoire de Koremeh a une signification particulière pour elle. C'est le village où a grandi son père. Sa mère a vécu dans une grotte pas très loin de celle de Karim, avec son grand frère Srood, alors âgé de 2 ans. Pour la première fois, ses yeux se brouillent. Sa peine a besoin de silence pour s'exprimer. Elle le brise finalement par une question.

- Et GKarim ?
- C'est le seul qui garde un souvenir pas si négatif du camp de Bahrkê. Enfin, tout est relatif. C'est là qu'il a rencontré sa future femme. C'est le bon côté des choses car ce camp a aussi été la dernière adresse connue de nombreux chrétiens et Yézidis de la région de Duhok, des chrétiens et des Yézidis qui vont tous disparaître sans laisser de trace quelques mois après leur arrivée au camp. Les survivants de Koremeh se souviennent de les avoir vu arriver ; ça les hante encore.
- Pourgquoi ?
- Tu vas comprendre avec l'histoire d'Helin et de Farman.

Yézidis et chrétiens également dans la tourmente

– À l'époque, Farman avait 23 ans. Ce Yézidi habitait Daka Mazen, pas très loin de Duhok. Tous les villageois avaient été déportés fin 1987, à Hi Miriké d'abord, puis à Babîrê. Ceux qui avaient des enfants peshmergas allaient payer le plus lourd tribut. Or, deux des trois frères de Farman, Darwesh, 34 ans, et Mestou, 24 ans, étaient justement dans la Résistance. Lui a été contraint de faire le service militaire. Sermi, sa jeune sœur, ses parents, et Nasreth, le fils de Darwesh, ont de nouveau été déportés, à Atrush, dans la montagne à l'est de Duhok. Et enfin à Bahrkê où la plupart des personnes arrêtées vivait sous des tentes, sans rien. Ce sont les gens d'Erbil qui venaient leur amener de la nourriture, des matelas et des couvertures. Mais ça n'empêchait pas les mauvais traitements. Salah Hussein, le père de Farman, est mort dans ce camp en 1991… bien après la fameuse amnistie qui a été une tromperie pour beaucoup de Kurdes. Pas mal de peshmergas sont redescendus de Soussia à ce moment-là, dont les frères de Farman. Les soldats leur ont dit : « Vous, vous n'êtes pas concernés par la grâce présidentielle. » Darwesh, sa femme et leurs trois filles, qui avaient entre 6 et 10 ans, ont été emprisonnés à Qala Nezarké. Personne ne les a jamais revus. Mestou et sa femme Sharé ont été conduits à la prison d'Akré avant d'être transférés à Bahrkê.
  Leur nom était sur une liste avec celui de nombreux chrétiens et Yézidis. Tous ceux qui avaient leur nom sur la liste sont montés dans des bus moins de trois mois après. Et eux non plus, personne ne les a jamais revus.
– Ooooh ! Et Farman, demande Snur.
– Il est revenu vivre à Daka Mazen avec sa mère. Il s'est marié et a eu des enfants. Ils habitent tous ensemble. Helin en revanche a perdu ses deux parents. Cette jeune chrétienne avait 4 ans à l'époque. Dans son malheur, la petite avait eu la chance de tomber malade quelques mois avant Anfal. Ses grands-parents paternels, des agriculteurs de Mossoul, l'avaient accueillie chez eux pour la faire soigner. Elle n'a appris ce qui est arrivé à ses parents que quatre ans après. En fait, Margareth, la maman, était enceinte d'Atra, la petite dernière, lorsque l'opération Anfal 7 a commencé dans la région voisine. La famille avait entendu dire que tous les villages étaient rasés dans les zones Anfal et les combats se

rapprochaient. Du coup, elle a fui Kosa[1], comme bien d'autres... Mais Margareth marchait lentement. Leur groupe a été rattrapé par l'armée et conduit à Bahrkê en juillet. La maman a finalement accouché à l'hôpital du camp. Juste après, les soldats ont dit qu'elle ne devait pas s'inquiéter, qu'ils ne feraient pas de mal à sa famille et qu'elle aurait même un terrain plus tard pour construire une maison. Margareth ne s'est pas méfiée, même quand les hommes et les femmes ont été séparés. Elle était avec Wilter, 2 ans, et la petite qui venait de naître, tandis qu'Ismaël, son mari, était avec son frère. La grand-mère est venue plusieurs fois rendre visite à sa belle-fille pour la convaincre de venir à Mossoul. Les soldats allaient peut-être laisser partir une femme et ses enfants ; ils étaient inoffensifs. Margareth n'a jamais voulu, persuadée que les militaires respecteraient leur promesse pour le terrain. Finalement, les parents d'Helin, son petit frère, sa petite sœur et son oncle ont tous disparu.

– Oooooh ! Et Helin, elle est tougjours vivante alors !
– Oui. Mais tu sais, la vie n'est pas facile pour elle. Certes, ses grands-parents l'ont bien élevée et lui ont offert tout ce dont elle pouvait rêver. Mais c'est dur d'être seul à survivre, surtout quand toute ta famille disparaît dans ces conditions ! Les baasistes ont fait un nombre incalculable d'orphelins avec le génocide, des orphelins qui ont dû apprendre à cacher leur véritable identité. Et pour cause, les survivants d'Anfal étaient des témoins gênants pour le régime. Maintenant, je vais leur laisser la parole. Tu vas mieux comprendre avec leurs mots. Écoute ces enregistrements, ils sont en kurde.

1. Kosa fait partie des villages de la région de Bahdinan rasés pendant l'opération Anfal 8, entre le 25 août et le 6 septembre 1988. Leur nombre est estimé à 450 selon un rapport publié par le gouvernement de la région autonome, en avril 2005. Parmi eux, 49 ont été exposés aux gaz chimiques selon le décompte de Peter W. Galbraith et Christopher Van Hollen, deux Américains qui ont enquêté sur les crimes du régime irakien pour le compte de la commission des affaires étrangères du Sénat des États-Unis. Plus globalement, sur toutes les campagnes génocidaires des années 70-80, ce sont 4049 villages kurdes qui auraient été détruits, dont environ 2000 en 1987 et 1988, l'armée irakienne n'ayant épargné que 673 villages toutes ces années dans les gouvernorats d'Erbil, Souleymanieh et Duhok, selon le ministère de la Reconstruction et du Développement de la Région autonome du Kurdistan. Entre avril 1987 et août 1988, sur les 2000 villes et villages détruits, 250 ont été exposés aux armes chimiques. Par ailleurs, 1754 écoles, 270 hôpitaux, 2450 mosquées et 27 églises ont été détruits.

XV

La dure vie des orphelins d'Anfal

Helin Ismail

– Laisse-moi d'abord te présenter Helin. Orpheline à 4 ans sans le savoir, comme tu l'as compris, elle a adopté le nom de famille de ses grands-parents paternels qui l'ont élevée dans le quartier « 3 Guerk », à Mossoul, avec sa tante paternelle. Aujourd'hui, c'est une belle jeune femme, très coquette, comme toi Snur.

Gloussement de plaisir ; son teint bronzé vire au cramoisi, en harmonie avec sa robe. Le récit reprend.

– Quand je l'ai rencontrée, elle avait les sourcils épilés, les yeux maquillés, de jolies boucles d'oreilles, les cheveux relevés, du rose sur les lèvres ainsi que du vernis à ongles impeccablement appliqué sur les mains et les pieds. C'est une femme très gentille. Elle se définit comme chrétienne pratiquante et dit suivre l'Évangile. Écoute ce qu'elle dit de son enfance et des conséquences sur sa vie de mère.

***

– Vers 6-7 ans, une des premières années où je suis allée à l'école, ma grand-mère m'a raconté ce qui s'était passé lors de l'opération Anfal pour mes parents, à Bahrkê et avant. Plus jeune, je la voyais s'effondrer à chaque fois qu'elle sortait leur photo, mais elle n'expliquait jamais vraiment. Là, pour la première fois, elle m'a tout dit, et j'ai pleuré avec elle. Je ne me souviens pas de mes parents. Pour moi, ma mère, c'était ma grand-mère. Je ne me posais pas la question puisque je portais le nom de mes grands-parents. Elle m'a expliqué que, si j'avais gardé le nom de mes parents, les baasistes m'auraient fait disparaître. À partir de là, ma vie a basculé. À l'école, quand le professeur demandait qui était orphelin, j'étais la seule à me lever. J'ai eu du mal à l'accepter. Les autres avaient perdu un membre de leur famille : un oncle, un père, un cousin… Moi, c'était toute ma famille. Je me sentais seule dans mon malheur. En 1992-1993, beaucoup d'ONG et l'ONU sont venues au Kurdistan pour aider les rescapés. On m'a amenée en Turquie. De là, je devais partir aux États-Unis. Mais je ne pouvais pas vivre sans ma grand-mère ni me permettre de la laisser seule. J'étais trop attachée à elle. Je suis rentrée très vite. J'ai vécu avec mes grands-parents jusqu'en 2002, l'année de mes 18 ans, date à laquelle je me suis mariée à Raphaël. On était voisins. C'était le frère de ma meilleure amie, Caroline. On a eu un garçon, David, né en 2003, et une fille, Delivia, née en 2011. Parfois, je me trouve très dure avec eux. Et même, de temps en temps, sans amour. C'est paradoxal parce que, lorsque mon fils est né, je ne laissais personne l'approcher, même pas ma belle-mère et ma belle-sœur. Pour ma fille, j'ai été un peu plus ouverte. Mais c'était la même chose ; je craignais qu'on me les prenne. On a arraché beaucoup d'enfants aux bras de leurs parents durant Anfal, vous savez ! Peut-être que mon manque d'amour était une façon de me préserver, pour ne pas souffrir si à mon tour le gouvernement me les avait enlevés. De ce côté-là, ça va mieux. Mais tout ça, ajouté au départ de mes grands-parents pour la Syrie en 2011, ça a failli me rendre folle. J'étais enceinte de ma fille quand mes grands-parents sont partis. On devait les rejoindre en Syrie après l'accouchement et partir tous ensemble en Australie. Mais il y a eu la révolution. Je ne pouvais plus les rejoindre. J'étais tellement désespérée. Un mois avant l'accouchement, j'ai commencé à me taper le ventre. Je me disais : « à quoi ça sert ! ». Quand ma fille est née, j'ai retrouvé goût à la vie… même si je ne peux pas passer une semaine sans avoir mes grands-parents au moins une fois au téléphone, car ils me manquent vraiment.

***

– Voilà, c'est fini. Qu'en penses-tu Snur ?
– Sa gvoix, elle est gtriste !
– Et toi, tu es triste pour elle ?
– Oui. Pergdre ses parents, c'est gpire gu'être blessé.
– C'est une autre forme de douleur en tout cas.

Ali Zimnako

– L'enregistrement suivant est celui d'Ali Zimnako. Pour te dire la vérité, il n'est pas vraiment orphelin. Mais pendant près de 22 ans, il s'est cru orphelin. Il faisait partie des 43 enfants dont on n'a pas retrouvé le corps à Halabja dans les jours qui ont suivi le bombardement chimique de la ville, le 16 mars 1988… Jusqu'à ce qu'il découvre que sa mère était vivante, en octobre 2009.
Zimnako est né le 23 décembre 1987, comme toi. C'était donc un nourrisson quand son père, ses quatre frères et sa sœur ont été tués par les gaz. La suite, c'est lui qui la raconte.

***

– Mes plus vieux souvenirs remontent à la garderie, quand je jouais avec ceux que je croyais être mes cousins iraniens à Mashhad[1]. Je n'ai réellement su que j'avais été adopté qu'à l'âge de 6 ans. Après le bombardement d'Halabja, l'armée iranienne m'avait emmené en Iran pour me soigner. Un soldat s'est rendu à la garderie où travaillait Cobra Hamid, celle qui allait devenir ma mère iranienne, et il a demandé si quelqu'un pouvait m'adopter, en précisant que j'avais perdu toute ma famille. Le mari de Cobra était décédé onze ans plus tôt. Elle vivait seule avec ses deux fils, Farid et Saïd. Elle s'est proposée. Elle n'a jamais fait de différence entre nous trois. C'est peut-être même pour moi qu'elle était la plus inquiète. Un psychologue lui avait conseillé de me dire que j'avais été adopté car je risquais d'être choqué si je l'apprenais tardivement. Quand j'avais 4-5 ans, elle a commencé à parler de mon histoire à des gens en ma présence, mais sans s'adresser à moi directement. Jusqu'à ce qu'elle me le dise clairement à 6 ans.
Quand l'armée m'a confié à elle, je n'avais pas de prénom. Personne ne savait que je m'appelais Zimnako. C'est elle qui m'a appelé Ali. C'était une mère extraordinaire. Le seul problème que j'avais à l'époque, c'est que je n'avais pas de papiers. J'ai tout fait pour avoir la nationalité iranienne, mais on ne me l'a jamais accordée. On ne me laissait même pas jouer au foot. Même adopté par une mère iranienne, j'étais Irakien aux yeux de la loi. Je me souviens d'un médecin qui était venu vacciner les élèves à l'école. Il avait demandé s'il y avait des « non-Iraniens » dans

1. Mashhad ou Mechhed ou Méched.

la classe. Le directeur m'a tiré par le bras et a dit : « Lui, c'est un Irakien ! ». Je me suis senti humilié. Je n'étais pas comme les autres. Et j'ai commencé à m'interroger sur qui j'étais. J'ai grandi dans un quartier où la plupart de mes copains étaient des enfants de martyrs iraniens tués lors de la guerre Iran-Irak. Mais au moins, ils connaissaient leur père. Un ami me disait qu'il parlait souvent avec une photo de son père. Moi, je n'avais rien, pas même une photo à laquelle me raccrocher. Enfin si, j'avais ma mère iranienne qui m'aimait et que j'aimais. Et puis un jour, elle est tombée malade à cause du diabète. On lui a coupé la jambe. Tous les jours, j'allais à l'hôpital pour la voir et on priait ensemble pour qu'elle guérisse. Finalement, elle a eu un accident en 2004. Et elle est morte. J'avais 16 ans.
Peu après, ma demande d'entrée à l'université de Mashhad a été acceptée. Mais, quand ils ont su que j'étais Irakien, ils ont changé d'avis. Honnêtement, ça m'a achevé. J'avais perdu celle qui, pour moi, avait toujours été ma mère. J'étais sans identité dans ce monde. Sur mon passeport, il était écrit Ali Kiani Poor, mais je n'étais pas Iranien et d'un autre côté, je n'avais pas de papiers irakiens. Je n'étais personne. Je n'existais pas. Vers 17-18 ans, je suis allé à l'ambassade d'Irak à Téhéran et on m'a mis dehors. J'étais catastrophé. Je me suis dit : « *Qui suis-je ? De quel ciel je tombe ?* » Personne ne me voulait. J'ai fait plein de recherches. J'ai envoyé des dizaines de courriels. Et un jour, le Dr Ratri m'a répondu. Il s'occupait des victimes des gazages. Il m'a fait venir à Téhéran, m'a montré des photos d'Halabja, mais je ne me souvenais de rien. J'avais à peine trois mois lors du bombardement. Le Dr Ratri s'est quand même battu pendant deux ans pour m'obtenir des papiers. En vain. Un jour, il m'a dit de revenir dans la capitale car la ministre des Martyrs du Kurdistan était en visite à Téhéran. C'était au cours de l'été 2009. J'y suis allé en espérant pouvoir me placer sur son chemin. Je voulais juste un papier certifiant que j'étais Irakien. Et puis miracle, j'ai pu parler à Chinar Saad Abdullah.
La ministre m'a expliqué que 43 familles avaient perdu leur bébé à Halabja, le 16 mars 1988 et que j'étais peut-être un de ces bébés, moi qui avais toujours été persuadé d'être seul au monde dans ce cas. Là, pour la première fois, j'ai repris espoir. Je me suis dit : « *Peut-être que j'ai une famille !* ».
Deux mois après, j'ai pu avoir un laisser-passer pour me rendre au Kurdistan irakien et j'ai été mis en relation avec Abdulrhamane, qui

avait été chargé de l'enquête sur mon cas. Un jour à Erbil, il m'a présenté cinq des sept mères de famille qui avaient perdu un petit garçon de mon âge à Halabja. Elles me regardaient toutes en disant : « C'est mon fils, c'est mon fils. » Voir tout cet espoir dans leurs yeux me faisait peur. Forcément, il allait y avoir des déçues parmi elles, et peut-être moi aussi. Une femme du ministère comparait nos yeux ; c'était horrible et en même temps extraordinaire. Mais ce n'était que le début de l'enquête.

Plusieurs personnes étaient déjà venues d'Iran en se faisant passer pour un des 43 disparus, certains en espérant gagner de l'argent, d'autres qui était des mythomanes. Le ministère était méfiant. Il a vérifié les histoires de tout le monde et commandé des analyses ADN, y compris chez les rescapés des deux familles qui n'avaient pas pu venir, dont une sœur de mon père et sa mère. Les échantillons ont été envoyés en Jordanie et je suis reparti en Iran.

Un mois après, on m'a averti que le résultat était positif. C'était en octobre 2009. Je suis revenu à Souleymanieh. Abdulrhamane s'est occupé de moi en attendant le bilan. Il faisait l'intermédiaire avec les gens car je ne connaissais pas le kurde. Toute ma vie, je n'avais fait que parler farsi[1]. C'est lui qui m'a appris mes premiers mots de kurde. C'est un peu comme s'il m'avait adopté à son tour. Il a été le témoin de mon émotion quand on est arrivé à Halabja en voiture. Les médias suivaient tous mes faits et gestes. Le nom de la famille devait être annoncé au cours d'une cérémonie devant plein de gens.

À une demi-heure de la ville, j'ai commencé à pleurer. Je sentais que je m'approchais d'un passé douloureux. Sur place, j'ai vu la foule qui m'attendait, avec l'espoir dans les yeux de toutes les femmes. Je suis d'abord allé sur les tombes et au mémorial où j'ai découvert tout un pan catastrophique de ma vie que j'avais ignoré jusqu'ici. Il a fallu trois jours pour organiser la cérémonie des retrouvailles. L'attente a été horrible.

Avec monsieur Abdulrhamane, on a regardé un film sur le prophète Joseph qui avait perdu et retrouvé son père. J'ai pleuré comme un gamin. Moi aussi, il était possible que je retrouve un père, un frère… ou personne. Déjà, j'avais Abdulrhamane. Pour toujours, à ce moment-là et après tout ce qu'il a fait pour moi, il est devenu mon grand frère. Mais un frère de sang, quand même, ce n'est pas pareil. J'ai appelé mes deux oncles et ma tante en Iran. Je leur ai dit qu'on avait retrouvé des membres de ma famille et que je souhaitais

1. Farsi, langue persane parlée en Iran.

qu'ils soient présents à la cérémonie, le lendemain. Ils sont arrivés tout de suite à Halabja.
Le jour venu, j'ai repensé à ma mère adoptive qui m'avait promis que, elle vivante, elle ne me donnerait à personne sauf à mes parents. J'ai regardé sa photo sur mon portable. Son âme m'a accompagné pendant toute la cérémonie. Je l'avoue aujourd'hui, elle m'a aidé à supporter les discours incroyablement longs alors que je n'attendais qu'une chose : serrer un membre de ma famille dans mes bras.
Il y avait un problème juridique. C'est un juge qui devait donner le résultat du test ADN et il n'avait pas accepté de se déplacer. Il a été obligé de donner un pouvoir à un avocat car, retrouver ma famille, ça voulait dire que j'allais toucher la pension de mon père et de mes frères et sœurs décédés en 1988. Et donc, il fallait une décision de justice officielle pour entériner le résultat du test ADN. Enfin, est arrivé le moment tant espéré. J'ai entendu le nom de Fatma Mohammed Salih, ma mère. Aussitôt, j'ai vu le désespoir sur le visage de toutes les autres mamans qui avaient perdu un enfant à Halabja. Je les ai toutes embrassées avant d'aller embrasser ma mère. Je leur ai dit : « Croyez que je suis votre fils aussi. » Et Fatma est tombée dans mes bras. C'est un moment que je n'oublierai jamais. J'ai touché sa main et je lui ai dit : « Maman ! » C'est sorti tout seul. J'étais tellement heureux. J'avais l'impression d'avoir vécu toute ma vie avec elle.
La première nuit a été dure malgré tout. Elle m'a montré une photo de famille et m'a dit que tous les autres étaient morts. Elle n'a pas pu aller plus loin. Les jours suivants, c'est comme si nous ne nous appartenions plus. J'ai été reçu par l'épouse de Jalal Talabani, le président de l'Irak[1], par le responsable de l'UPK, par Massoud Barzani… Les fêtes s'enchaînaient. Quand ça s'est un peu calmé, j'ai demandé à ma mère de me parler de ma famille. Elle m'a montré d'autres photos, m'a raconté la journée du 16 mars 1988. Et j'ai craqué ! Ce n'est qu'à ce moment-là que j'ai compris que mon histoire, ce n'était rien à côté de ce que d'autres avaient vécu. La plus malheureuse, c'était elle. Même si elle s'est remariée en 1996, elle a vécu un cauchemar pendant 21 ans. Parmi tous les gens qu'elle connaissait, elle était la seule qui n'avait plus personne. Beaucoup avaient encore un ou deux membres de leur famille. Elle non. Et moi qui parlais farsi, je ne pouvais pas lui dire à quel point

1. Jalal Talabani, fondateur de l'UPK, a été président de l'Irak du 7 avril 2005 au 24 juillet 2014. Il est décédé le 3 octobre 2017 à l'âge de 83 ans.

je l'aimais. Tout notre amour est passé dans nos yeux ce jour-là. Honnêtement, c'est très dur de découvrir en même temps l'amour d'une mère et la mort d'un père, d'un frère, d'une sœur. Mais c'est une leçon. Ce qui nous est arrivé, c'est parce qu'on était Kurdes. Nous n'avions rien fait. Notre seule faute, c'était d'être Kurdes. Je suis prêt à me battre, même avec le ciel s'il le faut, pour que ça ne se répète pas et que plus aucun être humain sur la planète vive un jour ce qu'on a vécu.

***

– Bien gdit ! sourit Snur qui frappe dans ses mains, heureuse d'avoir entendu cette histoire qui, malgré tout, finit bien.
– Tu vois Snur, quand il dit qu'il est prêt à se battre, ce n'est pas en prenant une arme. C'est en racontant ce qu'il a vécu. Les mots aussi peuvent être des armes. Quand ils font réagir, comme tu as réagi à l'instant, c'est que les mots ont atteint leur but. Ils sont là pour toucher les gens, pour les faire réfléchir.
– Tu en penses quoi de ce qu'a dit Ali Zimnako à la fin, intervient Kavout. Tu crois que si les Français savaient ce que les Kurdes ont vécu, ils se battraient eux aussi pour que des choses comme celles-là n'arrivent plus jamais ?
– Euh… peut-êgtre !
– Toi aussi, tu sais, tu pourrais raconter des choses. Toi aussi tu es une victime.
– Il gparle mieux que moi.
– Mais tu parles bien aussi, puisque Kavout peut traduire tout ce que tu dis.

Cette étincelle dans ses yeux… Il y a de la fierté dans ce regard-là. Snur a encore besoin de temps, mais les choses avancent dans sa tête.

Bakir Maaruf Rostem

Le lendemain, à Salahaddin.
– Bonjour Snur. Comment ça va aujourd'hui ?
– Ça va, gmerci. Et toi, ça gva ?
– Oui, merci. Comme hier, tu vas entendre la voix de rescapés. Il y en aura trois, et tous ont perdu leurs parents ainsi que leurs frères

et sœurs dans le génocide, lors des opérations Anfal 3 et 4. Ils vont raconter comment ils s'en sont sortis mais aussi leurs difficultés. Et après, tu nous donnes ton avis, d'accord ?

- Oui.
- Très bien. Je commence par Bakir. Il avait 12 ans en avril 1988, quand l'armée a attaqué Saybekhan. C'était le fils aîné. Il avait une grande complicité avec sa mère Taliaa depuis la mort de son père, foudroyé par un orage trois ans avant. En tant qu'aîné, c'était le berger de la famille. Elle avait un peu moins de 200 moutons. C'est lui qui les conduisait en ville quand il fallait vendre quelques têtes de bétail pour nourrir ses trois sœurs et son petit frère. Avec l'argent, il achetait à manger en cachette car les hommes des services de sécurité accusaient très souvent les Kurdes d'amener de la nourriture aux peshmergas. Quand Anfal a commencé, en février 1988, Taliaa a vite entendu parler des déportations. Elle les tournait en dérision pour dédramatiser, mais elle voulait que Bakir en ait conscience. Un jour, elle lui a dit en rigolant : « Toi le berger, tu quittes la maison le matin. Qu'est-ce que tu feras le soir en rentrant si tu trouves la maison vide ? » Elle tenait à ce qu'ils affrontent cette épreuve tous ensemble. Mais ça ne s'est pas passé comme ça.

Bakir a été chargé d'amener le troupeau en lieu sûr, quelques jours avant que l'armée prenne Saybekhan. Il n'était pas seul. Trois cousins l'accompagnaient avec leur troupeau, Jeza, Kawa et Mohammed. Ils ont conduit les quatre troupeaux dans le village d'Ahmedawa, où ils ont été rejoints par leur famille pour la nuit. C'est la dernière qu'ils ont passée ensemble.

Le lendemain, Taliaa est partie très tôt pour le camp de rassemblement de Mlesurê, en tracteur, avec ses autres enfants. Bakir, ses trois cousins et leur grand-mère suivaient plus lentement, avec les troupeaux. En chemin, ils ont rencontré des gens qu'ils connaissaient et qui leur ont dit que leur famille avait été arrêtée et conduite par la force au camp de Kwllejo. Alors, ils ont pris la direction de Sharazur. Ils ont marché pendant quinze jours, en mangeant ce qu'ils trouvaient dans les villages qui avaient été rasés par l'armée. Ce n'est que bien plus tard qu'ils ont appris que leur famille avait déjà disparu à ce moment-là.

Bakir a perdu 70 des siens dans cet Anfal, dont sa mère et ses quatre frères et sœurs. Il a survécu grâce à l'argent qu'il a retiré de la vente du troupeau, à Bestansur, et à des personnes qui l'ont aidé. Écoute, dans cet enregistrement, il raconte comment. Tends l'oreille car c'est quelqu'un d'introverti ; il parle doucement.

***

– À l'époque de l'opération Anfal, je n'avais aucun papier administratif. Souvent, j'entendais les représentants de l'État parler à travers les haut-parleurs des mosquées. Ils demandaient aux rescapés d'Anfal de se présenter à l'État civil pour se faire enregistrer. Mais je n'avais pas confiance. Je ne m'y suis jamais risqué. Ce qui fait que je vivais la peur au ventre. À chaque fois que je quittais une ville pour aller dans une autre, je craignais d'être contrôlé. Il fallait que je trouve une solution pour justifier mon existence légale. C'est mon oncle Ali Rostem, rescapé du camp de Nugra Salman, qui l'a trouvée après l'amnistie du 6 septembre. Il a payé une femme pour qu'elle se fasse passer pour ma maman. Pas très cher, elle ne faisait pas ça pour l'argent. Maliaa a donné ses empreintes et a juré sur le Coran qu'elle était ma mère Taliaa. En réalité, elle risquait gros, mais elle voulait m'aider à avoir des papiers. Du coup, elle a eu des papiers au nom de ma mère. Elle ne s'en est jamais servi puisqu'elle avait les siens. Et moi, j'ai pu garder mon nom de famille. Juste le nom. Ma famille, en revanche, je ne l'ai jamais retrouvée.

Après l'amnistie, des centaines de camions ont fait des allers-retours pour ramener des déportés comme mon oncle Ali, du sud de l'Irak. Régulièrement, je prenais le bus pour être à l'arrivée. Chaque trajet me coûtait un dinar et demi[1]. Je restais toute la matinée, regardant les camions se vider les uns après les autres. Et à chaque fois, je rentrais le soir le cœur brisé. Je n'ai jamais vu un membre de ma famille à part mon oncle qui a perdu sa femme à Nugra Salman. Les retours des camions ont duré plus de deux mois, sachant qu'il y avait parfois plusieurs jours d'écart entre deux convois. C'est l'administration des camps de Smud[2] et Brayati[3] qui avertissait les gens des arrivées. On était nombreux à faire les deux heures de route en bus ces jours-là. Lorsqu'on nous a annoncé le dernier convoi de Nugra Salman, j'ai gardé espoir. Je pensais qu'il y avait d'autres camps mais qu'ils étaient secrets.

En mars 1991, j'ai profité du soulèvement kurde pour retrouver des traces de mes proches. Là encore, on était nombreux. On fouillait les casernes libérées, les prisons militaires et civiles. On cherchait des

1. 1,5 dinar = 5 $.
2. Le camp de Smud (Résistance en arabe, sous-entendu contre les Kurdes) deviendra ensuite le village de Rizgari (Libération en kurde).
3. Brayati = fraternité en kurde.

indices sur des camps de déportés cachés. Pour vous dire la vérité, je n'ai pas participé au soulèvement en tant que peshmerga. Je ne faisais que les accompagner pour trouver la trace de ma famille. C'était une obsession. Jusqu'à ce qu'il y ait finalement des pourparlers entre la rébellion kurde et le gouvernement de Bagdad. Les autorités ont alors informé les dirigeants kurdes que les disparus n'étaient plus en vie. Ce jour-là, j'ai cessé d'y croire. Mais d'autres croient encore à un retour miraculeux toutes ces années après. Comment accepter l'inacceptable ? Je les comprends. Pour eux, Anfal reste une torture permanente.

Sabah Nejmedin Mohamed Ali

– Sabah, lui, ne connaît pas la date et le lieu de la disparition de ses parents et de ses sept frères et sœurs. Tout ce que sa grand-mère a pu lui apprendre, c'est qu'ils étaient ensemble jusqu'à ce que l'armée ait séparé les prisonniers en fonction du sexe et de l'âge, au camp de Dubz. Comme Bakir, c'était l'aîné et il était berger, à ceci près qu'il avait un an de plus, donc 13 ans à l'époque. Et comme Bakir, son rôle de berger lui a sauvé la vie. Il était parti vendre le troupeau à Kalar avec son oncle Atta, de peur que leurs cinquante moutons soient saisis par l'armée. À Kalar, Sabah s'est tordu la cheville. Il est donc resté sur place tandis qu'Atta est reparti à Kunekotr avec un autre oncle pour chercher des meubles et les mettre en lieu sûr. Sabah ne sait pas à quel moment ils ont été arrêtés mais eux aussi ont disparu. À Kalar, Sabah a travaillé dans un bar-resto appelé le Nergiz et…
– Ooooh, le mêgme nom gue toi, intervient Snur, amusée par la coïncidence.
– Eh oui ! Mais de cette Nergiz-là, il garde un souvenir mitigé. Écoute…

***

– J'ai travaillé comme un esclave pour m'en sortir. J'y étais 24 heures sur 24 dans ce restaurant. Je faisais la plonge, tout le temps. Et quand j'étais épuisé, je dormais sur place. On a profité de moi, c'est certain. Mais je suis quand même reconnaissant aux responsables qui ne m'ont jamais dénoncé. Il leur a fallu du courage pour me garder chez eux, car mon père avait été pershmerga. Personne d'autre n'avait voulu m'héberger. Je comprends la crainte des gens. Ils avaient peur des représailles du

régime. En tout cas, les baasistes et les clients du restaurant n'ont jamais su que j'étais un enfant d'une famille de déportés. Les trois hommes qui travaillaient là m'ont apporté un soutien permanent. Ne jamais sortir n'était pas évident pour moi. Je me sentais seul.
J'ai su qu'un jour, en juin 1988, un cousin éloigné qui était dans ma situation à Kalar avait été arrêté lors d'un contrôle. Lui non plus n'avait pas de papiers. Il a été fusillé sur place car il a été considéré comme un rebelle. Il n'avait pas 17 ans. Finalement, ma grand-mère et une sœur de mon papa sont les seules qui sont revenues vivantes d'un camp de concentration après l'amnistie. J'ai vécu avec elles à partir de là, tout en continuant à travailler au Nergiz jusqu'au soulèvement populaire, en 1991. Le retour de ma grand-mère m'a permis d'avoir des papiers. Elle m'a présenté comme son fils à l'administration. Du coup, j'ai eu des papiers au nom de Sabah Mohamed Ali jusqu'au 3 juillet 2013, date à laquelle le tribunal d'Erbil m'a rendu ma véritable identité, Sabah Nejmedin Mohamed Ali. J'ai attendu jusque-là car je tenais à garder le nom de ma grand-mère jusqu'à son décès, par respect pour elle. Elle a eu cinq fils « anfalisés ». Elle en a souffert jusqu'à la fin de sa vie. Comme moi, à cause de mes parents et de mes frères et sœurs. Je les ai vus partir vivants. Aujourd'hui, je pense à eux en me disant qu'ils sont peut-être encore vivants quelque part. Je n'arrive pas à admettre qu'ils soient morts. Retrouver mon nom, leur nom, c'est faire en sorte qu'ils continuent à vivre à travers moi. J'ai eu la chance de rencontrer un avocat bénévole qui m'a aidé dans mes démarches. Je suis très reconnaissant vis-à-vis de Maître Ayad. Il a aidé 195 rescapés à retrouver leur identité entre 1988 et 2013. C'est énorme pour nous. Pour ma part, j'ai commencé à rechercher les enfants qui ont perdu tous les membres de leur famille, comme moi, en 2010. En un peu plus de deux ans, j'en ai retrouvé et interviewé 83 pour consigner leur histoire. Nous sommes la preuve vivante que les Kurdes ont été victimes d'un génocide. Aujourd'hui, je me bats pour que ce dossier soit respecté et traité dans la dignité par les autorités irakiennes et internationales. J'ai beaucoup de colère et un énorme sentiment d'injustice en moi. Parfois, ça me fatigue tellement que ça me donne des maux de tête terribles. Mais je n'arrêterai jamais de parler de ce qui s'est passé. Ce qu'on nous a fait doit être reconnu aux yeux du monde.

***

– Il dit gcomme Ali Zimnako, sourit Snur.

Mariwan Abdulkader Salih

– Voilà ! Et pour finir cette partie sur les orphelins, je voudrais prolonger brièvement l'histoire de Mariwan[1], tu te souviens, le jeune qui s'est évadé de la prison de Koya grâce à sa tante et à un soldat arabe qui l'a laissé passer à un barrage, lors de l'opération Anfal 4 ?
– Euh, pas gtrop !
– Rappelle-toi, il n'avait pas tout à fait 13 ans lorsque l'armée irakienne s'en est pris à son village, le 3 mai 1988. Qasruk était la sous-préfecture du district de Taqtaq. La petite ville comptait 150 familles. Elle a vu 205 de ses habitants disparaître à cause de l'opération Anfal. Parmi eux, il y avait Qadira et Abdulkader, les parents de Mariwan, ainsi que ses six frères et sœurs, de l'aîné, Kamaran – âgé de 14 ans – à la plus jeune, Jyan, née deux mois avant. « Elle avait des yeux clairs, comme les Européens. La famille avait fait une grande fête pour sa naissance, en mars » a raconté Mariwan. Il était très ému.
– Ah, oui !
– C'était un sans-papiers lui aussi après la disparition de sa famille. Comme Sabah et tous les autres, il a dû se cacher. Tiens, écoute-le. Il parle de sa vie aujourd'hui. C'est très court.

***

– Je pense beaucoup à ma famille, surtout pendant le Ramadan, le Nouvel an kurde… À ces moments-là, je pleure tout le temps. Je me sens seul et je ne pense qu'à eux. Si je n'avais pas eu mes enfants, je serais devenu fou. Et je lutte encore pour pas que ça arrive. Je fais tout mon possible pour m'occuper la tête. Après le travail, je vais voir des gens pour parler. Ou alors, je vais dans les parcs, tout seul, pour observer la nature et essayer de ne pas penser à tout ça. Mais ça me rattrape toujours.

***

– Gpourquoi en parle-t-il, s'il ne veut gpas gpenser à tout ça ?
– Bonne question, Snur. Peut-être pour exorciser. Comme les gens qui vont voir un psychologue ou un psychiatre pour évacuer leurs problèmes. Tu sais, en 1988 et après, il n'y a pas eu de soutien psychologique pour les rescapés. Certains ont perdu la raison. D'autres sont

1. Lire chapitre XII « Anfal 4 : de Koya à Chamchamal ».

restés fragiles psychologiquement. Tiens, rappelle-toi Taimour[1], qui a survécu au massacre dans le désert, au sud de l'Irak, tu sais le jeune qui a perdu 104 membres de sa famille lors de l'opération Anfal 3 et qui a témoigné au procès de Saddam Hussein. Il a été très perturbé pendant des années et on peut le comprendre. Être toujours aux aguets, si longtemps après ! Dormir une heure par jour, avec les images des personnes mortes sous ses yeux qui l'assaillent en permanence quand il ne pense pas aux anciens baasistes qui auraient envie de le tuer encore aujourd'hui, tu crois que c'est une vie ? Tu crois qu'il est heureux ?

– Non, soupire Snur tristement.
– Pourtant, lui a beaucoup parlé de son histoire. Donc, il n'y a pas de règle. En parler ou ne pas en parler pour essayer d'aller mieux, ça dépend de chacun. Si toi tu veux parler des conséquences des gaz sur ta voix, Kavout et moi on sera là pour t'écouter. Si tu veux que les gens connaissent ton histoire, je la raconterai dans le livre. Mais tu sais, tu es tout à fait capable de la raconter toi-même. Si tu veux, je te filmerai en train de parler de tout ça et je te montrerai la vidéo. Tu verras que tu te fais très bien comprendre.

Sourire gêné de Snur qui a de plus en plus envie d'essayer. Demain, une visite chez elle va finir par la convaincre de s'engager elle aussi. Celle de Maqboula, une amie de la famille, une ancienne sage-femme (dans tous les sens du terme) qui était infirmière dans la Résistance.

---

1. Lire chapitre XI deuxième partie, « De Topzawa au charnier, itinéraire d'un survivant ».

XVI

Des milliers de morts durant l'exode

– Rojbash[1] Maqboula, ma sœur ! Tu as fait bonne route depuis Duhok ?
– Bonjour noble Abdulsetar, ça va merci, par la grâce de Dieu. Et la famille, ça va ?
– Oui, ça va merci. Nous sommes ravis de te voir. Mais tu es venue pour les filles, je crois. Merci d'avoir accepté de leur raconter le passé. Merci pour Snur qui a encore tant de choses à apprendre. Tu ne connais pas Nergiz ! C'est une amie de Zoubeyr venue de France pour écrire un livre sur le génocide. Et voici Kavout, la fille de Zoubeyr, qui va traduire votre entretien. Elles ont déjà fait un travail énorme, qu'elles en soient remerciées.
– C'est naturel, répond Kavout.
– Allez, asseyez-vous, intervient Leila. On vous laisse la cuisine pour être tranquille. Yassa, apporte plus de coussins et prépare-leur un plateau de fruits s'il te plait ! Il y a des pastèques et du raisin.
– Bonjour Maqboula xan[2]. Merci d'avoir accepté de venir. Tout d'abord, pouvez-vous nous rappeler votre âge et résumer brièvement votre vie avant de nous dire où vous étiez quand Anfal a visé votre village ?
– Oui. J'ai 75 ans. En août 1988, j'étais mariée depuis 28 ans à Mohammed Aboubaker, qui était né en 1938, comme moi. Nous avions sept enfants, quatre garçons, tous peshmergas, et trois filles. Mohammed, lui, avait fait l'armée en 1958-1959 pour transmettre des informations sur les mouvements de troupe au PDK. Il a été incarcéré deux fois à Abou Ghraïb où il a été torturé quelques mois en 1962 et quatre ans de 1965 à 1969. Il a toujours été un militant politique mais il n'a jamais été peshmerga. De mon côté, j'avais

1. Bonjour en kurde.
2. L'ajout de xan est une façon très respectueuse de dire Madame.

travaillé comme sage-femme pendant dix ans à Bagdad avant de revenir au Kurdistan. En 1976, j''ai commencé à soigner les gens dans la Résistance. Tout le monde m'appelait « maman », « la mère de Bayar », du nom de mon fils aîné, ou « la mère des peshmergas ». Officiellement, j'étais la sage-femme des environs d'Ekmalê, en Barwari. J'ai mis un peu plus de 200 enfants au monde là-bas en douze ans. Regardez, j'ai amené le cahier où j'ai consigné leur nom, poids et taille.

– Aaaah, souffle Snur avec un air béat d'admiration, tout en feuilletant avec précaution le petit cahier d'écolier jauni.

– Mais à côté de ça, j'opérais deux à six blessés par balles tous les mois. Hindou, un ami chrétien qui était chauffeur de taxi entre Mossoul et Amedi, avait fait une cachette sous son siège, contre la roue. C'est là qu'il cachait le matériel médical et les médicaments que d'autres amis lui faisaient passer de Bagdad. Mohammed avait creusé une cachette entre les rochers, sous les racines d'un marronnier, à 200 mètres de la maison. Quand un blessé arrivait, on déplaçait la planche recouverte d'herbe pour récupérer le scalpel, le fil chirurgical et les médicaments. Heureusement, on était à 500-600 mètres du village avec beaucoup d'arbres fruitiers qui faisaient écran, car j'avais juste de quoi faire une anesthésie locale. Parfois, je devais mettre de la musique pour couvrir les cris. Je localisais la balle au toucher et j'allais la chercher avec ma pince. Jamais je ne me suis trompée.

– Et le jour de l'attaque alors ?

– À 5 heures du matin, près de deux heures avant le bombardement, j'avais mis au monde le bébé de Xadidja, une cousine. Ahmad, son beau-père, était encore là. Je pense que c'était vers 6 h 50. À ce moment-là, je mettais du confit d'agneau dans des boîtes. Mon mari avait prévu d'aller les porter aux peshmergas, dans la montagne. Il venait de sortir pour aller chercher le cheval mais il n'était pas encore arrivé jusqu'à lui quand je l'ai entendu dire : « Maqboula, il y a une odeur bizarre ». Une bombe était tombée à plus de cent mètres mais elle n'avait pas fait le bruit habituel. Mohammed a pris le temps de ramener le cheval et il m'a dit de couvrir la tête des enfants avec un chiffon mouillé. Après ça, on a bu du lait les enfants et moi, et tout le monde a vomi. C'est là qu'on s'est rendu compte que le cheval était mort. Mohammed, lui, se tenait les côtes de douleur et a dit, « je vais mourir moi aussi ». Il avait déjà des cloques et du pus qui sortait de sa peau. J'ai pris une aiguille et j'ai percé ses cloques. Il en est sorti un liquide bleu avec une odeur de merde. Du coup, je lui ai donné du lait à lui aussi, mais il n'a pas vomi. On nous avait dit plusieurs mois avant que, si on était bombardé au chimique et si on n'avait pas de lait, il fallait se mettre les cheveux dans la gorge pour se forcer à vomir afin que le gaz n'atteigne pas le cœur. Mais il n'y arrivait pas. Et puis, un voisin est venu nous dire qu'il y avait eu trois morts au village. On est tous partis à pied. À Alkushkê, Mohammed ne pouvait plus marcher. On l'a soutenu jusqu'à la vallée de Tularê. Lui mettre de l'eau sur la tête n'a pas arrangé son état. Il était très mal. Mais on est restés cachés jusqu'à 2 h 30, pour passer la frontière turque de nuit au niveau d'Arushê. L'armée turque a menacé d'envoyer ses avions de chasse pour nous mitrailler si on passait, mais on préférait mourir des mains des Turcs plutôt que des bombes chimiques irakiennes. Finalement, ils n'ont rien fait. On était des milliers, une marée humaine. Le matin, ils n'ont pas osé nous arrêter. Néanmoins, des gens sont morts pendant cet exode. Et certains devant moi. Je me souviens d'un homme qui avait fait monter ses sept enfants sur un cheval et dans les sacoches jetées sur la croupe. Il a dit à sa femme : « Tiens les rênes une minute. Je vais faire pipi ; je reviens. » Mais le cheval paniqué est parti au galop et il est tombé dans la pente. Les sept enfants sont morts sur le coup. On n'a jamais retrouvé les corps ; ils ont été emportés dans les rapides de la rivière Zeï, en bas.

– Ohhhh, les gpôvres ! Que Xodé les protège dans sa gbonté. Ils sont avec lui mainguement.
– Ainsi soit-il, répond Maqboula, en secouant la tête de tristesse. Puis, reprenant son récit…

Leurs parents sont devenus fous après ça. Mais il fallait continuer à monter. C'était un petit chemin sans herbe, à flanc de montagne. C'était la mort pour tous ceux qui dérapaient. Nous sommes quand même plusieurs milliers à être arrivés au sommet. Et nous sommes restés là une nuit, coincés entre les deux armées. Le lendemain matin, il y avait du soleil mais je me souviens qu'il faisait froid. Nous étions début septembre. À cette altitude, c'était difficilement supportable pour les plus âgés et les enfants. Donc, on est descendus à Arushê et on a dormi par terre pendant trois jours, à côté de la rivière. L'armée irakienne a fini par faire une demande officielle aux Turcs : « Livrez-nous les Kurdes ! » Les soldats turcs ont dit oui et sont arrivés au camp pour nous arrêter mais on les a accueillis avec des pierres. Les militaires ont alors commencé à séparer les femmes en pensant livrer les hommes aux Irakiens, mais les Kurdes de Turquie ont organisé des manifestations jusqu'à l'arrivée de l'armée américaine, le surlendemain.

Mohammed n'allait pas mieux. Il avait passé la frontière sur une planche en bois accrochée à un cheval, qui l'avait tiré dans la montée et sur toute la descente. À Arushê, il est resté quatre jours sans le moindre soin avant que les Américains l'amènent à Djola Mergê avec cinq autres blessés chimiques. Bayar, Xadidja, Ahmad et mes plus jeunes fils, on est restés vingt jours à Arushê sans savoir ce qu'était devenu Mohammed. C'était interdit de sortir du camp de transit pour les Kurdes irakiens mais, comme je suis originaire de Chalé, au Kurdistan de Turquie, on a fini par me donner des papiers qui nous ont permis d'être accueillis par mes parents. Mon oncle est allé voir mon mari à l'hôpital ; il ne l'a pas reconnu. Il avait des cloques partout, plus de cheveux… De toute façon, là ou ailleurs, il allait mourir. Il l'a ramené à la maison. Tous les jours, on le lavait, on éclatait ses cloques et on les désinfectait. Il criait, sa souffrance était atroce. On l'amenait sur le toit de la maison et dans le jardin pour prendre le frais, l'aider à respirer. Ça ne changeait rien. On l'a amené voir des médecins à Wanê, Arzarom, Antalya, pour rien. Dans chaque hôpital, on lui disait qu'il n'y avait pas de solution. Finalement, il est décédé à Diyarbakir. Juste avant de mourir, il m'a dit : « Qu'est-ce que j'aimerais rester en vie pour voir ce que tu vas devenir. » Je l'ai embrassé sur le front et je lui ai répondu : « Ne t'inquiète pas. Sur tous nos enfants, il y en a toujours un qui va s'occuper de moi. » C'était quelqu'un de très bon, qui m'a toujours respectée. Il m'aimait tellement qu'il ne m'appelait pas par mon prénom mais Hadjia, comme si j'avais fait le pèlerinage à la Mecque.

Maqboula soupire et enchaîne, tenant à aller jusqu'au bout.

– Mohammed est mort autour du 20 octobre 1988, environ cinquante jours après le bombardement chimique du village[1], malgré les antibiotiques et les piqûres.

Snur est catastrophée car Maqboula est une grande amie de la famille. Elle savait que son mari était un martyr aux yeux des Kurdes, mais elle n'avait jamais entendu parler des circonstances de sa mort. Pourtant, l'ancienne infirmière retrouve vite son sourire rayonnant après un fata-

1. Entre avril 1987 et août 1988, sur les quelque 2000 villages kurdes rasés par l'armée irakienne, 250 ont été préalablement exposés à des bombardements chimiques.

liste « c'est la vie ! » Elle semble heureuse, parle avec plaisir de ses trente-six petits-enfants, dont certains sont devenus parents à leur tour, des combattants à leur manière. Sivar, neuf ans, la fille de Dolovan, le deuxième fils de Maqboula, veut devenir professeur, « pour enseigner l'histoire aux enfants » qui n'ont pas eu la chance d'avoir une grand-mère capable de raconter ce qui s'est passé. Un Kurde averti en vaut deux ! Et une Snur avertie ?

Pour l'heure, c'est le moment des photos souvenirs. La jeune femme en a besoin pour fixer sa mémoire qui papillonne parfois. L'occasion de prendre Maqboula dans ses bras et de la serrer très fort, de baiser sa main aussi, signe du respect qu'elle a pour la vieille dame.

Cette dernière a encore des formalités administratives à effectuer à Erbil avant de rentrer chez elle à Duhok. Le frère aîné de Snur la fait monter dans sa voiture d'où elle adresse un dernier signe de la main à la famille d'Abdulsetar restée sur le trottoir.

– Alors, qu'as-tu retenu de ce qu'elle a dit ?
– Que des gmilliers de gens ont souffert durant l'exogde, pas gue son mari.
– Oui, c'est vrai. Kavout pourrait t'en parler d'ailleurs. Comme Osman Benavi que tu connais et qui m'a accompagnée lors de mon premier voyage à Halabja où il a traduit le récit d'Hoshiyar. Ils faisaient partie des quelque 100.000 Kurdes qui ont trouvé refuge en Turquie et qui y sont restés, pour certains, près de trois ans. Ils ont vécu dans des conditions terribles, notamment le premier hiver passé sous des tentes. À Mardîn, les premières avaient été installées dans un champ de blé pas encore moissonné. Les gens ont longtemps vécu dans la boue.
– Sans compter que les Turcs ont tenté de nous éliminer avec du pain empoisonné, en 1989, intervient Kavout. J'ai été malade comme jamais cette fois-là ! Nous n'avions absolument rien à l'époque. Nous n'avions même pas le droit d'aller à l'école. C'est Aziz Maltayi, le frère d'Osman, qui a fini par en organiser une dans le camp, pour les enfants qui avaient survécu au passage de la frontière.

  Il y a eu de nombreux morts dans l'exode vers la Turquie et l'Iran, en 1988-1989, principalement à cause de la faim, mais également suite aux blessures infligées par les bombardements. On peut dire que ce sont des victimes indirectes du génocide, elles aussi.

  Osman et Aziz nous ont raconté que 120 enfants étaient morts en deux mois et demi, dans les camps de transit d'Arushê et Silopi, entre septembre et novembre 1988. À Mardîn, quatre à cinq enfants mouraient tous les jours de malnutrition. C'est le comité de direction du camp, où siégeait papa, qui obtenait les autorisations pour inhumer les victimes au cimetière de Khossê, que les gens appellent encore aujourd'hui « le cimetière des martyrs peshmergas ». L'école Bezav a finalement démarré en 1989 grâce au concours de cinquante réfugiés, enseignants bénévoles. 500 élèves ont suivi des cours d'histoire kurde, mais aussi de math, de latin, d'écriture... Avec des interrogations, et bien sûr des diplômes à la clé pour les élèves qui réussissaient les examens.

– Et gmoi, je n'y suis jagmais allée à l'égcole, soupire Snur, effondrée à l'idée de ne pas avoir eu cette chance.

– Tu sais, ça a longtemps été le cas de tous les enfants originaires des villages interdits, même après l'assignation à résidence des familles « *retournant dans les rangs de la nation* », comme disait le parti Baas. Après l'amnistie du 6 septembre 1988, ces familles kurdes avaient été regroupées dans de grands complexes où leurs droits étaient plus que limités. Le pire, c'était pour celles qui avaient connu les camps de prisonniers. Déjà, certaines n'ont été libérées que des semaines après l'amnistie. Et pour elles, l'enfer ne s'est pas arrêté là ! Mais on verra ça demain si tu veux bien. On a eu assez d'émotions pour aujourd'hui, tu ne crois pas ?

– Oooh oui !

Bis repetita avec un nouvel afflux de réfugiés aux frontières en 1991 mais, cette fois, l'ONU réagit

Le drame s'est répété de façon exponentielle lors de l'exode suivant, en 1991. À l'époque, la guerre du Golfe vient de se terminer par une défaite de l'Irak au Koweit. Au Sud, les chiites sont les premiers à se révolter pour tenter de faire tomber le régime baasiste. Au Nord, le soulèvement populaire des Kurdes démarre le 5 mars à Erbil et Souleymanieh avant de faire tache d'huile. La répression qui suit est féroce. Elle va pousser plus de 2 millions de Kurdes à fuir de nouveau vers la Turquie. Et là encore, le pays va fermer en partie sa frontière. En moins d'une semaine, plus de 450.000 Kurdes se sont entassés à 1 800 mètres d'altitude, dans la neige et le froid glacial d'Anatolie, tandis que d'autres patientent plus bas à flanc de montagne. Résultat : 510 morts par jour selon Marlin Fitzwater, le porte-parole de la Maison Blanche, qui se base sur les rapports des organisations humanitaires. Bientôt, ils sont 1,5 million sur la frontière irako-iranienne, à survivre dans les mêmes conditions. Un désastre humanitaire qui poussera l'ONU à voter la résolution 688, le 5 avril 1991, et donc à instaurer une « *no fly zone* » au-dessus de ce qui deviendra de fait, au nord du 36e parallèle, une zone autonome sous la protection aérienne des Nations Unies.

De retour au Kurdistan, la population devra encore longtemps faire avec les subsides des ONG afin d'atténuer les effets de l'embargo imposé par Bagdad sur les vivres et l'essence, embargo qui durera jusqu'à la chute du régime baasiste en 2003.

XVII

Des Kurdes toujours privés de droits après l'amnistie

– Bonjour Snur, comment vas-tu aujourd'hui ?
– Ça gva. Et toi, ça gva ?
– Ça va… même si, de nouveau, j'ai des choses pas très drôles à te raconter. Cette fois, Kavout et moi allons te replonger dans le passé. Dans la prison de Nugra Salman plus précisément, le jour de l'amnistie. Tu vas voir que les choses ne se sont pas arrangées du jour au lendemain pour les Kurdes.

Nugra Salman était un fort militaire, dans le désert, au sud de l'Irak, avec neuf poteaux dans l'immense cour où on punissait les récalcitrants. Le régime y avait envoyé les gens d'un certain âge ainsi que des mères avec de jeunes enfants.

Le bourreau de la prison s'appelait Hadjaj. Visiblement, cet officier de l'Amn n'avait pas assez de ses deux étoiles. Il était tyrannique avec les prisonniers. Il croyait peut-être monter en grade comme ça. À chaque convoi, il prévenait les nouveaux arrivants qu'ils avaient été condamnés à la torture. Mais la torture consistait surtout à les priver de nourriture. La ration, c'était un à deux morceaux de pain par jour. Ils avaient aussi un verre pour aller boire à la citerne ; c'est tout. Heureusement, dans les environs, des Arabes qui avaient pitié venaient parfois devant la porte et payaient les gardes pour qu'ils donnent un peu à manger aux plus faibles.

C'est comme ça qu'Amina[1], une rescapée de l'opération Anfal 3, a survécu. Cela n'a pas été facile. Elle raconte qu'il y avait malgré tout huit à dix morts par jour dans sa cellule. Et des salles comme la sienne, il y en avait une cinquantaine, certaines réservées aux 50 ans et plus

1. Rappel de son histoire dans le chapitre XI, sur Anfal 3.

comme Adla, une femme de Gird Khader qui a perdu 92 membres de sa famille dans l'opération Anfal.

Combien de centaines de Kurdes sont morts tous les jours à Nugra Salman ? C'est difficile à dire. Il en arrivait toujours pour remplacer les défunts. Amina, en tout cas, a perdu Swad, quatre ans, et son petit Bestwun, neuf mois, à une heure d'intervalle, trois jours après son arrivée, début juillet 1988. Ses quatre autres enfants et elle ont survécu. Mais dans quelles conditions !
Le jour de l'amnistie, les plus anciens prisonniers sont là depuis sept mois. Tous ont des poux, des maladies de peau. Beaucoup toussent et sont très amaigris, un peu comme les juifs libérés des camps de concentration en 1945, alors qu'approche la défaite de l'Allemagne nazie.

Mais la défaite des hommes de Saddam est encore loin, le 6 septembre 1988. À Nugra Salma, le directeur et les gardiens viennent de faire la prière de la mi-journée quand ils entendent à la radio la lecture du décret 736 signé du Conseil de commandement révolutionnaire. Le speaker annonce « *une amnistie générale pour tous les Kurdes irakiens* », qu'ils soient « *d'Irak ou de l'extérieur* ». Il cite une exception : le « *traître al-Talabani* ». Il est reproché au chef de l'UPK les « *violations délibérées et répétées qu'il a commises à l'encontre de la loi et de l'ordre, même après qu'on lui a offert la possibilité de se remettre sur le droit chemin* ». Mais l'essentiel n'est pas là pour Saddam qui voit en Anfal une grande victoire militaire contre les « *saboteurs* », autrement dit les peshmergas, ces « *traîtres kurdes* » qui ont abandonné les villes et villages dont ils avaient le contrôle. Et ça, ça réjouit le commandant Hadjaj, le tortionnaire en chef de Nugra Salman, réputé couvrir les viols réguliers des prisonnières… quand il ne participe pas lui-même aux violences sexuelles. Combien de fois il a pu médire sur ces « *fils de chiens* » que sont les Kurdes, avec Hijaz et d'autres officiers de la prison !

Pour eux, la libération annoncée a des allures de chant du cygne pour la cause kurde. Décision est prise de rassembler les prisonniers dans la cour où quatre écrans de télévision sont préalablement installés ! La radio a annoncé un discours radio-télévisé du raïs dans quelques minutes. Ils veulent voir « *tous ces fils de chiens* » danser et fêter leurs bourreaux !

Quelques minutes plus tard, des bruits de bottes sortent Amina et les autres de leur torpeur. Ils sont suivis de grands clics métalliques qui frappent leurs tympans en cascade. Les grilles s'ouvrent les unes après les autres et les gardiens leur donnent l'ordre de sortir. Les prisonniers ont trois minutes pour se mettre en rang dans la cour.

Seul petit problème, ils sont plus de 10.000. Très vite, c'est la cohue. Passée la coursive, Amina n'a pas le temps d'arrêter Majid, 6 ans, et sa soeur Awat âgée de 10 ans. Depuis deux mois, ils fantasment sur les plantes colorées qui poussent dehors, comme de la mauvaise herbe. Ils ne savent pas encore quelle est la raison de toute cette agitation, mais c'est la première fois qu'ils ont le droit de sortir en plus de deux mois et ils ont faim, ils ont tellement faim !

Les gardiens sont débordés. Majid, Awat et d'autres se précipitent sur ces fleurs qu'ils avalent goulument, sans faire attention aux épines. Le retour à l'envoyeur est immédiat. Impossible pour les estomacs privés depuis si longtemps de retenir le végétal ingurgité. Plusieurs prisonniers se tiennent les côtes sur le sol poussiéreux, vomissant cet illusoire repas sous un soleil de plomb. Certains s'évanouissent. Les gardiens se chargent de les réveiller à grands coups de pied. Des rafales tirées en l'air finissent de canaliser les prisonniers vers les quatre télévisions branchées sur haut-parleurs. Amina serre ses quatre enfants contre elle, caressant la tête de Majid et Awat toujours aussi pales, mais plus inquiète encore par ce rassemblement inédit. Les premiers mots de Saddam Hussein la rassurent d'abord. Mais à la fin du discours, ses sbires inquiètent les milliers de silhouettes squelettiques à l'équilibre précaire.

« Allez, dansez maintenant. C'est le moment de fêter la victoire de l'armée irakienne et votre liberté future », ordonne une voix sèche au micro de la prison.

« Danser pour les bourreaux qui ont torturé nos frères et violé nos sœurs dans cette satanée prison, jamais ! » songe Amina. Et elle n'est pas la seule. Les prisonniers kurdes se regardent interloqués, sans esquisser le moindre mouvement.

Des officiers fulminent. Ils ordonnent aux hommes d'extraire quelques vieux des rangs et de tirer entre leurs jambes pour les obliger à danser. Leurs rires résonnent comme un ultime affront, mais l'espoir de retourner au Kurdistan aide les déportés à se contenir.

Le lendemain, les premiers bus vides arrivent dans la cour, en lieu et place des prisonniers qui avaient été obligés d'écouter le discours de Saddam Hussein la veille. Première liste et premiers départs vers Souleymanieh. Tout du moins, c'est ce qui est dit aux quelque 500 personnes extraites de leurs cellules et terrorisées à l'idée de ne pas être libérées mais exécutées au bout de la route.

Le même jour à Bagdad, le cabinet présidentiel publie un décret accordant des pouvoirs exceptionnels à Ali Hassan al-Majid, le « *respecté secrétaire général du Bureau Nord* ». Sa mission est maintenant de faciliter le retour des réfugiés de Turquie. Mais comme les prisonniers qui commencent à être libérés au compte-goutte, ceux qui vont « *retourner dans les rangs de la nation* » n'auront pas le droit de revenir dans leurs villages pour reconstruire leur maison. Ils seront affectés à des mujamma'a[1] où un lopin de terre va leur être attribué… « *à condition que la famille reçoive un jugement favorable du parti et des services de sécurité quant à sa conduite en termes de loyauté* ». À charge pour eux de s'engager à vivre à l'adresse indiquée et à ne surtout pas déménager… sous peine de mort !

À ce moment-là, Amina et tous les prisonniers de Nugra Salman ne savent pas encore que leurs droits de femmes et d'hommes libres vont être une nouvelle fois bafoués à leur retour. Pour l'heure, ils sont tout excités en voyant une centaine des leurs prendre le bus, dans la cour.
Le 8 septembre, en revanche, l'ambiance retombe. Pas de bus, en dépit de la promulgation officielle, le jour-même, du décret n° 736 portant sur l'amnistie. Plus rien d'ailleurs pendant quelques jours. De nouveau recluse dans sa cellule, au milieu des immondices qui recouvrent toujours la dalle, Amina s'interroge. Ne sont-ils pas en train de se laisser piéger par un effet d'annonce ?

Finalement, le ballet des bus civils et militaires reprend. Il est irrégulier, certes, mais l'immense cellule d'Amina et de ses enfants se vide bel et bien.

À l'autre bout de la prison, Adla, 51 ans, est dans la cellule des personnes âgées. Elle a la chance d'avoir pu rester avec son mari Hamad qui a six ans de plus qu'elle et passe son temps à la rassurer : « Ne t'inquiète pas, un jour on sortira. On retrouvera les enfants et on mangera tous à la même table. » Depuis qu'ils ont été capturés à Qamicha, ils ont connu les prisons de Taqtaq et Topzawa. Mais celle de Nugra Salman est la plus dure. Et rien ne change vraiment, en dehors des rations qui se sont quelque peu améliorées après l'amnistie.

Finalement, le 15 novembre… « Amina ! Réveille ta smala. C'est votre tour, vous partez », claironne un gardien pressé d'en finir.

---

1. Nouveaux villages où les Kurdes amnistiés étaient assignés à résidence avec interdiction de déménager. Des camps qui, à leurs débuts, étaient de simples bidonvilles.

Le soleil et la lune tatoués sur son menton s'étirent entre Orient et Occident comme ils ne l'avaient pas fait depuis longtemps. Les enfants ont repris des forces. Ils sont les premiers devant l'autobus qui démarre enfin, direction Samawa[1] au sud de l'Irak. Examen médical obligatoire pour tous les prisonniers. Amina en reconnaît du précédent convoi.

« Les plus gravement malades sont envoyés à l'hôpital », lui glisse une femme qui était dans sa cellule.

Les files d'attente sont longues. Mais, après cinq jours et cinq nuits, Amina et ses enfants sont autorisés à reprendre la route pour… Topzawa où ils avaient passé la nuit du 15 au 16 avril, au début de leur voyage au bout de l'enfer. Majid serre très fort la main de sa maman en voyant son visage défait. À cette époque, ses deux petits frères, Swad et Bestwun, étaient encore vivants, tout comme son père Khwrshid que les soldats lui avaient arraché le 15 au soir ! Pour le conduire où ? A-t-il été libéré lui aussi ? Est-il encore en prison ? Ou mort ? Personne ne veut croire à cette hypothèse.

Les quatre petits survivants font bloc autour de leur mère au cours de cette dernière nuit sans sommeil. Le 21 novembre, heureusement, ils grimpent dans le bus pour Souleymanieh, encadrés par deux soldats armés. Adieu Topzawa. À jamais !

Le soir, à la gare routière, la foule est impressionnante. Comme tous les jours, des Kurdes venus de toute la région guettent les nouveaux venus en espérant retrouver un père, une mère, un frère ou une sœur. Amina ne reconnaît personne, mais qu'importe. Des femmes servent de larges assiettes de soupe aux anciens prisonniers tandis que des chauffeurs de bus civils hurlent les destinations. « Kalar, Kalar », entend Amina, qui se précipite.

Surprise ! Cette fois, les soldats ne montent pas avec eux ! Amina et ses enfants se détendent. Dernier arrêt devant le QG du parti Baas, à Kalar. De nouveau, personne pour les accueillir. Mais Amina ne tarde pas à retrouver de la famille éloignée qui propose de les héberger quelques jours, le temps de se faire enregistrer par les autorités.

« Il y a de la place au camp de Smud. Certainement qu'ils vont vous envoyer là-bas », lui explique son hôte, au matin du 22 novembre. Smud où fin novembre va commencer une longue période de liberté surveillée. Amina veut rester à une adresse connue des autorités, pour que Khwrshid les retrouve facilement le jour où il sera libéré lui aussi.

1. Voir carte en annexe.

Un espoir ténu qui lui permet de ne pas baisser les bras. Qu'importe les humiliations et l'interdiction de sortir sans laisser-passer de ce camp fait de bric et de broc. Amina veut rendre sa carte d'identité à son mari. Une carte qu'elle garde précieusement avec le chapeau de son frère, lui aussi porté disparu. Si seulement ces deux talismans pouvaient aimanter les deux hommes qu'elle rêve de revoir à ses côtés !

Mais c'est méconnaître le chef du Bureau Nord qui a profité des huit opérations Anfal pour couvrir les services sous son autorité. Tous les portés disparus ont été exécutés. Et il ne sera pas dit que tous les Kurdes échapperont à la peine capitale malgré l'amnistie, foi d'Ali le chimique.

Le chef de l'Amn de Souleymanieh s'en doutait mais il en a confirmation le 25 novembre 1988 en ouvrant la lettre n° 14951 du secrétariat de l'Amn de la Région Nord. Cette lettre, datée du 23 novembre, est classée « secret et confidentiel ». Elle détaille les instructions du Commandement du Bureau Nord.

Les citoyens kurdes devront être traités selon les mêmes principes appliqués à tout autre citoyen irakien, en ce qui concerne leurs droits et leurs devoirs, à l'exception des Kurdes qui ont bénéficié du décret d'amnistie n° 736 du 8 septembre 1988. Ils ne devront pas être traités sur un pied d'égalité avec les autres Irakiens en termes de droits et devoirs, à moins qu'ils puissent effectivement avoir de bonnes intentions, avec une conduite appropriée, qu'ils prouvent qu'ils ont cessé toute collaboration avec les saboteurs et qu'ils soient plus fidèles à l'Irak qu'à leurs pairs ayant bénéficié du décret d'amnistie mentionné ci-dessus.

Pour traiter ces cas, les critères suivants doivent être appliqués :

1 – Ces Kurdes ne devront pas être habilités à devenir membres de l'administration nationale, du corps législatif, des conseils du peuple, des conseils municipaux ou des organismes de masse.

2 – Les Kurdes qui ont bénéficié du décret d'amnistie ne devront pas être habilités à vendre, acheter ou louer des terrains ou entreprises d'État. Ils ne devront pas non plus être habilités à conclure un quelconque contrat avec un organisme étatique ou à s'engager dans une affaire privée, que ce soit en tant que professionnels ou en tant qu'ouvriers, jusqu'à ce qu'une période de deux ans se soit écoulée depuis leur retour dans les rangs de la nation.

3 – Les autorités compétentes vont surveiller le comportement de ceux qui ont profité du décret d'amnistie et vont déterminer leurs penchants en plaçant en leur sein des informateurs minutieux et appliqués. »

Voilà une mort sociale bien organisée, comme Adla et son mari vont s'en rendre compte après leur libération en décembre 1988 ! Une joie de courte durée quand ils découvrent que 320 habitants de Gird Khaber, où ils habitaient avant, sont morts à cause de l'opération Anfal. Pas une seule des 130 familles poussées à fuir sur des tracteurs poussifs, au printemps, n'a été épargnée. Le couple décide alors de se faire oublier un temps à Kirkouk.

Amina, elle, hésite sur la marche à suivre. Compte tenu de l'interdiction de travailler ou de se soigner, des voisins ont bien tenté de sortir de Smud en fraude, mais ils ont été arrêtés par la police et exécutés sur place, comme bien d'autres jusqu'à ce que les règles soient assouplies, début 1989. À cette époque-là, les récalcitrants sont muselés et les peshmergas ne font plus parler d'eux. Saddam Hussein en tire les conséquences en demandant au Conseil de commandement révolutionnaire d'annuler les pouvoirs spéciaux d'Ali Hassan al-Majid, à la tête du Bureau Nord. Il pense déjà à envahir le Koweit ; il va avoir besoin de lui sur un autre front.

Le 23 avril 1989, l'Amn d'Erbil se charge de diffuser la nouvelle auprès de tous les directeurs de section : « *En vertu du décret n° 271 du Conseil de commandement révolutionnaire, il a été décidé d'abroger le décret RCC n° 160 du 24 mars 1987 octroyant une autorité spéciale au camarade et secrétaire général du Bureau Nord.* » Une directive sans fioriture.
La logique fondamentalement génocidaire d'Anfal prend fin ce jour-là. Mais pour les rescapés, c'est loin d'être la fin de la souffrance et des larmes.

XVIII

La justice enfin, mais un procès volé

Snur va pouvoir souffler quelques jours, le temps d'un aller-retour à Souleymanieh, où Kavout et Nergiz ont rendez-vous avec le juge Asoo Sofi, et de deux interviews à Erbil, où vivent désormais les juges Raouf et Mohammed Oreibi. Ces trois magistrats ont participé au procès de Saddam Hussein et des affidés du régime. Particularité de Mohammed Oreibi[1], il n'est pas Kurde mais Arabe chiite, une communauté concernée par la première partie du procès qui commence le 19 octobre 2005.

Les débats au sujet des 148 civils exécutés à Dujail en 1982 ont lieu dans l'ancien QG du parti Baas transformé en tribunal spécial ; c'est devenu un bunker dans le camp retranché que constitue déjà la zone verte ultra protégée de Bagdad. Et pour cause. D'un côté, les menaces pleuvent sur les membres de la haute cour de justice irakienne. De l'autre, il faut préserver la sécurité des prévenus qui ont fait couler tant de sang au cours des années précédentes.

Cheveux coiffés et barbe grise, Saddam arrive menotté le premier jour de son procès qu'il qualifie de « mascarade ». Une défense inaudible dans cette chronique d'une condamnation annoncée. La peine de mort est requise contre lui et, le 27 juillet 2006, l'affaire est mise en délibéré.

Le 21 août 2006, commence enfin le procès des responsables de l'opération Anfal. Dix-neuf ans après avoir été victime d'un des premiers bombardements chimiques ordonnés contre des civils au Kurdistan, Ali Sheikha doit témoigner. On lui propose de le faire caché, derrière un rideau. Il refuse. Il veut voir son bourreau en face, lui, l'agriculteur qui n'était pas un danger pour le régime.

Ali s'assoit sur le banc des victimes, à quelques mètres de Saddam Hussein. Il fixe les yeux de l'ancien président, essayant de capter son regard. Il attend des explications, une repentance. Il n'aura ni l'un ni l'autre.

---

1. Le juge Oreibi est malheureusement décédé en avril 2021, à l'âge de 52 ans.

– Tout ce qu'il a trouvé à dire, c'est que les bombardements chimiques avaient été commis par l'Iran et pas par l'armée irakienne, commente Ali, 25 ans plus tard. Il a été condamné à mort assez vite, le 5 novembre 2006, pour un crime commis contre les chiites. Du coup, le tribunal n'a pas été au fond des choses sur les crimes commis contre les Kurdes. En tant qu'être humain, je n'ai pas à juger les juges qui l'ont condamné ni ceux qui l'ont exécuté. Ce n'est pas moi qui décide. Je ne vais pas m'énerver contre Dieu d'avoir pris Saddam à ce moment-là. Mais en tant que Kurde, j'aurais préféré qu'il soit aussi jugé et condamné pour les crimes contre les Kurdes, sans réduire l'importance de ce qu'il a fait contre les chiites. J'aurais voulu qu'on l'oblige à écouter ce qu'il avait fait à des gens comme moi. Pour ça, c'est un procès volé.

D'autres ont pourtant subi les foudres d'une justice intransigeante pour les crimes commis contre les Kurdes : Watban, le ministre de l'Intérieur, et son prédécesseur Sadoun Shaker, Ali le chimique bien sûr… Une cinquantaine de personnes au total. Mais beaucoup plus ont réussi à prendre la fuite à l'étranger, notamment en Syrie et au Qatar. Quant à la Cour, elle n'a pas eu la possibilité d'examiner dans leur intégralité les milliers de pièces amassées depuis le début de l'enquête, en 2004.

– L'exécution de Saddam Hussein a eu un impact négatif sur la reconnaissance du génocide des Kurdes, concède le juge Asoo Sofi. Il avait été jugé coupable de crime contre l'humanité commis sur 148 chiites à Dijel. Mais l'application rapide de la peine de mort n'était pas du ressort du tribunal. Or, rien ne pressait. Saddam était impliqué dans bien d'autres dossiers, dont celui des Kurdes. Laisser son procès se poursuivre aurait permis de l'entendre sur toutes ces affaires. Mais Nouri al Maliki a signé la condamnation à mort très vite. Il était devenu Premier ministre dans le gouvernement provisoire. En tant que chiite, il a montré que c'était l'homme fort du pays. En fait, l'exécution de l'ancien raïs avait pour but de clore la période Saddam Hussein. Mais elle a engendré un sentiment d'injustice pour de nombreuses victimes. Il y a eu beaucoup de frustration, même si le tribunal a considéré que le cas des Faylis en 1980, celui des Kurdes de Barzan en 1983, Anfal et Halabja en 1988 étaient des génocides, alors qu'il a qualifié les dérives de l'arabisation et la répression qui a suivi la révolte de 1991 de crimes contre l'humanité. Quoi qu'il en soit, les pressions de toutes parts n'ont jamais cessé.

Nous étions au cœur de la zone verte à Bagdad, donc très protégés. Mais ça n'avait pas empêché le juge Perwaz Miriwani et son fils d'être assassinés en 2005. Finalement, en 2012, le gouvernement fédéral a déclaré qu'il n'était plus en mesure de nous protéger[1]. Il a donc décidé de mettre à la retraite les 63 juges qui avaient participé aux différents procès depuis 2006 et a signé la loi 35, qui clôturait les débats. Certains d'entre nous sont partis aux États-Unis pour éviter la vengeance d'anciens baasistes qui avaient échappé à la justice. D'autres ont choisi de rester, mais sont partis vivre au Kurdistan, à Erbil ou Souleymanieh, avec des garde-du-corps. C'est dommage, car nous n'avons pas examiné toutes les pièces de l'instruction à l'audience. Kurdes, Arabes, nous avions tous reçu des formations spécifiques en Italie et dans d'autres pays d'Europe sur les questions de génocide et de crimes contre l'humanité. Je jure que nous avons fait notre travail de manière professionnelle, et pas en tant que Kurde ou Arabe, chiite ou sunnite. Les déportations, les tortures, les meurtres de masse, les femmes violées, l'organisation de l'administration… tout était dans les dossiers. Et tout y est encore. Si l'ONU veut bien examiner les pièces, elle peut donner aux rescapés ce qu'ils réclament depuis tant d'années : la reconnaissance officielle des génocides perpétrés ces années-là.

Le juge Raouf, un Kurde qui a présidé la haute cour de justice jusqu'en 2011, et le juge Mohammed Oreibi (ou Harib), un Arabe chiite qui a particulièrement travaillé sur l'opération Anfal et Halabja, sont du même avis. Et pourtant, eux aussi ont été victimes de pressions.

Le juge Mohammed Oreibi, dont un cousin a été assassiné et un neveu blessé pendant le procès, parle[2] de centaines de preuves, de documents militaires, de courriers classés top secret signés de Saddam Hussein et Ali le chimique, pour l'opération Anfal. Un dossier étayé par 1192 témoignages collectés entre le début des investigations, en octobre 2004, et le début du procès Anfal, le 21 août 2006. Saddam Hussein nie tout, prétextant que la signature sur les documents n'est pas la sienne. Trois experts viennent dire le contraire à la barre. Sept personnes considérées comme décisionnaires sont mises en cause dans ce dossier. L'action publique contre Saddam Hussein s'éteint le 31 décembre 2006, au soir de son exécution pour le crime de Dujail. Mais elle continue contre Ali le chimique qui affirme dès le premier jour de son procès : « J'ai tué des Kurdes. Et, si c'était à refaire, je le referais. »

1. Trois avocats de la défense ont également été assassinés pendant ce procès exceptionnel, dit « pour l'histoire ».
2. L'interview a eu lieu huit ans avant sa mort survenue en 2021.

Seul Sabr Abdulaziz, le directeur des services secrets militaires, fait part de ses regrets avant que le procureur prononce son réquisitoire. Sa peine est « réduite » à la prison à vie. Pour les autres, c'est la mort.

– Aucun des prétextes invoqués n'a retenu l'attention de la cour, justifie après coup le juge Mohammed Oreibi. Lorsque le nettoyage des 4000 villages kurdes a commencé, l'objectif affiché par le régime était d'améliorer le niveau de vie des gens, de les « civiliser » en les amenant vers les villes. Mais c'était une civilisation à marche forcée. En réalité, c'était une véritable déportation vers des camps de prisonniers où beaucoup de Kurdes ont disparu. L'autre grande excuse donnée était que ces villages étaient trop près de la frontière irako-iranienne et que c'était la guerre. Déplacer les gens était, selon la défense, une façon de les protéger. Mais beaucoup des villages rasés étaient à plus de 150 km de la frontière iranienne, et d'autres carrément du côté de la frontière turque. La directive 4008 sur la « *dead zone* » était la preuve ultime que l'objectif réel était d'éliminer les Kurdes. Ali le chimique a signé cet ordre. Il l'a reconnu au procès. À cet égard, Anfal a été plus horrible qu'Halabja, dont la destruction n'avait pas été planifiée. Cette opération a consisté à utiliser toutes les forces administratives, militaires et policières pour éliminer un peuple. Cela dit, même non planifié, le bombardement d'Halabja avait la même ambition dans la mesure où, comme pour Anfal, des armes chimiques ont été utilisées. C'est aussi ce qui a permis à la Cour de qualifier ces crimes. Utiliser des armes chimiques est un crime de guerre, d'un point de vue militaire, quand c'est fait contre des soldats. Les utiliser contre des civils dans le but de les éliminer, comme en 1987 et 1988, c'est un génocide. Alors non, je ne regrette pas d'avoir participé à ce procès, même si le frère du procureur général a été assassiné trois jours après que Saddam Hussein a proféré des menaces contre lui, même si je suis sur la liste des soixante et une personnes à tuer dressée par les baasistes. C'était mon devoir en tant que juge, comme c'est le devoir d'un médecin de soigner les blessés malgré le danger, en temps de guerre. Peu importe les conséquences pour moi ou ma famille. Et puis vous savez, Saddam Hussein était un très bon comédien. Pendant des années, il s'est mis en scène, lui et sa famille, pour montrer que c'était un très bon musulman. Mais, quand il demandait à se retirer pendant l'audience pour aller prier, en réalité il faisait les cent pas dans la pièce, les mains dans les poches, en attendant que ça passe.

– Un jour, je me souviens, un mollah de Waré a pris la parole et a dit : « J'aimerais poser une question directement à l'accusé. Est-ce que le Coran que je porte sous le bras n'était pas le même que celui qu'il a brûlé en faisant sauter des mosquées[1] ? » Saddam n'a pas répondu. Il a utilisé le Coran, mais il ne savait pas ce qu'il y avait dedans. Il ne savait pas ce qui est écrit dedans. C'est un péché de prendre à autrui son honneur, sa maison et son sang. Saddam Hussein, lui, il a fait les trois : il a déporté les Kurdes, il les a tués, et en plus il a pris leur honneur en violant et en tuant leurs femmes.

Fallait-il pour autant réclamer la peine de mort contre les coupables ? Sans éluder la question, le juge Raouf ne veut pas trancher sur ce débat qui a fait couler beaucoup d'encre.

– Un juge applique la loi, même si elle est injuste ou si elle ne correspond pas à ses valeurs. Il n'est pas là pour juger la loi mais pour l'appliquer telle qu'elle est écrite, que ça lui plaise ou pas.

Maintenant, il n'a aucun doute sur la réalité des faits reprochés aux accusés, qu'il s'agisse de crimes de guerre, de crimes contre l'humanité ou de génocides.

– Au terme de la loi irakienne, en particulier de l'article 48, loi n° 10 de 2005, comme du point de vue du droit international, on a répondu à tous les critères prouvant que les Kurdes avaient subi un génocide, dit-il. Que ce soit ensuite reconnu officiellement sur la scène internationale, c'est une question politique. C'est aux pays étrangers de faire la démarche chacun dans leur Parlement s'ils veulent que l'ONU reconnaisse le génocide. Moi, tout ce que je peux dire c'est que, sur un plan juridique, c'était un génocide.

***

– G'est-ce gque ça change, demande Snur ? Les guens, ils sont gmorts…

– Déjà, des milliers et des milliers de victimes sortiraient de l'anonymat. Les survivants pourraient prétendre à des indemnisations. Mais surtout, ce génocide rentrerait dans les livres d'histoire, comme l'holocauste des juifs ou l'extermination des Tutsis au

1. L'armée irakienne a détruit 2450 mosquées et 27 églises au Kurdistan lors de l'opération Anfal. 1.754 écoles ont également été rayées de la carte, selon le KRG.

Rwanda. Il serait étudié, analysé, enseigné aux jeunes générations ; ça permettrait de faire de la prévention pour que de telles horreurs ne se reproduisent pas. Et si, à l'avenir, des dictateurs ont quand même envie de s'en prendre aux Kurdes, la communauté internationale réagirait sûrement plus vite pour éviter de nouveaux massacres de masse. Enfin, il faut l'espérer !

XIX

Des Kurdes tués à petit feu des années après le génocide

Voir Saddam Hussein dans le box des accusés a été une libération pour beaucoup de rescapés. Mais son exécution a laissé un goût amer aux Kurdes qui ne l'ont pas entendu s'expliquer sur les crimes commis contre leur peuple. Certains ont réussi à tourner la page. Pas les blessés qui vivent encore au quotidien les conséquences des bombardements.

Les plus lourdement atteints sont les victimes des bombardements chimiques. Déjà, en 1998, dix ans après l'opération Anfal, une étude épidémiologique faisait état des chiffres suivants, rapportés en 2002 à la *BBC* par le Dr Fouad Baban, le directeur du centre Halabja qui avait participé aux enquêtes sur la ville martyre :

- Le nombre de bébés atteints de trisomie 21 avait été multiplié par deux.
- L'incidence de l'insuffisance cardiaque ou de la cardiopathie congénitale avait quadruplé, passant de 39 cas en 1990 à 173 en 1996.
- Les fausses couches étaient 14 fois supérieures à la normale, les cas de cancer du côlon 10 fois supérieurs à la normale et les cas de leucémie avaient plus que triplé…

Les suites juridiques sont quasiment inexistantes. Le 9 mai 2007, la cour d'appel de La Haye a prononcé une peine de 17 ans de prison contre le négociant en produits chimiques Frans Van Anraat pour avoir livré à l'Irak des ingrédients ayant permis la production d'armes chimiques, dont du gaz moutarde, entre 1985 et 1989. En première instance, le 23 décembre 2005, le tribunal néerlandais avait condamné ce Hollandais né en 1942 à 15 ans de prison. Mais au bout du compte, seules les 16 victimes qui avaient porté plainte à l'époque au civil ont été indemnisées, le tribunal de La Haye ayant condamné Frans Van Anraat en avril 2013 à verser 25.000 euros, plus des intérêts, à chacune d'entre elles.

Un encouragement pour les 87 habitants de la vallée de Balisan et les 120 personnes originaires d'Halabja qui ont porté plainte en 2013. Mais à ce jour, ces dernières n'ont toujours pas été indemnisées, pas plus que les milliers d'autres qui continuent à souffrir en silence.

Aujourd'hui, voici le quotidien d'Ali Sheikha, blessé à Balisan le 16 avril 1987, de Cobra, qui figure parmi les 10.000 personnes blessées à Halabja le 16 mars 1988, et de Xial, touchée fin août 1988 par un bombardement chimique près de Duhok lors de l'opération Anfal 8.

Ali Sheikha

Ali est né en 1953. Il avait donc 34 ans lors du premier bombardement chimique de Balisan, en 1987. Ce triste jour d'avril, il a perdu deux des sept enfants qu'il avait alors, Hawjin 3 mois, Abdulbas 4 ans, ainsi que son oncle Hassan, qui était né en 1949.

En 1990, sa femme Adiba a donné naissance à une autre petite fille, également prénommée Hawjin. Mais la fillette n'a pas grandi normalement. Elle avait la peau irritée, vomissait souvent ; elle est morte à l'âge de 7 ans, intoxiquée par les gaz que sa mère avait respirés neuf ans plus tôt. Dans son malheur, Adiba a eu la chance de ne faire qu'une seule fausse couche entre les naissances de Zirin et Nasim, ses deux derniers enfants. .

De son côté, Ali a dû apprendre à vivre avec de nombreux problèmes de santé. Trois opérations en Iran n'ont pas permis de sauver son œil droit. Au total, en comptant son œil gauche et ses divers autres soucis, il a été opéré sept fois, toujours en Iran.

Le médicament contre les reflux gastriques lui coûte 110 dollars par mois. Mais ce n'est pas le seul qu'il doit prendre. Lorsqu'il renverse deux grands sacs en plastique, ce sont des dizaines de boîtes de médicaments qui tombent sur le tapis ; pour ses problèmes d'estomac, pour ses problèmes respiratoires, pour sa peau qui gratte et le brûle, pour son œil gauche qui lui permet de voir encore à cinq mètres…

– Pendant près de 25 ans, j'ai dû payer ça tout seul. En 2012, j'ai été retenu dans la liste des 254 victimes chimiques qui ont maintenant droit à une aide médicale de 400.000 dinars par mois[1]. Le centre Anfal travaille à l'élargissement de cette aide à tous les blessés chimi-

1. Environ 300 euros par mois.

ques et pas seulement aux plus graves. Vous savez, les médecins ont dit que les gaz chimiques largués sur Balisan étaient trois fois plus concentrés que ceux qui ont visé Halabja, raconte Ali. Plein de gens ont dû emprunter pour pouvoir se soigner. Cette aide financière, ce ne serait pas un cadeau. Aucune de nos vies n'est enviable.

Ce n'est pas son fils Sabah qui dira le contraire. Depuis l'âge de 8 ans, il a une insuffisance respiratoire sévère. Il se fatigue très vite, si bien qu'il ne peut pas marcher plus de cinq minutes sous peine de tomber sur place. Son gros ventre n'est pas dû à des excès alimentaires mais à une inflammation permanente qui ne lui permet pas de manger ce qu'il veut. Et aucun médecin n'a de solution à lui proposer.

Cobra

Cobra avait 9 ans lorsque l'aviation irakienne a écrasé la ville d'Halabja sous les bombes, le 16 mars 1988. Ce jour-là, dans le quartier Julakan, elle a perdu 16 membres de sa famille, dont sa mère Leila. Comme des milliers d'autres, elle est restée aveugle pendant des jours et a beaucoup vomi à cause des gaz toxiques qu'elle a respirés. Mais ce n'est rien à côté de ce qu'elle subit encore des années après.

– À cause de tous mes problèmes, je n'ai jamais été à l'école et je ne sais pas lire. J'ai été opérée deux fois de l'œil droit à Souleymanieh. Il y avait une excroissance qui poussait dedans. Je dois me faire opérer du gauche maintenant. De près, ça va, mais je n'y vois pas beaucoup de loin. Je suis obligée de mettre des gouttes tous les jours.

Elle soulève sa robe, dévoile sa cheville droite dont la peau est rongée jusqu'à l'os et soupire.

– J'ai 50.000 maladies, des problèmes à la thyroïde, à la colonne vertébrale, des ganglions aux seins repérés en avril 2013... Mais tout ça, ce n'est rien à côté de ce que j'ai transmis à mes enfants. J'en ai eu quatre. Et j'ai fait sept fausses couches. La première, c'était en 1994, un an après mon mariage avec Hamid. En 1995, j'ai pu avoir les jumelles, Thra et Shra. Mais ensuite, j'ai fait fausse couche sur fausse couche jusqu'à la naissance d'Alnd en 2000. À partir du troisième mois de grossesse, les enfants grossissaient d'un coup. Ils grandissaient trop vite. Je me souviens d'un garçon qui est né sans yeux à 5 mois de grossesse. Il est mort juste après. Les docteurs m'ont dit que l'absence des yeux était due aux gaz chimiques. Pour Alnd, il a fallu attacher le col de l'utérus pour éviter l'accouchement précipité. Un an après, j'ai eu Tablo, ma troisième fille. Je voudrais encore un enfant. Mais je n'ai pas les moyens de faire des examens avant pour être sûre que ça se passe bien. Je dépense tout mon argent pour mon fils.

Très émue, elle se tourne vers Alnd, assis en pyjama à ses côtés. Ses yeux tristes cerclés de noir la regardent, comme pour l'encourager. Il n'a pas de cheveux sur la tête.

– Quand il a eu 6 ans, on lui a diagnostiqué un cancer du sang et du cerveau. Avec mon mari, on a emprunté 7 millions de dinars pour les soins. Quand les enfants voient des reportages à la télévision sur les gaz chimiques, ils posent des questions… Il n'y a pas pire que ça.

***

– Ooooh ! Et elle hagbite toujours Halabja, demande Snur.
– Oui, comme beaucoup de rescapés. Tu te souviens d'Hamida ? On t'en avait parlé dans le chapitre sur le bombardement d'Halabja.
– Non.
– Ce n'est pas grave. Elle avait 18 ans lors du bombardement. Eh bien, aujourd'hui, elle est aveugle de l'œil droit à cause des gaz. Et un de ses frères a de gros problèmes psychiques. Ce ne sont que des exemples. Loqman Abdulkader, le président de l'association des victimes du bombardement chimique d'Halabja, dit que sur les 2000 blessés qui sont toujours aidés par son association, 254 sont lourdement handicapés. Lui-même ne voit quasiment plus rien mais il espère que justice sera rendue à toutes ces victimes. À ce jour, elles n'ont jamais été indemnisées, que ce soit par l'État irakien ou les entreprises étrangères qui ont vendu au régime de Saddam Hussein les matières premières nécessaires à la fabrication des bombes chimiques.
– Nergiz oublie les conséquences sanitaires et environnementales, intervient Kavout ! À Halabja, des centaines de caves ont été condamnées car y descendre, aujourd'hui encore, c'est risquer la mort. Le sol est toujours pollué. En 2006, dix-huit ans après le massacre, deux ouvriers sont morts en remuant la terre d'une fosse commune. Ils avaient libéré des gaz.

Xial

Xial est née en 1984. En 1988, elle avait donc 4 ans et vivait depuis deux ans dans une grotte, à Bonxa Hasnaka, la montagne au-dessus d'Hasnaka, son village d'origine, qui avait été rasé en 1986 par l'armée irakienne. À cette époque-là, elle était entourée de sa mère Zlaïxa née en 1968, de son père Hadji Ahmed né en 1957 (un peshmerga mort en novembre 1990), de sa sœur Khonav née en 1985 et de son frère Loqman né en 1986. Le jour du bombardement chimique, fin août, à quelques kilomètres de Duhok, ils ont d'abord pensé que l'odeur qu'ils avaient sentie était celle de la fumée dégagée par les avions de chasse et les hélicoptères. Mais quelques heures après, alors qu'ils prenaient la fuite, toute la famille a eu les yeux gonflés, rouges et brûlants. Ce n'est que plus tard, en arrivant à Jajnikan[1], que les parents se sont rendus compte que Xial avait aussi un problème aux jambes et du mal à respirer. Leur fille aînée avait également la gorge irritée, les yeux infectés, la diarrhée et elle rejetait tout ce qu'elle mangeait.

Xial est restée douze jours à l'hôpital, à Erbil. Lorsque le médecin kurde s'est retrouvé seul avec sa mère, il lui a dit que tous les symptômes étaient dûs au bombardement chimique mais qu'il ne pouvait pas l'écrire dans le dossier de Xial, sous peine d'être tué par l'armée. À la sortie de l'hôpital, la fillette ne pouvait pas marcher. Ses jambes étaient extrêmement gonflées. Et elle ne pouvait toujours rien avaler. Des pathologies multiples qui l'ont empêchée d'aller à l'école et d'apprendre un métier.

À ces mots, Snur tend l'oreille. Elle sait ce qu'a pu ressentir la jeune femme. Elle qui croyait être la seule dans ce cas ! Elle se trompait lourdement. Elle va surtout se rendre compte que les symptômes dont elle souffre encore ne sont pas si terribles comparés à ceux de Xial.

La jeune femme a toujours des problèmes respiratoires. Ses jambes et un de ses bras sont très gonflés en permanence, comme la patte d'un éléphant. Des boutons de pus sortent régulièrement, notamment sur ses jambes, et deviennent énormes si elle ne met pas de crème dessus. Elle a été contrainte de subir deux lavages d'estomac à cause de l'énorme quantité de médicaments qu'elle avale. Et elle ne peut porter aucun objet lourd.

Xial a également dû adapter son régime alimentaire : elle ne peut pas manger de melons, de concombres, de pastèques, de salades, de tomates. Tout ce qui est acide lui est interdit. Le boulgour est trop lourd

1. Gejenyikan, en kurde. Prononcer Djajnikan.

à digérer pour elle. Tout ce qu'elle peut avaler, c'est du blanc de poulet et du riz.

D'un point de vue financier, Xial ne roule pas sur l'or. Heureusement, elle a été reconnue comme une victime d'Anfal par le gouvernement régional du Kurdistan. En tant que telle, elle a été envoyée deux fois en Iran où on lui a promis qu'elle serait soignée. La première fois, en avril 2012, le médecin n'était pas au rendez-vous qui lui avait été fixé. Elle l'a attendu onze jours en vain. Elle est rentrée à Duhok où elle habite maintenant avec sa mère.

La deuxième fois, en février 2013, le docteur qui l'a examinée lui a donné des bas de contention. Il lui a demandé de les porter pendant six mois et a dit : « Après, je t'opère ». Elle attend toujours.

Xial souffre énormément et ne peut pas marcher plus de 50 mètres sans s'asseoir pour reposer ses jambes qui deviennent bleues à chaque fois qu'elle fait plus de dix mètres. Elle va voir un médecin généraliste deux fois par semaine à Duhok, mais il ne peut rien pour elle à part lui donner des anti-douleur.

Zlaïxa, sa mère, a dû s'endetter pour pouvoir soigner sa fille qui ne touche aucune indemnité. Aussi, elle n'a pas les moyens d'acheter des meubles ou même d'accrocher des rideaux aux fenêtres de sa maison où les deux femmes vivent et dorment par terre, sur des tapis et des coussins.

Snur se met à leur place. Évidemment, les ouvriers viennent de terminer la nouvelle maison qui, elle, est parfaitement équipée. Mais la pièce principale du précaire deux-pièces occupé jusqu'ici n'avait pas non plus de meuble.

– C'est gpas bon gpour le mal au gdos et pour ses gjambes, non ?
– Tu as raison Snur, ce n'est pas bon. Elle a relevé sa robe pour nous montrer et…

Kavout s'interrompt, prise par l'émotion. L'évocation de Xial ravive le souvenir de sa rencontre avec la jeune femme.

– Excuse-moi Snur. J'ai le même âge qu'elle. Depuis, je n'arrête pas de me dire que j'aurais pu être à sa place. On n'habitait pas si loin à l'époque. Nous, nous avons pu rejoindre la Turquie pour fuir les gaz. Mais elle… J'aimerais tant faire quelque chose pour l'aider, qu'elle puisse être opérée en France ou au moins vue par un spécialiste… Mais dis-moi Snur, tu voudrais prendre la parole pour demander aux gens, au Kurdistan et dans le reste du monde, d'aider les rescapés du génocide ?

Blanc.

– Heu, ghhh, gje peux pas bien gparler. Les gens ne vont gpas me comprendre.
– Bien sûr qu'ils vont te comprendre. Et ils vont t'écouter, parce que toi aussi tu es une victime. Et tu sais ce que ça fait quand la colère et l'injustice te donnent envie de pleurer en dedans, n'est-ce pas !
– Heu… C'est, c'est l'heure de la gprière, gpardon. Je gdois y aller.

XX

Daesh, le dernier Anfal ?

Un an a passé. Les rencontres avec Snur se sont espacées, au gré des aller-retours entre la France et le Kurdistan. Le livre avance en pointillés. Plus lentement que bon nombre d'anciens baasistes qui ont rejoint les rangs de Daesh pour précipiter le monde dans l'abîme. Œil pour œil, dent pour dent. Les Arabes sunnites, qui étaient les enfants chéris du régime baasiste, sont devenus les parias du nouvel Irak gouverné par les Arabes chiites depuis la chute de Saddam Hussein. Des chiites qui, du point de vue de leurs représentants politiques au moins, n'ont pas eu la capacité de résilience dont ont fait preuve les habitants de la région autonome du Kurdistan, qu'ils soient sunnites, chiites, chrétiens, Yézidis ou – c'est plus rare – athées.

L'esprit de vengeance gangrène les cerveaux. Le vernis laïc des anciens cadres du parti Baas craque au profit d'une vision radicale de l'islam, dans la continuité de la dernière opération Anfal, en août 1988. « Vous n'êtes pas des êtres humains », avait affirmé à l'époque un officier baasiste à des prisonniers de Nugra Salman. Il entendait justifier ainsi le traitement infligé à l'ensemble des Kurdes, la plus grande minorité d'Irak, sous couvert d'Al-Anfal, la 8e sourate du Coran qui comprend 75 versets.

Vingt-six ans plus tard, le Coran est de nouveau instrumentalisé. Pour les idéologues de Daesh, il s'agit d'abord d'éliminer les chiites pour gagner les sunnites à leur cause. Ils veulent aussi recréer un califat, de l'Orient au Levant, autour de leur vision rigoriste de la société. Cela passe par l'élimination des minorités chrétiennes assyro-chaldéennes et yézidies, dont les membres ne sont pas très nombreux mais couvrent un vaste territoire entre Tigre et Euphrate, de part et d'autre de la frontière irako-syrienne.

Cette fois-ci, l'épuration ne sera pas ethnique mais religieuse. Mais peu importe pour les baasistes ; ils ont un vrai savoir-faire en la matière.

L'Occident les a humiliés par l'intermédiaire des États-Unis après la deuxième Guerre du Golfe et a offert le pouvoir aux chiites sur un plateau. Impardonnable pour beaucoup d'entre eux ! Servir Daesh leur donne une occasion unique de diviser ce « monde » qu'ils détestent, en tout cas pour les plus sectaires d'entre eux. La différence avec 1988, les réseaux sociaux. Ils vont pouvoir donner un large écho aux horreurs qu'ils s'apprêtent à commettre et ainsi insuffler la haine dans le cœur de leurs ennemis ; une autre façon de les manipuler.

Les Kurdes ne sont pas dupes. Leurs peshmergas restent l'arme aux pieds, se contentant d'occuper les bases abandonnées par l'armée irakienne dans les territoires disputés avec Bagdad. Que pourraient-ils faire d'autre d'ailleurs, avec leurs *kalachnikovs*, face à des jihadistes surarmés depuis la débandade de l'armée irakienne à Mossoul, le 9 juin 2014 !

Mais, moins de deux mois plus tard, le 3 août, Daesh touche une autre corde sensible, pour eux cette fois : les Yézidis, dans lesquels beaucoup de Kurdes reconnaissent leurs racines. Et pour cause, ils suivent les rituels que pratiquaient leurs ancêtres avant que des siècles d'arabisation et leur conversion à l'islam leur fassent perdre le droit de se dire Yézidis et donc leur religion d'origine[1]. Que les peshmergas n'aient pas réussi à protéger cette minorité est vécu comme une tache par le président de la région autonome qui promet de tout mettre en œuvre pour libérer les rescapés. Ces derniers restent au nombre de 35.000, assiégés sur le mont Shingal après que les forces Kurdes du YPG[2] et du PKK[3] ont réussi à en exfiltrer 20.000 vers la Syrie, par un corridor ouvert avec le soutien de l'aviation américaine.

1. Les Yézidis font remonter leur calendrier religieux à 4750 avant J.-C. Ils sont adeptes de rites issus d'anciennes croyances kurdes qui présentent de nombreuses similitudes avec les religions croisées dans la Perse antique : mithraïsme, zoroastrisme… Une évolution religieuse a été effectuée par le réformateur Sheik Adi, un savant soufi qui s'est installé dans la vallée de Lalish au XIe siècle. Une ville considérée comme sacrée, depuis, par tous les Yézidis.
2. YPG, abréviation de Yekîneyên Parastina Gel, en kurde. Il s'agit des Unités de protection du peuple, considérées comme la branche armée du PYD (Partiya Yekîtiya Demokrat), le Parti de l'union démocratique au cœur du projet de confédéralisme démocratique mené au Rojava, le Kurdistan syrien, et au-delà dans une bonne partie du nord du pays. Les YPG forment l'ossature des Forces démocratiques syriennes, alliées des États-Unis et de l'Union européenne dans la lutte contre Daesh depuis le 10 octobre 2015.
3. PKK, abréviation de Partiya Karkerên Kurdistan, qui se traduit par Parti des travailleurs du Kurdistan. Organisation politique armée considérée comme terroriste par une partie de la communauté internationale, dont la Turquie. À néanmoins appuyé la bataille au sol du YPG contre Daesh.

Le 17 décembre 2014, les peshmergas lancent une offensive décisive qui permet de repousser Daesh hors des montagnes et de reprendre une partie de la ville de Shingal. À ce moment-là, seuls les Yézidis parlent de génocide, le 74e de leur histoire disent-ils. Mais les choses se précisent avec la libération complète de la ville, le 13 novembre 2015. Les enquêteurs dépêchés par la Région autonome du Kurdistan accumulent les preuves au fur et à mesure que les charniers sont mis au jour.

Les éléments matériels corroborent les témoignages des femmes qui ont pu échapper aux bourreaux. Des milliers d'hommes ont été exécutés en quelques semaines par le groupe terroriste. Au fil des mois, 68 temples yézidis ont été détruits par les jihadistes. Et une autre réalité sordide commence à émerger, celle de milliers de femmes et d'enfants convertis de force à l'islam sunnite version Daesh, avec des jeunes femmes réduites en esclavage sexuel et des jeunes garçons transformés en bombes humaines du califat.

L'ONU s'empare finalement du sujet en 2016, vingt-huit ans après le précédent génocide kurde… totalement ignoré celui-là. Ce n'est pas le cas du drame des Yézidis qu'un rapport étiquette officiellement comme génocide mi-juin 2016. Snur est devant la télévision. Les images des squelettes qui affleurent dans des terres poussiéreuses lui rappellent celles des disparus de Barzan, dont 512 corps ont été exhumés en 2005. Elle demande des nouvelles du livre. Le déclic ? Il est temps de retourner la voir.

Le 24 janvier 2017, retour à Erbil sur la piste d'un énième génocide. En 1988, Halabja avait incarné l'horreur absolue aux yeux du monde. Cette fois, c'est Kocho[1] qui fait figure de ville martyre, les gaz en moins. Car les jihadistes de Daesh semblent plus inspirés par les *Waffen-SS* de la *Panzerdivision Das Reich* que par Ali le chimique. En tout cas, cette fois-là.

À Oradour-sur-Glane, le 10 juin 1944, les nazis avaient exécuté 180 hommes et 349 femmes. À Kocho, le 15 août 2014, ce sont 388 hommes et 71 femmes qui sont passés par les armes.

Le massacre de Kocho

Tout commence le 3 août 2014, moins de deux mois après l'abandon de Mossoul par l'armée irakienne. Les hommes de Daesh prennent cette fois d'assaut la ville de Shingal, à 22 km de Kocho. Les villages

1. Kuçu, en kurde, également écrit Kocho en anglais et en français. Prononcer Kotcho.

de Sheikh Aderê et de Gerdarek sont également attaqués. Très vite, la nouvelle se répand dans la plaine, jusqu'au pied du mont Shingal. À Kocho pourtant, les chefs de tribu se veulent rassurants et conseillent à la population de rester. Mais les informations en provenance de la ville de Shingal n'incitent pas à l'optimisme.

À Kocho, 53 personnes décident de partir sans attendre. Elles sont arrêtées par les jihadistes qui patrouillent non loin de là et appellent leurs familles, sous la pression, pour leur dire qu'il n'y a pas moyen de s'enfuir. Au même moment, Abu Hamza, l'un des chefs de Daesh dans la région, appelle Ahmad Jaso, le maire du village, pour l'assurer que ses hommes et lui n'ont rien contre les Yézidis, qu'ils souhaitent juste prendre le thé et qu'ensuite ils s'en iront. Il donne même sa parole.

Et tout se déroule comme il l'a dit, en effet, en milieu d'après-midi. Tout au moins au début. Les jihadistes arrivent dans leur *pick-up*, boivent le thé qui leur est offert… mais demandent dans la foulée les papiers d'identité de tout le monde, plus les armes de tous les hommes du village. Seules quelques-unes, cachées, échappent à la saisie. Là encore, Abu Hamza se veut rassurant et dit n'avoir rien contre les Yézidis qu'il invite à retourner à leur travail, dans les champs.

Les jihadistes repassent deux jours après. Ils se montrent même serviables, vérifiant que les Yézidis n'ont besoin de rien. Mais lorsqu'ils reviennent une troisième fois, trois jours plus tard, c'est pour demander aux villageois de se convertir à l'islam. Refus des Yézidis auxquels Abu Hamza donne trois jours supplémentaires pour se décider. Entre temps, les habitants d'Hatimy ont été soumis au même oukase… mais ils se sont enfuis dans la nuit.

Le 15 août 2014, Abu Hamza et ses hommes débarquent en nombre, furieux. Ils rassemblent tout le monde dans l'école. Des femmes appartenant au groupe terroriste récupèrent tous les téléphones portables. Puis vient le moment du tri. Les femmes, les filles et les enfants sont envoyés au premier étage, les hommes et les adolescents restent au rez-de-chaussée. Des jihadistes passent au milieu d'eux avec des sacs dans lesquels il est demandé à tous de déposer or et argent. Puis, ils montent à l'étage et font la même chose avec les femmes et les enfants.

Quand l'opération est terminée, Abu Hamza laisse une dernière chance à ceux qui le souhaitent de se convertir à l'islam. Divers témoignages qui seront recoupés plus tard par le ministère des Affaires religieuses de la région du Kurdistan font état de 31 hommes enrôlés. Pour tous les autres commence l'ultime sélection.

Par petits groupes, les hommes du village sont invités à monter dans les *pick-up*, sous bonne garde. Ils roulent 300 mètres environ, puis obliquent vers Qêrewan, un petit village à 700 mètres de Kocho. Les Yézidis ont l'ordre de descendre des voitures et de se mettre en rang. Un des jihadistes les filme avec son téléphone. Puis, l'ordre fuse – « Allez, tirez ! » – suivi de rafales.

« Yalla armi », les mots résonnent encore aux oreilles des 19 rescapés qui doivent la vie au sang de leurs voisins, parents et amis. Ils ne sont que blessés mais souvent recouverts par un enchevêtrement de corps. Ils vont rester immobiles de longues minutes jusqu'à ce que la fusillade cesse et que les jihadistes s'éloignent pour éliminer un autre groupe, à 500 mètres de là.

***

– Comme pour Taimour, et comme pour les amis de ton père à Koremeh, observe Kavout, en interrompant la traduction. Pour survivre, ils ont tous fait le mort au milieu des cadavres. Quel traumatisme pour eux !

– À Koremeh aussi, les gbaasistes avaient gdit qu'ils ne gferaient rien. Leur chef avait gjuré, soupire Snur d'une voix triste.

– C'est vrai. Il avait juré sur l'honneur du parti Baas, sur Saddam Hussein et sur le Coran que ses soldats ne feraient rien de mal, poursuit Kavout. Mais il y a eu 27 morts.

– À Kocho, c'est beaucoup plus : 459 morts. Sans compter les 728 prisonniers faits par Daesh. Heureusement que 544 personnes originaires du village n'étaient pas présentes ce jour-là ! Mais enfin, aujourd'hui, d'après le député yézidi Sheikh Shamo, il y a quand même 63 familles de Qocho entièrement décimées, 43 qui ne comptent plus qu'une personne en vie et 17 qui ne sont plus constituées que de deux personnes. Sur 1248 Yézidis présents le jour de l'attaque, ça fait beaucoup ! Et c'est pire à l'échelle de la région de Shingal. Selon le ministère des Affaires religieuses de la région du Kurdistan, environ 3100 Yézidis ont été abattus, décapités ou brûlés vifs par les jihadistes, dans les premiers jours de l'offensive, en août 2014.

– Oh ! Et que gsont degvenus les gprisonniers, demande Snur ?

– Les jeunes ont été embrigadés, les femmes et les enfants vendus comme esclaves à Mossoul, Tal Afar, Raqqa et dans tous les autres fiefs des terroristes. Selon le gouvernement régional du Kurdistan, sur les 6415 Yézidis capturés dans toute la région de Shingal en août 2014, seulement 2880 ont été libérés à la date du 20 janvier 2017, notamment grâce aux efforts d'une commission directement placée sous l'autorité du Premier ministre kurde. Cette commission composée d'une dizaine de personnes a fait libérer près de 1800 Yézidis entre 2014 et janvier 2017, en organisant leur évasion. Et pour ça, il a fallu payer bien sûr.

– Gcombien, demande Snur.
– 4 millions de $, essentiellement versés aux passeurs, qui prennent le plus de risques. Trois ont été décapités dans les derniers mois de 2016. Quoi qu'il en soit, le 20 janvier 2017, toujours selon le gouvernement régional du Kurdistan, il restait 3535 esclaves[1] de Daesh à libérer. Pour connaître leurs conditions de vie, nous avons prévu de nous rendre dans un camp de déplacés où vivent des jeunes femmes sorties récemment de l'enfer.

Le martyre des femmes yézidies

Le 26 janvier 2017, au camp de Khanké, à 30 km de Duhok. Deux jours avant, des généraux de l'armée irakienne ont affirmé que la partie « est » de la ville de Mossoul était entièrement sous leur contrôle. Pas vraiment de quoi réchauffer le cœur de Berivan. Sous les bandages de la jeune Yézidie, le souvenir des liens qui entravaient ses poignets et ses chevilles. Une cicatrice à jamais gravée dans son cœur. Berivan peine à se redresser sur le mince matelas collé au mur de briques. Un abri de fortune à peine plus chaud que la tente offerte aux rescapés de la première heure.

Berivan a 25 ans. Le 4 août 2014, lorsque les jihadistes de Daesh ont investi le village de Sular où elle habitait, à 7 km du mont Shingal, 23 hommes ont été amenés, vraisemblablement pour être exécutés. Elle préfère les croire prisonniers. Parmi eux, figurent son mari et quatre de ses beaux-frères. Berivan ne sait pas exactement combien la Commission

1. En janvier 2017, sur les 3535 prisonniers toujours dans les mains de Daesh, 1739 étaient de sexe masculin (dont environ 1600 jeunes garçons enrôlés de force) et 1796 de sexe féminin.
En novembre 2017, après la libération de Mossoul (le 8 juillet 2017) et Tal Afar (le 31 août 2017) en Irak ainsi que celle de Raqqa en Syrie (le 17 octobre 2017), le bureau des affaires yézidies au Kurdistan a publié de nouveaux chiffres, évoquant 6417 Yézidis capturés en août 2014, donc deux de plus que le premier chiffre évoqué, soit 3547 de sexe féminin et 2870 de sexe masculin. Mais surtout 3191 libérés depuis (1128 femmes, 900 filles, 335 hommes et 828 jeunes garçons). Cela laissait tout de même 3226 Yézidis toujours portés disparus, présumés otages… ou morts. Côté survivants, on estime que 90.000 Yézidis ont émigré en Europe depuis ce nouvel épisode tragique de leur histoire. Des chiffres qui ont encore évolué depuis. Lire « Les dates clés » en annexe.

évasion du gouvernement kurde a payé pour obtenir sa libération et celle de ses enfants âgés de 3 et 5 ans. Une voisine et ses enfants, qui étaient à Deir Ezzor, ont été libérés pour 28.000 $. Pour des femmes qui étaient du côté d'Alep, plus à l'ouest en Syrie, le gouvernement kurde est monté jusqu'à 30.000 $. Plus de kilomètres à faire jusqu'aux peshmergas, plus de danger pour les passeurs, ça fait grimper les prix.

Berivan avoue avoir retrouvé le sourire le jour de son arrivée à Khanké, le 20 novembre 2016. Un peu. Mais très vite, c'est un flot de larmes qui la submerge lorsqu'elle évoque les multiples fois où elle a été vendue, à la prison de Badush ou encore dans celle de Tal Afar, où elle a croisé trente adolescentes de Kocho. « Pour les jihadistes, on était des mécréantes. Ils disaient que même les animaux avaient plus de valeur à leurs yeux. »

Elle raconte l'apprentissage obligatoire du Coran, les tortures quand elle parlait en kurde, suggère à demi-mot qu'elle a perdu son honneur, comprenez qu'elle a été violée... plusieurs fois. Un sujet dont les femmes ont du mal à parler. Une autre accepte, sous couvert d'anonymat.

– Le premier homme qui m'a achetée m'a obligée à faire la shahada[1] afin qu'il puisse profiter de moi. J'ai refusé. Alors il m'a battue. Puis il a déchiré ma robe d'un coup de couteau du haut vers le bas. Comme je me débattais, il m'a assommée en frappant ma tête contre le carrelage de la salle de bain. Et il m'a violée, par devant et par derrière, pendant que j'étais à moitié évanouie. Il a mis un tissu blanc contre mes parties intimes pour recueillir mon sang. Et il m'a réveillée en tirant des coups de feu. Il n'arrêtait pas de répéter en criant, « Mabrouk[2]! Tu n'es plus vierge ! Tu as été purifiée par un musulman ! »

Silence. Des larmes roulent sur les joues pales de Berivan qui reprend...

– On devait prier cinq fois par jour et faire des ablutions, le corps entier, pour nous purifier. On faisait toutes semblant, pour survivre. On devait tout supporter. Et quand je demandais pourquoi on était traitées comme ça, c'était toujours la même réponse : « parce que c'est écrit dans le Coran ».

Berivan s'occupait des travaux des champs et des enfants convertis de force à l'islam. Mais à Tal Afar, tous dormaient sur la paille, au milieu

1. La shahada est la profession de foi musulmane. Elle doit être prononcée en toute connaissance de cause et – en théorie - sans contrainte, pour se convertir à l'islam.
2. Mabrouk = félicitations.

des vaches, dans une grange où les enfants ont contracté une maladie de peau dont les cicatrices sont encore visibles sur les visages. Des enfants qui subissaient un véritable lavage de cerveau.

– Lorsqu'on est arrivé au camp en novembre 2016, mon fils Imad, qui n'a que 5 ans, cherchait les maisons yézidies à faire exploser, confie Razal, une voisine dont la liberté a également été rachetée par le gouvernement kurde. Les Daesh l'avaient renommé Abdulrhamane pour en faire un « musulman » à leur image. Lui et son petit frère Idan, qu'ils appelaient Abdullah, ils les mettaient tout nus et les fouettaient pour les obliger à apprendre. Je n'osais même pas les toucher pour les soigner tellement leur peau était à vif, poursuit Razal d'une voix blanche. Mais parfois, par exemple quand je laissais échapper un mot en kurde, c'est moi qui étais battue jusqu'à ce que le câble électrique qui leur servait de fouet se brise sur mon corps. Alors, quand mes enfants me voyaient revenir en sang, ils me disaient : maman, ils t'ont frappée toi aussi. Et ils pleuraient pour moi. »

Adlan, sa belle-sœur, a été affranchie pour s'être convertie. « J'ai fait semblant, moi aussi », s'empresse-t-elle de préciser, en montrant la carte signée par l'administration de Daesh. Cela n'a pas empêché les viols mais elle a au moins pu chercher sa fille de 10 ans, dont elle a perdu la trace à Deir Ezzor après la mort du combattant libyen qui avait acheté la fillette. Elle ne l'a pas retrouvée.

– Aujourd'hui, je suis une morte vivante, soupire Razal.
– Je ne vaux pas plus qu'une allumette, ajoute Berivan.
– Les Daesh ne seront jamais assez punis pour ce qu'ils nous ont fait, juste parce qu'on est yézidi, tranche Adlan.

L'espoir d'une paix future dans la région ? Il réside peut-être dans cette famille arabe qui a caché Berivan et ses enfants douze jours chez elle, à Mossoul, avant qu'un passeur les fasse entrer en zone kurde. Ou dans cet Arabe de Gula qui n'a pas voulu dire son nom mais qui a guidé les neveux de Berivan à travers un champ de mines, lorsqu'ils se sont évadés en avril 2015. De jolies mains tendues dans la nuit.

***

– Tu gvois, c'est la gpreuve gue Daesh ne regprésente pas gtous les musulmans, intervient Snur, très émue par les récits qu'elle vient d'entendre.

XXI

Snur : « il ne faut plus tuer les Kurdes »

Six jours plus tard, Snur est toujours aussi bouleversée. Elle se demande quand est-ce que les « mégchants » vont « arrêter de gtuer des Kurdes ». Évidemment, elle a toujours du mal à structurer sa pensée. Mais elle a fini par comprendre que beaucoup de Kurdes souffrent encore du génocide qui a fait tant de morts en 1988. Alors, elle imagine bien par quoi sont en train de passer les Yézidis. Pour l'exprimer, en revanche, c'est plus dur. La présence d'une petite caméra l'intimide. Elle n'aime toujours pas sa voix. Kavout la rassure. Son père aussi. Sa nature coquette reprend le dessus. Elle va dire des choses importantes. Alors, elle demande un peu de temps pour mettre sa plus belle robe et se maquiller.

Une demi-heure plus tard, la revoilà, pétillante, dans le salon. Mais au premier signe indiquant que le mode vidéo est enclenché, son visage se ferme. Elle se lance.

– Avec les Yézidis, on n'a gpas la même religuion, mais c'est gpas écgrit dans le Coran qu'il faut les gtuer. Les Daesh qui disent qu'ils gsont musulmans et qu'il faut gtuer les Yézidis, ils gmentent. Ils salissent la religuion… Voilà !

Snur retrouve son sourire en coin tout en tordant ses doigts fins dans sa longue robe pourpre, gênée de ne plus avoir de mots en tête. Kavout lui demande alors quel est le crime le plus grave selon elle. Snur répond sans hésiter.

– C'est gplus grave les Yézidis ; c'est gplus fort que Anfal. À gause de ce que Daesh fait aux femmes. Guand elles sont maman, c'est engore gplus triste.

Kavout lui rappelle que les femmes de Barzan ont vécu des choses similaires en 1983.

– À l'époque, le régime a voulu tuer tous les hommes en espérant pousser les femmes à la prostitution. Et beaucoup de femmes ont été violées aussi dans les prisons pendant Anfal.
– Qpourquoi les mégchants font ça ?
– Parce que les femmes peuvent être maman, comme tu l'as dit tout à l'heure. Et les mamans, ça fait des enfants, donc d'autres Kurdes susceptibles de s'opposer à eux un jour, qu'ils soient yézidis ou musulmans. En tout cas, c'est ce qu'ils croient. Dans les années 80, les baasistes ne voulaient pas convertir les Kurdes puisque beaucoup étaient déjà sunnites, comme eux. Ils voulaient les éliminer pour arabiser leurs terres. En ce qui concerne les Yézidis, Daesh a deux objectifs : les convertir et arabiser leur région. Mais dans les deux cas, le résultat est le même. Ils ne veulent plus entendre parler de Yézidis ou de Kurdes. C'est pour ça que les méchants, comme tu dis, font des génocides. Pour que les Kurdes disparaissent de la surface de la terre, qu'ils soient chiites comme les Faylis, sunnites ou yézidis.

Snur reste un moment la bouche ouverte, interloquée par ce funeste projet qu'elle ne comprend pas. Depuis le début de cette aventure, elle s'est ouverte, libérée de sa singularité. Elle n'est plus une victime isolée dans son coin. Elle qui a souvent manifesté sa frustration de ne pas être allée à l'école, elle est même fière aujourd'hui. Fière qu'une journaliste du bout du monde soit venue chez elle pour lui apprendre des choses sur son histoire et celle de son peuple. Mais elle n'arrive toujours pas à les mettre en perspective. Dans ces conditions, elle ne souhaite pas forcément devenir la porte-parole du combat pour la reconnaissance du génocide kurde. Ses ambitions sont beaucoup plus modestes : aider ses parents et, qui sait, un jour, se marier.

Qu'à cela ne tienne, elle a peut-être un message à faire passer. Nous lui racontons une dernière anecdote confiée par Mohsin Dizey, l'ancien bras droit de Mustafa Barzani[1], lors d'une exposition à Erbil sur le 25e anniversaire d'Anfal. Elle concerne un moment qu'il a partagé avec la figure de proue du nationalisme kurde sur le parvis de l'ONU, à New York, le 10 décembre 1976.

– Ce jour-là, Mustafa Barzani n'a pas poussé la porte du siège des Nations Unies. Il est resté silencieux, sans bouger pendant dix minutes, en fixant l'immense bâtiment. Et quand Mohsin Dizey a

1. Mustafa Barzani est mort d'un cancer du poumon aux États-Unis, le 1er mars 1979, à quelques jours de son 76e anniversaire.

fini par lui demander pourquoi, Mustafa Barzani a répondu : « Tous les peuples du monde sont représentés derrière cette vitre, sauf un seul : le peuple kurde[1]. Tant que nous ne serons pas représentés à l'ONU, les Kurdes n'avanceront pas. » Mais toi Snur, si tu pouvais rentrer et parler aux chefs d'État de la planète, qu'est-ce que tu leur dirais ?

La question la surprend, la désarçonne même un temps. Elle jette un regard sur le sourire encourageant de Kavout, fronce les sourcils pour trouver l'inspiration. Mais ce sont des mots simples qui sortent finalement de sa bouche.

– Je leur dirais : Aidez-nous. Il ne faut plus tuer les Kurdes !

La phrase est sortie d'un trait, sans que Snur butte sur le moindre mot. Comme une évidence !

1. À l'époque, il existe un Comité pour l'exercice des droits inaliénables du peuple palestinien au sein de l'ONU, qui va entériner fin 1977 la création d'un service spécial des droits des Palestiniens. Le 20 juin 2017, « la solution à deux États, Israël et Palestine, vivant côte-à-côte en paix et en sécurité est le seul moyen de parvenir à une paix durable », martèle Nickolay Mladenov, le Coordonnateur spécial des Nations Unies pour le processus de paix au Moyen-Orient, devant le Conseil de sécurité de l'ONU.

Épilogue

Pour les Kurdes, l'histoire a une fâcheuse tendance à se répéter, comme « l'après-Daesh » l'a montré en Irak et en Syrie. Le scénario est à chaque fois le même depuis que le traité de Lausanne est revenu en 1923 sur les maigres acquis du traité de Sèvres. Les Kurdes accordent leur confiance à un État tiers, généralement les États-Unis, un pays européen, l'Union soviétique ou à la Russie plus récemment. Ils sont abandonnés pour ne pas dire trahis, puis victimes de nouveaux assauts sanglants des grandes puissances régionales qui n'ont jamais véritablement renoncé à leur désir d'arabiser ou de turquifier les terres kurdes.

Alors oui, le monde entier doit reconnaître officiellement les génocides perpétrés contre les Kurdes ces cinquante dernières années dans le nord de l'Irak. Parce qu'en rentrant dans les livres d'histoire, ils deviendront un totem, un signal d'alerte surtout pour les Nations Unies qui ne pourront plus ignorer le problème si un État membre devait encore oublier le devoir sacré de respecter toute vie humaine, quelle qu'elle soit.

Certes, la Cour pénale internationale dont le siège est à La Haye a des compétences très limitées dans les affaires de génocide. Elle ne peut intervenir que si le crime a été commis sur le territoire d'un État signataire du Statut de Rome de la CPI – ce qui n'est pas le cas de l'Irak – ou si le mis en cause est un ressortissant de l'un de ces pays. Et condition supplémentaire, les faits doivent avoir été commis après le 1er juillet 2002 – jour de la création de la CPI – pour que des suspects soient poursuivis, ce qui exclut de fait le génocide kurde des années Saddam. Mais la reconnaissance officielle d'un génocide peut aussi passer par la voie politique.

À ce jour, seul l'Irak, la Norvège, la Suède, le Royaume-Uni, la Corée du Sud et l'Autriche ont officiellement reconnu le génocide kurde des années Saddam[1]. L'ONU a été un peu plus loin pour les Yézidis victimes

1. Le génocide kurde a été reconnu par le Parlement irakien le 24 juin 2010, par le gouvernement norvégien le 21 novembre 2012, par le Parlement suédois le 5 décembre 2012, par la Chambre des communes du Royaume-Uni le 28 février 2013, et par la Corée du Sud le 13 juin 2013. En outre, le 23 mars 2023, le parlement autrichien a reconnu le génocide kurde commis par l'État irakien à Halabja en mars 1988.

de Daesh entre 2014 et 2017. Mais toujours pas de signal fort de la communauté internationale depuis que, le 24 juin 2007, le tribunal pénal suprême irakien a condamné cinq personnes[1] pour génocide, crimes contre l'humanité et crimes de guerre, dans le cadre de l'opération Anfal.

Une chose est certaine, reconnaître les victimes à la face du monde permettrait d'aider ces dernières à se reconstruire. Et cela contribuerait aussi à mieux cerner les rouages de l'horreur avant que d'implacables mécaniques se mettent une nouvelle fois en route !

À défaut, Snur a peur que, de nouveau, « des Aragbes et des Turcs tuent des Kurdes qui n'ont rien gfait ». Une crainte qui peut s'entendre. Subir en silence la loi du plus fort et ne pas revendiquer leur identité leur sauverait peut-être la vie. Mais cela n'a jamais été dans l'optique du peuple kurde.

Le monde saura-t-il leur donner des garanties ? Eux, en tout cas, ont prouvé depuis 2003 qu'ils étaient capables de vivre en paix avec leurs voisins. N'ont-ils pas donné asile à des leaders arabes chiites recherchés par les baasistes dans les années 80 ! N'ont-ils pas ouvert leurs portes dans les années 2000 à des Arabes sunnites ostracisés par le gouvernement cette fois dirigé par les chiites ! Certains avaient pourtant obéi aux ordres lors de l'opération Anfal.

Les Kurdes ont trop souvent été martyrisés pour ne pas entendre les appels au secours des opprimés. Beaucoup de membres des minorités chrétiennes, assyro-chaldéennes, yézidies, shabaks… ont également trouvé refuge au Kurdistan, en Irak comme en Syrie, pendant la guerre contre Daesh.

Reconnaître officiellement le génocide kurde, rendre leur terre intouchable, serait aussi une manière de garantir leur paix à tous.

1. Le 24 juin 2007, Ali Hassan Al-Majid dit « Ali le chimique », Hussein Rachid Al-Tikriti, son ancien directeur adjoint des opérations militaires et Sultan Hachem Al-Tai, ex-ministre de la Défense et commandant du premier corps de division irakien pendant l'opération «Anfal», ont été condamnés à la peine capitale. Farhan Al-Joubouri et Sabir Al-Douri, qui dirigeaient les services de renseignement militaire, ont été condamnés à la réclusion à perpétuité. Un sixième accusé, Taher Al-Ani, ancien gouverneur de Mossoul, a été acquitté pour «*manque de preuves*». Quelques mois avant, c'est pour un crime commis contre des Arabes chiites que Saddam Hussein avait été exécuté, sans avoir répondu de ses actes dans le génocide kurde.

Posface de Pierre Perret

Pierre Perret avait 10 ans à la Libération. Un âge assez avancé pour avoir connu la guerre et ses horreurs. Près de 50 ans plus tard, le sort des Kurdes touchés à leur tour par les affres de la guerre réveille ses blessures d'enfants. En 1992, il s'adresse à une petite Kurde et lui dédie une chanson bouleversante sur le difficile choix de l'exode quand sa vie est en jeu à cause des fous de guerre. Comme le chante alors si justement Pierre Perret, « combien de vies pour un puits de pétrole » ? Une question qui le hante encore, trente ans plus tard, alors que les Kurdes n'ont toujours pas été officiellement reconnus comme victimes par la communauté internationale. Résultat, un sentiment d'injustice que Pierre Perret dévoile à sa manière, à la fin de ce livre. Mais aussi un message d'espoir, les Kurdes ont beaucoup d'amis en France.

« COMBIEN DE VIES POUR UN PUITS DE PÉTROLE ? »

Il est certes outrecuidant de commencer l'écriture d'une postface par l'une de ses propres citations. Je n'ai pourtant trouvé rien de mieux pour « cristalliser » le fond de ma pensée en ce qui concerne le génocide que subissent les Kurdes, pour lesquels j'ai écrit ma chanson *La petite Kurde*. À l'image des Juifs, des Arméniens, ou pourquoi pas des Sioux et de tant d'autres innocents, il en est ainsi de tous les peuples qu'on s'est plu un jour à rayer tout bonnement de la carte du monde. Pour quelles raisons, sinon celle de s'approprier les richesses de leurs territoires ?

Je ne citerais guère ici le nom des pays qui nient encore avec acharnement ces génocides pourtant connus du monde entier. Une toute petite chanson, aussi modeste soit-elle, peut enrichir d'une goutte d'eau l'espoir de voir un jour patauger leurs bourreaux dans leur propre sang. Toute vie humaine doit être évidemment respectée. Certes, cela ne fait aucun doute. Si elle est humaine !

J'ajouterai simplement que lorsque je chante cette chanson dans un concert, je puis vous assurer que – vu l'accueil qui lui est réservé – la salle entière est Kurde. »

Texte de la chanson *La Petite Kurde*

Petite, si tu es Kurde, écoute-moi
Il faut partir et quitter ton chez toi
Moi, j'ai connu ton sort, j'ai tutoyé la mort
On n'a jamais raison contre un soldat
Ils étaient 100 autour de ma maison
Aux murs, y avait de l'ail et des poivrons
Le vent était si doux, le ciel était si clair
Et mon père est tombé dans un éclair
C'était un matin calme de septembre
Ils ont amené ma mère dans la chambre
Grand-père, dans ses mains, pleurait comme un enfant
Dehors, on entendait hurler Maman
Grand-mère faisait du pain dans la cuisine
Elle s'effondra, le nez dans sa farine
Et sur son cœur éclot la fleur d'un géranium
Dernier hommage qu'elle ait reçu d'un homme
Grand-père, à coups de crosse dans le dos
Implorait la pitié de ses bourreaux
J'entendais les soldats qui riaient tant et plus
Et Maman sur son lit ne criait plus
Puis soudain, le soleil s'est endeuillé
Les obus éclataient comme des œillets
La mort faisait ripaille, jusque dans mon jardin
Il n'y poussait plus que des orphelins
La pluie qui avait cousu tout l'horizon
Faisait fumer les ruines des maisons
Et tout en m'éloignant du ciel de Babylone
J'ai compris que je n'avais plus personne
N'écoute pas les fous qui nous ont dit
«La liberté est au bout du fusil»
Ceux qui ont cru ces bêtises sont morts depuis longtemps
Les marchands d'armes ont tous de beaux enfants
Depuis la nuit des temps, c'est pour l'argent
Que l'on envoie mourir des pauvres gens
Les croyants, la patrie, prétextes et fariboles
Combien de vies pour un puits de pétrole ?
Petite, si tu es Kurde, il faut partir
Les enfants morts ne peuvent plus grandir
Nous irons en Europe, si tel est notre lot
Là-bas, ils ne tuent les gens qu'au boulot.

Remerciements

En premier lieu, je voudrais chaleureusement remercier l'association franco-kurde d'Occitanie, et son président Zoubeyr Mahy à l'initiative de ce projet, ainsi que les traducteurs sans lesquels rien n'aurait été possible. Kavout Mahy d'abord, diplômée en Sciences politiques, qui m'a accompagnée dans la plupart de mes voyages et m'a reçue chez elle, mais aussi ceux qui l'ont suppléée ponctuellement : son père Zoubeyr, son oncle Ismael et Osman Benavi, tous passés par Albi ; Hallo Estier, le Toulousain de Souleymanieh, et enfin Braim Mala, auteur d'un dictionnaire franco-kurde, qui m'a notamment accompagnée jusqu'à Kalar.

Merci, bien évidemment, à Snur, à ses parents et à ses frères et sa sœur, qui m'ont accueillie comme un membre de leur famille, tout comme Aziz Maltayi, le frère d'Osman. En m'accordant leur confiance, ils m'ont fait un grand honneur.

Merci plus largement à toutes les victimes qui m'ont ouvert leur cœur, et ce n'était pas facile. Les larmes ont débordé parfois. Mais beaucoup m'ont dit que c'était leur devoir de parler, pour l'histoire. Pour que le monde n'oublie pas.

Merci également au ministère des Martyrs et des Affaires Anfal, à Lanja Dizayee et plus largement au gouvernement régional du Kurdistan. Merci pour les très nombreux contacts, pour l'accès aux archives, et pour le soutien logistique les nombreuses fois où il a fallu traverser le Kurdistan pour aller à la rencontre des rescapés.

Merci à monsieur l'ambassadeur Saywan Barzani pour son soutien. Merci au journaliste Neriman Talib pour les relais au Kurdistan. Merci au Dr Mohammed Ihsan, pour avoir partagé avec moi son travail de recherche sur les chiffres clés de l'arabisation au Kurdistan irakien durant le XXe siècle.

Merci à Kamaran Hussein Karim, pour m'avoir accordé son amitié, lui qui n'a jamais cessé de m'encourager.

Merci aux Kurdes en général, pour leurs sourires, leur sens de l'hospitalité, leur capacité de résilience, alors qu'ils ont connu les pires horreurs. Ce livre est le leur.

Merci à ma très chère sœur Muriel, à Dominique Delpiroux, Hélène Duffau, Annie Soum-Navarro et Maryline Lambert pour leur relecture attentive et leurs précieux conseils.

Merci à Catherine Apfeldorfer, Catherine Mas et Claudie Gourg pour leur contribution éclairée à la traduction en français de la préface de Joost Hiltermann. Merci à Joost lui-même. Joost qui, comme Zoubeyr, a contribué à la traduction en français de trois courriers Top secret de l'État irakien reproduits ici en annexes. Ils n'étaient pas seuls à se pencher sur ces documents. Elana Tamim, chargée de projets au Centre français de recherche sur l'Irak, a apporté sa touche sur deux inédits avec le concours de deux stagiaires très investies, Maria Diab et Ines Elias. Merci à elles également.

Merci plus largement à Joost Hiltermann, qui m'a fait l'honneur d'écrire la préface de ce livre. Merci, bien sûr, à Pierre Perret pour sa postface plus de 30 ans après avoir écrit une sublime chanson, *La petite Kurde*.

Enfin, merci à mon éditeur pour avoir cru en ce livre.

Tous ont participé à cette longue chaîne de solidarité visant à faire connaître l'histoire des Kurdes d'Irak. En espérant que le monde, maintenant, leur rende justice.

Annexes

Glossaire des services irakiens de l'époque

Amn : le Mudiriyat al-Amn al-Amma, le « Amn », était la Direction de la sécurité générale. Elle relevait directement du palais présidentiel. Il s'agissait d'un service de sécurité intérieure. Autrement dit, de la police secrète. Terme cité pages 50, 95, 96, 104, 195, 223, 228, 229, 263.

Fawdj : unité de l'armée irakienne. Parmi elles, il y avait des « forsan », légion composée de jahsh, des Kurdes inféodés au régime baasiste. Terme cité pages 192, 193, 263.

Istikhbarat : les renseignements militaires. Terme cité pages 86, 194, 273, 277.

Jahsh : autrement dit « les jeunes ânes ». Ils étaient nommés ainsi par la résistance kurde qui voyait en eux des traîtres. Les « jahsh » tenaient les barrages routiers au Kurdistan, patrouillaient à la place de l'armée, intégraient les déserteurs kurdes de l'armée irakienne. Ils livraient parfois au parti Baas les hommes suspectés d'être des peshmergas. Mais certains étaient des agents doubles, informateurs de la Résistance. Terme cité pages 102, 131, 134, 147, 148, 150, 179, 180, 181, 263, 277, 283, 284.

Mukhabarat : la direction des renseignements militaires. Terme cité pages 49, 50, 51, 263.

Mustashars : les responsables locaux du Jahsh, la milice kurde pro-gouvernementale. C'était souvent des chefs de tribus kurdes. Terme cité pages 102, 148, 263, 277.

Armes chimiques : un recours assumé dès 1987

Courrier Top secret du 18 mars 1987

١

IST.A1962.014.013

002047

بسم الله الرحمن الرحيم

يرجى الإشارة الى الرقم كاملاً

(سري للغاية وشخصي)

رئاسة الجمهورية

السكرتير

مديرية الاستخبارات العسكرية العامة

العدد : م١ / ش٣ / ق٢ / ٦٤١٤

التاريخ : ١٨ آذار ١٩٨٧

سري للغاية وشخصي

على الفـــور

٥٩٤
2005/5/12

الى / رئاسة الجمهورية - السكرتير

الموضوع / أستخدام العتاد الخاص

كتابكم السري للغاية وشخصي ٧/ج ٢/ ٨٠٨ /ك في ١٢ آذار ٨٧

١. مايلي الأمكانيات المتيسرة لدينا لأستخدام العتاد الخاص تجاه قواعد حرس خميني ضمن مقرات مخربي الفرع الأول لزمرة البارزاني :.

أ. لاتساعد الظروف الجوية على أستخدام عامل (السارين) في الوقت الحاضر نظراً لتغطية منطقة الأهداف المعنيه بالثلوج التي تؤدي الى تحليل العامل وتحويلة الى مادة غير سامة وتنطبق هذه الحالة على عامل (التابون) أيضاً

ب. تتيسر لدينا كميات جيدة من عامل (الخردل) ألا أن تأثيراته المتوقعة تعتبر (محدودة) ألا في حالة أستخدام جرعة مركزة منه أضافة الى أنه بطيء التبخر في المناطق الثلجية .

ج. يمكن أستخدام القوة الجوية والقاذفات الأنبوبيه وكذلك السمتيات ليلاً لهذا الغرض .

٢. نقترح ما يلي .

أ. أرجاء تنفيذ الضربة على قواعد حرس خميني ضمن مقرات زمرة البارزاني حتى شهر حزيران المقبل ولوقوع الأهداف في منطقة الشريط الحدودي العراقي - التركي يفضل أختيار الأهداف الواقعه خارج التأثير المحتمل على القطعات الحدوديه التركيه

(١ - ٢)

سري للغايه وشخصي

٥٥٧

002047[1]

Direction générale du renseignement militaire.

MA/AH3 K26
18 mars 1987

Top secret et personnel
Urgent
Adressé : au palais présidentiel - Secrétaire

Objet : Utilisation des munitions spéciales
Votre décret confidentiel et personnel 7/2C/808/K du 12 mars 1987.

1. Voici les possibilités qui s'offrent à nous pour l'utilisation de matériaux spéciaux contre les bases des gardiens de Khomeini[2] au sein du quartier général des saboteurs de la première branche du gang de Barzani[3].

À – Les conditions météorologiques ne nous permettent pas d'utiliser l'agent « sarin » à l'heure actuelle, car la région ciblée est recouverte de neige, ce qui conduit à la décomposition de l'agent et le transforme en un matériau non toxique. Et cela vaut également pour l'agent « tabun ».

B – Et nous avons de bonnes quantités de l'agent « moutarde », mais son impact attendu serait un miracle, à moins d'avoir une dose très concentrée. Ajoutez à cela qu'il est très lent à s'évaporer dans les zones enneigées.

C – On peut les utiliser avec l'armée de l'air ou par des lance-roquettes, de nuit, à cette fin.

2. Nous suggérons ce qui suit :

Nous vous proposons de retarder l'attaque sur les bases militaires des gardes de Khomeini au sein des fiefs Barzani jusqu'au mois de juin de cette année, parce que ces cibles sont situées sur la bande frontière irako-turque. Il est préférable de choisir les cibles qui se trouvent en dehors de l'impact potentiel sur les secteurs proches à la frontière turque…

[Page] 1-2. Top secret et personnel.

1. Ce chiffre a été donné au document par la Haute cour de justice irakienne lors de l'enquête qui a précédé le procès de Saddam Hussein et des hauts dirigeants du parti Baas impliqués dans le génocide.
2. Référence au Corps des Gardiens de la révolution islamique, appelé Pasdaran.
3. Comprendre, les peshmergas du PDK. Le commandant du renseignement militaire fait allusion au QG de Zewa Shekhan (voir carte d'Anfal 8, chapitre XIV).

002048

سري للغاية وشخصي

أو القوى التركية .

ب. المباشره بالتخطيط لتنفيذ عمليات محددة مماثلة بأتجاه مقرات عملاء أيـــران

يرجى التفضل بالأطلاع واعلامنا تنسيبكم ... مع التقدير .

094
2005/5/12

اللواء الركن
مدير الأستخبارات العسكرية العامة

094
2005/5/12

094
2005/5/12

- ٢ -

سري للغاية وشخصي

24

con

002048[1]

Top secret et personnel.

> … ou des villages turcs.
> Commencer à planifier des attaques spécifiques similaires vers les bases des agents de l'Iran[2].

S'il vous plaît, veuillez revoir et nous faire savoir votre position. Avec mes respects.

[signature]
Major-général
Directeur du renseignement militaire.

[Page] - 2 -
Top secret et personnel.

1. Suite du document 002047. Deuxième et dernière page.
2. Dans le langage baasiste, les peshmergas de l'UPK – pourtant du Kurdistan irakien – étaient considérés commes des traîtres servant la cause de l'Iran.

Courrier Top secret du 25 mars 1987

(١)

002011

بسم الله الرحمن الرحيم

رئاسة الجمهورية
السكرتير
مديرية الاستخبارات العسكرية العامة

العدد : س ٣ / ش ٢ / ٦٨٨٥
التاريخ : ٢٩ / ٣ / ١٩٨٧

094

2005/5/8

سري للغاية وشخصي

مستعجل

الى - رئاسة الجمهورية - السكرتير

الموضوع - استخدام العتاد الخاص

كتابكم السري للغاية والشخصي وعلى الفور ٧ / ج ٢ / ١٨٨٧ / ك
في ١٩ آذار ١٩٨٧ ...

١. تمت دراسة أماكن تواجد مقرات عملاء ايران وانتخاب الأهداف أدناه استناداً الى حجم التواجد المعادي فيها وتأثير هذا التواجد على الأمن الداخلي في المنطقة الشمالية بالإضافة والإمكانيات المتيسرة من العتاد الخاص ووسائل الإطلاق :-

أ. مقرات عملاء ايران في منطقة حوض باليسيان (قرية باليسان ، توتمة ، ختي وشيخ وسان) الكائنة قرب الطريق العام چوارقرنه - خليفان ...

ب. مقرات عملاء إيران في حوض قره (تكيه ، بلكجار وسيوسنان) التابعة لناحية قره داغ ...

(١ - ٣)
سري للغاية وشخصي

IST.A1982.014.001

Doc 002041

Au nom du Dieu miséricordieux

Présidence de la République
Secrétaire

3S/2Q/6885 [3S/2Q/6885]

Direction générale du service
de renseignement militaire

Date: 25 mars 1987

Top secret et personnel
Urgent

À l'attention du secrétaire du palais présidentiel.
Objet : Utilisation des munitions spéciales

Selon votre décret personnel et urgent 7/2C/877/K du 19 mars 1987.

1. Les emplacements des bases militaires des agents de l'Iran[1] ont été étudiés. Les cibles mentionnées ci-dessous ont été sélectionnées en fonction de la présence habituelle en leur sein, et de l'impact de cette présence sur la sécurité intérieure dans le Nord. Nous avons sélectionné les cibles ci-dessous pour les frapper, en fonction de la disponibilité potentielle de matériaux spéciaux[2] et des moyens de lancement :

A. Les bases militaires des traîtres de l'Iran dans le bassin de Balisan (les villages de Balisan, Tutma, Khaté et Sheikh Wasan) qui se trouvent sur la route Chwar Qurna - Khalifan.

B. Les bases militaires des traîtres de l'Iran dans les bassins de Takya, Balakajar et Sewsenan, qui appartiennent au sous-district de Qara Dagh.

Page] 1-3
Top secret et personnel.

1. Peshmergas de l'UPK.
2. Matériaux spéciaux ou munitions spéciales étaient des noms de code signifiant armes chimiques.

002042

سري للغاية وشخصي

٢. الأهداف المشار اليها أعلاه من الميزات المهمة لعملاء ايران وأفراد العدو الايراني وان حجم التواجد المعادي فيها يؤثر على الأمن الداخلي في المنطقة الشمالية وهي بعيدة بعداً كافياً (كأهداف للعتاد الخاص) عن مواضع قطعاتنا وتعتبر ملائمة أكثر من غيرها لاستخدام هذا العتاد لوقوعها في مناطق منخفضة تساعد على ركود أبخرة العامل الكيمياوي وبالإمكان معالجتها بالوسائل المتيسرة (القوة الجوية / القاذفات الأجنبية والسمتيات ليلاً) ...

٣. لمحدودية الكمية المتيسرة من العتاد الخاص في الوقت الحاضر يفضّل الحل بأحد البديلين أدناه :-

أ. البديل الأول :-

توجيه الضربة للهدفين المنتخبة خلال هذه الفترة باستخدام ثلثي المتيسر من العتاد الخاص (عامل الزارين) إضافة الى ثلث المتيسر من العتاد الخاص (عامل الخردل) والاحتفاظ بالمتبقي للحالات الطارئة في قواطع العمليات ...

- ٢ -

سري للغاية وشخصي

002042
Top secret et personnel

2. Les cibles mentionnées ci-dessus sont des bases de grande valeur des agents de l'Iran et des éléments ennemis iraniens ; l'importance de leur présence hostile affecte la sécurité intérieure dans la région Nord. Elles sont suffisamment éloignées de nos unités et sont considérées comme plus adaptées que d'autres à l'utilisation des matériaux spéciaux, car elles se trouvent dans des zones basses[1] qui favorisent la stagnation des vapeurs d'agents chimiques, et nous pouvons utiliser tous les moyens disponibles, c'est-à-dire l'armée de l'air, les lance-roquettes et les hélicoptères la nuit.

3. Parce que nous avons des quantités limitées de matériaux spéciaux à l'heure actuelle, il est préférable de fonctionner selon une de ces deux possibilités :

Choix 1 : Frapper les deux cibles évoquées pendant cette période, avec les deux tiers de ce qui est disponible de l'agent « sarin » et un tiers de ce qui est disponible de l'agent « moutarde ». Garder le reste pour les cas d'urgence dans les sites d'opération.

[Page] - 2 -
Top secret et personnel.

1. Dans des zones de basse altitude.

002043

سري للغاية وشخصي

ب. **البديل الثاني**

تأجيل تنفيذ الضربة الى منتصف شهر نيسان ١٩٨٧ ولحين تيسر الكميات الكافية من العتاد الخاص وتحسن موقف الانتاج...

٤. نؤيد العمل بالبديل الأول...

يرجى التفضل بالاطلاع وما ترونه مناسباً واعلامنا.. مع التقدير.

اللواء الركن

م.ع مدير الاستخبارات العسكرية العامة

094

2005/5/18

- ٣ -

سري للغاية وشخصي

IST.A1982.014.003

٢٥٢

002043
Top secret et personnel

Choix 2. Retarder la mise en œuvre de la frappe à mi-avril 1987, jusqu'à ce que des quantités suffisantes de matériaux spéciaux soient disponibles et que la production s'améliore.

4. Nous sommes favorables à la première solution. La décision vous appartient. Ce que vous jugez bon, merci de nous le faire savoir.

Avec respect.

[signature]
Major-général
Le directeur du renseignement militaire[1]

[Page] - 3 -
Top secret et personnel

1. L'Istikhbarat inspirait la crainte à l'époque.

Directive SF/4008 : quand Ali Hassan al-Majid rend possible le génocide

002464

رئاسة مكتب تنظيم الشمال

مكتب السكرتارية

العدد / ... / ١٩٨٧/٦/٢٠

التاريخ / ... / ١٩٨٧

من / قيادة مكتب تنظيم الشمال

الى / قيادة الفيلق الاول / قيادة الفيلق الثاني / قيادة الفيلق الخامس

م / التعامل مع القرى المحذورة امنيا "

نظرا لانتهاء الفترة المعلنة رسميا "لتجميع هذه القرى والتي سينتهي موعدها يوم ٢١ حزيران ١٩٨٧ قررنا العمل ابتداءا" من يوم ٢٢ حزيران ١٩٨٧ بموجب ما يلي: (١) جميع القرى المحذورة امنيا "والتي لم تزال لحد الآن اماكن لتواجد مخربي عملاء ايران وسليلي الخيانة وامثالهم من خونة العراق (٠) (٢) يحرم التواجد البشري والحيواني فيها نهائيا "وتعتبر منطقة عمليات محرمة ويكون الرمي فيها حرا "غير مقيد ا"ما لم تصدر تعليمات من مقرنا (٠) (٣) يحرم السفر منها واليها او الزراعة والاستثمار الزراعي او الصناعي والحيواني وعلى جميع الاجهزة المختصة متابعة هذا الموضوع بجدية كل ضمن اختصاصه (٠) (٤) تعد قيادات الفيالق ضربات خاصة بين فترة واخرى بالمدفعية والسمتيات والطائرات لقتل اكبر عدد ممكن من المتواجدين ضمن هذه المحرمات وخلال جميع الاوقات ليلا "ونهارا" واعلامنا (٠) (٥) يحجز جميع من يلقى القبض عليه لتواجده ضمن قرى هذه المنطقة ويحقق معه الاجهزة الامنية وينفذ حكم الاعدام بمن يتجاوز عمره (١٥) سنة داخلا "الى عمر (٧٠) سنة داخل بعد الاستفادة من معلوماته واعلامنا (٠) (٦) تقوم الاجهزة المختصة بالتحقيق مع من يسلم نفسه الى الاجهزة الحكومية او الحزبية

((يتبع لطفا "))

IST.A5491.008.001-6

(١٥)

002465.

٢١

(٢)

لمدة أقصاها ثلاثة ايام [illegible] عشرة ايام (٪١٠) من اعلامنا عن مثل هذه الحالات واذا استوجب الامر [illegible] من هذه المدة فعليهم اخذ موافقتنا هاتفيا " او برقيا " ومن طريق الرفيق طاهر العاني (٠) (٧) يحتجز كل ما يحمل عليه مستشارو افواج الدفاع الوطني او [illegible] بوصول اليهم مجانا " ما عدا الاسلحة الثقيلة والساندة والمتوسطة اما الاسلحة الخفيفة فتبقى لديهم ويتم اعلامنا بعدد هذه الاسلحة فقط وعلى قيادة الجحافل ان تتخذ لتجميع جميع المستشارين وآمري السرايا والمفارز واعلامنا بالتفصيل عن نشاطاتهم ضمن افواج الدفاع الوطني (٠) مكرر رئاسة المجلس التشريعي (٠) رئاسة المجلس التنفيذي (٠) جهاز المخابرات (٠) رئاسة اركان الجيش (٠) محافظو (رؤساء اللجان الامنية) نينوى ، التأميم ، ديالى ، صلاح الدين ، السليمانية ، اربيل ، دهوك . (٠) امناء سر فروع التنظيم [illegible] اعلاه (٠) مديرية الاستخبارات العسكرية العامة (٠) مديرية الامن العامة (٠) مدير امن منطقة الحكم الذاتي (٠) منظومة استخبارات المنطقة الشمالية (٠) منظومة استخبارات المنطقة الشرقية (٠) مدراء امن محافظات نينوى ، التأميم ، ديالى ، صلاح الدين ، السليمانية ، اربيل ، دهوك (٠) يرجى الاطلاع والتنفيذ كل ضمن اختصاصه (٠) انتهى .

الرفيق

علي حسن المجيد

عضو القيادة القطرية - امين سر مكتب تنظيم الشمال

IST.A5491.008.002 6(4)

Le 20 juin 1987,

De la part de : Commandant du Bureau Nord
À l'attention de : Commandement des 1er, 2e et 3e Corps d'armée

Objet : Procédure pour traiter du cas des villages interdits pour des raisons de sécurité

Considérant le fait que les échéances annoncées pour l'unification de ces villages expirent le 21 juin 1987, nous avons décidé que les actions suivantes devaient être entreprises à compter du 22 juin 1987 :

1. Tous les villages dans lesquels seraient trouvés des agents subversifs de l'Iran ou tout traître envers l'Irak doivent être déclarés interdits pour des raisons de sécurité ;
2. Ces villages devront être considérés comme des zones opérationnelles interdites à toutes personne ou tout animal, et dans lesquels les troupes pourront ouvrir le feu à volonté, sans aucune restriction, sauf instruction contraire du Bureau ;
3. Les déplacements depuis et en direction de ces zones, ainsi que l'agriculture et les activités industrielles seront interdits et contrôlés avec attention par toutes les agences compétentes dans leurs domaines respectifs de juridiction ;
4. Les commandants de Corps procèderont à des attaques spéciales[1] avec l'artillerie, des hélicoptères et des avions à toute heure du jour et de la nuit, afin de tuer le maximum de personnes présentes dans les zones interdites, et nous tiendront informés du résultat ;
5. Toutes les personnes capturées dans ces villages seront détenues et interrogées par les services de sécurité ; ceux dont l'âge est compris entre 15 et 70 ans seront exécutés, après que toute information utile a été obtenue d'eux, ce dont nous devront être dûment informés ;
6. Ceux qui se rendront aux autorités gouvernementales ou au parti seront interrogés par les agences compétentes pendant une période maximale de trois jours, qui pourra être étendue à dix jours si nécessaire, à condition que nous en soyons avertis. Si les

1. La traduction initiale a été faite par HRW à partir d'une des nombreuses copies de la directive SF/4008 adressées aux différentes agences et trouvée par Middle East Watch dans les dossiers du gouvernement irakien. Cette traduction intègre un rectificatif sur les attaques spéciales dont il est question dans l'article 4, et corrige l'emploi erroné du mot « aléatoire » dans le rapport de HRW, une erreur remarquée après publication.

interrogatoires nécessitent plus de temps, une autorisation doit être obtenue de notre part par téléphone, par télégraphe ou par le camarade Taher [Tawfiq] al-Ani ;

7. Tout ce qui est saisi par les mustashars[1] et les troupes des bataillons de défense nationale peut être conservé par eux, à l'exception des armes lourdes, de moyen calibre et des armes montées[2]. Ils peuvent garder les armes légères, en nous avertissant simplement du nombre de ces armes. Les commandants de Corps devront rapidement attirer l'attention des mustashars, commandants de compagnie et chefs de section, sur ce point et devront nous fournir des informations détaillées sur leurs activités dans les bataillons de défense nationale.

Pour information et action dans votre domaine de juridiction.
Merci de nous tenir informés.

[signature]
Camarade
Ali Hassan al-Majid
Membre du commandement régional, secrétaire général du Bureau Nord
Copie conforme :
Président du Conseil législatif ;
Président du Conseil exécutif ;
Parti de renseignement ;
Chef du personnel général de l'armée ;
Gouverneurs (présidents des comités de sécurité) de Ninive, al-Tameem, Salahaddin, Souleymanieh, Erbil et Duhok ;
Secrétariat de branche des gouvernorats mentionnés ci-dessus ;
Directorat général du renseignement militaire (Istikhbarat) ;
Directorat général de sécurité (Amn) ;
Directorat de sécurité de la région autonome ;
Services de sécurité de la région du Nord ;
Services de sécurité de la région de l'Est ;
Directeurs de sécurité des gouvernorats de Ninive et Tameem, Salahaddin, Souleymanieh, Erbil et Duhok.

1. Les responsables locaux du Jahsh, la milice kurde pro-gouvernementale.
2. Cette clause fait référence au butin tel qu'il est entendu dans le concept d'Anfal au sens coranique du terme à travers la sourate 8 - Al-anfal. Anfal est d'ailleurs le nom qui sera donné ensuite à l'opération d'épuration ethnique qui s'achèvera le 6 septembre 1988.

Peuples et groupes ethniques cités

Assyro-chaldéen : les Assyro-Chaldéens sont un peuple chrétien du Proche-Orient. Ils sont arabophones et, pour certains, kurdophones. Mais, entre eux, ils parlent et écrivent une langue syriaque proche de l'araméen, considéré comme la langue du Christ. Ils appartiennent à une des Églises orientales née dans l'Empire romain à la fin du IVe siècle et qui se développa indépendamment de Rome. Ces cent dernières années, le nombre de chrétiens assyro-chaldéens est passé d'un million à moins de 400.000 en Irak. Ils sont ignorés dans le préambule de la constitution irakienne de 2005 mais reconnus par la région autonome du Kurdistan où ils disposent de 5 sièges au Parlement. Ils ont aussi un ministre au KRG. Terme cité pages 47, 245, 258, 279, 300.

Fayli : Les Kurdes faylis forment un groupe ethnoreligieux habitant les deux versants des monts Zagros. Côté Irakien, Khanaqin est leur berceau, mais on les trouve à l'ouest de la frontière avec l'Iran, jusqu'au Sud de Bassorah, et à Bagdad. « Leur ethnicité kurde et leur foi chiite les ont historiquement exposés à la stigmatisation et aux persécutions, principalement durant les années 1970 et 1980, c'est-à-dire sous le régime baasiste », rappelle Michel Isidore, alias Émile Bouvier, dans Les clés du Moyen-Orient du 31 juillet 2020. Terme cité pages 43, 44, 45, 46, 49, 50, 52, 54, 55, 75, 81, 232, 288, 293, 295, 311, 313.

Kurde : plus grand peuple du monde sans État. Les Kurdes sont estimés à près de 40 millions. Ils sont répartis principalement en Turquie, en Iran, en Irak et en Syrie depuis la chute de l'Empire ottoman et la division du Moyen-Orient par les vainqueurs de la Première Guerre mondiale, les promesses du traité de Sèvres en 1920 ayant été rayées d'un trait de plume dans le traité de Lausanne qui a consacré la création de la Turquie en 1923. Les persécutions ont poussé beaucoup de Kurdes à trouver refuge en Europe (France et Allemagne principalement), en Arménie, en Russie, aux États-Unis, au Canada, en Australie, en Géorgie, en Azerbaïdjan ou en Algérie où ils constituent des minorités plus ou moins importantes.

Shabak : groupe ethnoreligieux basé principalement dans la province de Ninive, en Irak, à l'est de Mossoul, entre le Tigre et le Grand Zab, les deux principaux fleuves du pays. Certains lui attribuent des origines turkmènes, d'autres voient en eux d'anciens Kurdes iraniens ayant migré au fil des siècles. Les Shabaks parlent le shabaki, un idiome nord-iranien de la sous-famille kurde zaza-gorani, mélange des dialectes kurdes parlés dans le centre-est de la Turquie (le zazaki) et au sud-ouest du Kurdistan iranien, dans les régions situées à l'ouest de Kermanshah, autour d'Hewraman – à cheval sur la frontière irano-irakienne – et dans une trentaine de villages situés à l'est de Mossoul. Les Shabaks seraient aux alentours de 350.000 en Irak. Terme cité pages 258, 279, 280.

Turkmène : en Irak, les Turcomans vivent principalement dans une région en forme d'arc allant de Tal Afar (à l'ouest de Mossoul) à Kirkouk. Ils constituent le troisième plus important groupe ethnique du pays, après les Arabes et les Kurdes, depuis que leurs ancêtres, des Turcs Oghuz qui vivaient au nord de la mer d'Aral, se sont convertis à l'islam et ont migré vers le Moyen-Orient. Les estimations quant à leur nombre varient de 500.000 selon des experts occidentaux à 3 millions selon des sources turcomanes ou turques. Les Turcomans irakiens parlent un dialecte turc très proche de l'azéri. Ils disposent de 5 sièges au Parlement de la région autonome du Kurdistan. Terme cité pages 47, 279, 280, 300.

Yézidi : Êzîdîs en kurde. Membres de la communauté ethnoreligieuse yézidie qui pratique le yézidisme, une religion qui plonge ses racines dans la Perse antique. Les Yézidis parlent le kurde kurmanji. Beaucoup de Kurdes (peuple majoritairement converti à l'islam au fil des siècles) voient en eux des Kurdes restés fidèles à leur religion d'origine. Les Yézidis ont été une des principales cibles du génocide pratiqué par les jihadistes de Daesh sur les populations autochtones non sunnites d'Irak et de Syrie entre 2014 et 2017. Terme cité pages 14, 180, 183, 196, 197, 198, 245, 246, 247, 248, 249, 250, 252, 253, 254, 257, 258, 280, 293, 299, 300, 301, 302, 312, 313.

Les leaders kurdes en Irak

Mustafa Barzani : Né le 14 mars 1903, il est au XXe siècle le principal chef du Mouvement national kurde en Irak. Président-fondateur du Parti démocratique du Kurdistan en 1946, il est un symbole de la cause kurde. Engagé au sein de l'éphémère République kurde de Mahabad, en Iran du 22 janvier au 15 décembre 1946, il a pris la tête de deux révoltes kurdes en Irak, de 1961 à 1963 et d'avril 1974 à mai 1975. Son fils Massoud Barzani lui a succédé à la tête du PDK (parti démocratique du Kurdistan, Pârty, en kurde). Mustafa Barzani est décédé le 1er mars 1979.

Massoud Barzani : premier président de la Région autonome du Kurdistan irakien (KRG). Après des années dans la Résistance contre le régime anti Kurdes au pouvoir à Bagdad, il est désigné Président par le Parlement kurde à l'issue des premières élections législatives post Saddam Hussein. Il est réélu en 2009 au suffrage universel. En 2013, le Parlement kurde repousse les élections de deux ans. En 2015, c'est la guerre contre Daesh qui contraint le Parlement à surseoir de nouveau. Jusqu'à sa démission le 1er novembre 2017. Après ça, il a repris la présidence du PDK. Massoud Barzani est né le 16 août 1946 à Mahabad, alors capitale d'une éphémère république kurde en Iran.

Jalal Talabani : a quitté le PDK pour fonder l'UPK (Union patriotique du Kurdistan, appelée « Yekêtiy Nîştimaniy Kurdistan », en kurde sorani, aussi dit Yekêtiy) en 1975, après les accords d'Alger censés régler les différends territoriaux entre l'Iran et l'Irak. Né le 12 novembre 1933, Jalal Talabani est arrivé au premier plan de la scène politique internationale après la chute de Saddam Hussein, lorsqu'il a été président de l'Irak du 7 avril 2005 au 24 juillet 2014, conformément à la nouvelle constitution irakienne qui réserve ce poste honorifique à un Kurde depuis 2005. Jalal Talabani est décédé le 3 octobre 2017 à l'âge de 83 ans.

Lexique kurde

Avemast : yaourt liquide bu froid et souvent agrémenté de fines herbes. Prononcer « ovamost ». Terme cité pages 34, 35, 36.

Bahdini : nom de la langue parlée dans la région de Bahdinan où les habitants ont la particularité de parler un kurde différent du kurde sorani parlé à Erbil et Souleymanieh. Il se rapproche plutôt du kurmanji (ou kurmanci), le kurde septentrional ou « Kurdiya Bakûr » parlé notamment au Kurdistan de Turquie. La région de Bahdinan comprend essentiellement le gouvernorat de Duhok et le district de Barzan dans le gouvernorat d'Erbil, au nord du Kurdistan irakien. Elle est frontalière du Kurdistan de Turquie. Terme cité pages 56, 103, 188.

Bashur : Başûr en kurde, ou Kurdistana Başûr, soit Kurdistan du Sud, considérant que le Kurdistan irakien, situé au nord de l'Irak, est en réalité le Sud du Kurdistan historique (terme cité page 196). Les Kurdes appellent ainsi le Kurdistan de Turquie le Kurdistan Nord (Bakur), le Kurdistan de Syrie le Kurdistan Est (Rojava) et le Kurdistan d'Iran le Kurdistan ouest (Rojhelat).

Bele : oui. Terme cité page 22.

Chitek : large ceinture traditionnelle en tissu. Longue de 10 à 12 mètres, elle fait plusieurs fois le tour de la taille. Terme cité pages 188, 191, 283.

Coaster : Mini bus et bus *Toyota*, entré dans le langage courant kurde pour désigner ce moyen de transport très utilisé pour les arrestations massives. Terme cité pages 61, 64, 67, 70, 94, 95.

Colov darsouk : colov, c'est la calotte. Et darsouk, synonyme de djamadani, le tissu rouge et blanc ou noir et blanc (selon les régions) qui s'enroule autour du colov. Terme cité page 188.

Djamadani : tissu traditionnel kurde portée par les hommes autour du colov. Terme cité page 56.

Ever bash : bonsoir. Terme cité page 134.

Jahsh : Kurdes à la solde du régime irakien, à Bagdad. Considérés comme des traîtres dans la Résistance, ils étaient qualifiés « petits ânes », d'où le terme de jahsh. Terme cité pages 102, 131, 134, 147, 148, 150, 179, 180, 181, 277, 284.

Kak : marque de respect pour un homme. Terme cité page 170.

Kazans : arbre majestueux qui donne des fruits secs riches en protéines en hiver. Terme cité page 193.

Khaki : uniforme kurde dans la Résistance, devenu habit traditionnel. Terme cité pages 127, 130, 184, 188, 192, 193.

Malband : QG régional des peshmergas de l'UPK. Terme cité pages 132, 133.

Moxtor : maire, traduction imparfaite de moxtor (mortor en français) qui désigne le chef du village. Terme cité pages 33, 57, 154, 158.

Mujamma'a : nouveaux villages où les Kurdes amnistiés étaient assignés à résidence avec interdiction de déménager. Des camps qui, à leurs débuts, étaient de simples bidonvilles et qui se sont souvent transformés progressivement en villes à part entière. Terme cité page 226.

Peshmergas : littéralement, « ceux qui vont au-devant de la mort pour protéger la vie ». Nom donné aux résistants kurdes à l'époque opposés au régime irakien. Terme cité pages 15, 25, 27, 28, 29, 43, 47, 48, 51, 68, 69, 74, 75, 82, 86, 87, 89, 97, 99, 101, 102, 106, 107, 112, 115, 131, 132, 133, 137, 140, 141, 146, 148, 166, 169, 175, 177, 178, 179, 180, 181, 183, 184, 185, 186, 188, 191, 192, 193, 195, 196, 197, 198, 208, 210, 215, 216, 220, 224, 229, 241, 246, 247, 251, 263, 265, 267, 269, 284.

PDK : Parti démocratique du Kurdistan. Parti sous l'influence de de la famille Barzani. Il a fourni de nombreux peshmergas à la lutte contre la politique génocidaire de l'État irakien à l'époque de Saddam Hussein. Terme cité pages 43, 86, 88, 101, 175, 178, 181, 183, 215, 265, 281, 284, 296, 297, 300, 301, 312.

PKK : abréviation de Partiya Karkerên Kurdistan, Parti des travailleurs du Kurdistan. Organisation politique née en 1978 pour faire face à la répression des Kurdes en Turquie, ce parti choisit la lutte armée en 1984 pour attirer l'attention de la communauté internationale mais décrète à intervalles plus ou moins réguliers des périodes de cessez-le-feu pour tenter d'obtenir une solution pacifique au problème kurde. Le PKK laisse finalement tomber le marxisme léninisme des débuts au profit du confédéralisme démocratique qui prend ses distances avec le concept d'État-Nation et prône une vision internationaliste, sociale, écologiste et féministe de la société. Le PKK a été très impliqué dans la bataille contre Daesh à partir de 2014. Mais la Turquie voit toujours un groupe terroriste dans le Parti des travailleurs du Kurdistan, catégorie dans laquelle le classe également une grande partie de la communauté internationale sous la pression d'Ankara. Terme cité pages 246, 297.

Rojbash : bonjour, en kurde. Terme cité page 215.

Ser çava : « sur mes yeux », expression kurde adressée aux amis qui comptent par-dessus tout, donc plus que nos propres yeux. Terme cité page 22.

Sorani : nom des habitants et de la langue parlée de la région de Soran à celle de Souleymanieh, le long de la frontière avec le Kurdistan iranien, mais aussi autour d'Erbil, la capitale de la région autonome du Kurdistan irakien. Terme cité pages 56, 103, 104, 281, 283.

Spinder : peuplier. Terme cité page 33.

Tirshik : plat traditionnel kurde à base de kotilks, boulettes de semoule farcies à la viande de bœuf et servies avec une soupe de tomates ou une soupe à base de yaourt et coriandre. Terme cité page 20.

UPK : Union patriotique du Kurdistan, parti sous l'influence de la famille Talabani. Il a fourni de nombreux peshmergas à la lutte contre la politique génocidaire de l'État irakien à l'époque de Saddam Hussein. Terme cité pages 48, 85, 86, 101, 102, 106, 111, 112, 132, 175, 178, 179, 181, 206, 224, 267, 269, 281, 284, 296, 297, 300, 301.

Xan : marque de respect pour dire Madame. Terme cité page 215.

Xodé : Dieu, en kurde. Terme cité pages 83, 89, 120, 151, 155, 217.

YPG : abréviation de Yekîneyên Parastina Gel, en kurde ; Unités de protection du peuple, en français. Elles sont considérées comme la branche armée du PYD (Partiya Yekîtiya Demokrat), le Parti de l'union démocratique au coeur du projet de confédéralisme démocratique mené au Rojava, le Kurdistan syrien, et au-delà dans une bonne partie du nord du pays.

Les YPG forment l'ossature des Forces démocratiques syriennes, soutenues par les États-Unis et l'Union européenne dans la lutte contre Daesh au nord de la Syrie depuis leur création, le 10 octobre 2015. Le YPG est considéré comme proche du PKK. Terme cité page 246.

Index des noms de famille

Ils ont échappé à l'horreur et ont accepté de témoigner…

Chapitre I sur la génèse du livre

- Abdulsetar Mahrouf Said, dit Abdulsetar Koremey, né en 1957, malheureusement décédé en 2022. Originaire de Koremeh, il était le papa de Srood (marié à Haliz), Snur (fil rouge de ce livre), Donar, Binar et Yassa, cinq enfants qu'il a eus avec son épouse Leila Hadji, originaire de Banda. Abdulsetar, Leila, Snur, Yassa et Haliz ont apporté leur contribution à ce livre.

Chapitre II sur le massacre de Dakan en 1969

- Amina Ihssa Mohammed est née en 1943. Elle et son mari, Mohammed, ont perdu 18 membres de leur famille dont leurs 2 enfants lors du premier grand crime contre l'humanité du régime baasiste, en 1969 à Dakan.
- Mahmoud Xourchid avait 9 ans lors du massacre.
- Xalil Mahmoud Salim avait 13 ans.
- Haraf Ali avait 7 ans.

Chapitre III sur le massacre de Surya en 1969

- Alexandre Guiliana Marcos est né en 1955. Ce chrétien qui vit toujours au Kurdistan avait 14 ans lorsqu'il a réchappé au massacre de Surya.
- Tayibat Choukar Souleyman est née en 1956. Elle a perdu quatre personnes de sa famille lors du massacre de Surya, en 1969. Hassan Mohou Hussein est né en 1955. Il a perdu trois sœurs ce jour-là. Tous les deux sont musulmans et vivaient en harmonie avec les chrétiens du village. Ils se sont mariés en 1973 et sont restés dans la région.

Chapitre IV sur le génocide des Kurdes faylis

- Sami al-Fayli. Était président de l'association des Kurdes faylis en 2013.

Chapitre V sur huit années terribles de 1975 à 1983

- Rebwar Ramazan Abdullah, fils de Ramazan Abdullah Hiassi et Assia Taïeb Isa, petit-fils de Taïeb. S'est marié en 2005 à Rezan Salah Abdullah. Il est devenu sociologue, spécialiste du génocide kurde.
- Hadji Ahmed, née en 1953 à Bolanda. Marié à Zourzan Ali. Il a perdu 20 membres de sa famille dans la rafle des 8000 de Barzan. Son grand frère, Mala Hussein (un des responsables du camp de Qoshtapa), et de son petit frère, Huroo, dont il est question chapitre V, font partie des victimes.
- Xonem Mohammed Amine, née en 1968. À perdu son mari Zkri Mohammed, son beau-père, un oncle et deux cousins dans la rafle en 1983. Xonem était de Saft, Zkri de Bazé.
- Fatma Huzayr Mohu, née en 1950 à Balinda. Etait l'épouse de Mala Hussein, né en 1947 à Bazia. À perdu vingt membres de sa famille dans la rafle, dont son mari et deux frères.
- Habib Chicho, née en 1930. Était l'épouse d'Hasco Ali Faqo. Tous les deux étaient de Chré.
- Ali Mohammed Ahmed, l'aveugle de Houstan, né en 1947. Il est question de son père, Mohammed Ahmed, arrêté comme trois des frères d'Ali. Il a perdu vingt membres de sa famille dans la rafle du 31 juillet 1983 à Qoshtapa.
- Ali Mala.

Chapitre VI sur la politique d'arabisation dans la région de Kirkouk

- Nabar Faik Rhamane, née en 1961, mariée à Nuri Mohammed, fils de Mohamed Khalil. Incarcérée avec ses 7 enfants, dont son fils Dyar et sa fille Charo, morts de faim en prison. Également citée chapitre XI.
- Loqman Aziz Karim, de Qarandjir. Et son épouse Aftaw Rachid.

Chapitre VII sur Balisan, la vallée de la mort

- Sabir Khosnaw, né en 1955 ; président de l'association des victimes des gaz chimiques dans la vallée de Balisan. Originaire de Tutma, peshmerga à Sheikh Wassan lors de l'attaque chimique de 1987.
- Dimen et son père Nadir Salih Abdullah, fils de Salih et Fatma. La petite Dimen était bébé, en 1987. Elle a été retrouvée vivante sur le corps de sa mère Rahima. Il est également question d'Omar, le cousin de Nadir.
- Ali Sheikha Mustafa, né en 1953. Gazé dans la vallée de Balisan en avril 1987. Également cité chapitre XVIII et XIX.

Chapitre VIII sur le décret 4008, prélude de l'opération Anfal

- Bais Reza Pirot, né en 1968. Marié à Shler Ahmad Fatah, décédée dans cet Anfal avec leurs deux fils, Sarbaz et Rebaz. Son père et 16 autres membres de la famille ont été « génocidés » à la même période. Bais et deux de ses sœurs sont les seuls survivants. Baïs s'est remarié à Chro en 2000. Ils ont eu cinq enfants.
- Mohammad Mustafa Abdullah, né en 1970. Il est question de son oncle Sadun, de Fatma la grand-mère de Mohammad, mais aussi de Jamal, Ali et Osman, guetteurs à Sargalo. Mohammad a perdu cinq membres de sa famille, dont un frère et une sœur, lors de l'opération Anfal 1.

Chapitre IX sur le génocide à Halabja

- Hoshiyar Omar Abdullah, né en 1977. Il est question de sa mère Maliha, de son frère Baktiar, de sa tante Amina, de son cousin Akram, le fils d'Amina. 45 membres de sa famille sont décédés à cause du bombardement d'Halabja.
- Hamida Hassan Mohammad, née en 1970. C'est la fille d'Hassan Mohamed Aziz et Kochida Ahmed, ainsi que la nièce de Ali Mahmorid. Hadji Abdulkarim est le beau-père d'Ali. Bakir et Akram Mahmoud sont les fils d'Ali. Hamida est la maman de Hywa. Mohamed Hassan est le frère d'Hamida ; il a un fils, Loqman (12 ans en 1988), qui est donc le neveu d'Hamida. Hussein Hassan est le grand-frère d'Hamida ; il a aussi un fils appelé Rebaz, l'autre neveu d'Hamida. Elle a perdu neuf membres de sa famille dans le bombardement.

- Loqman Abdulkader Mohammad, né en 1968. Fils d'Abdulkader Mohammad et de Jian Sadiq Hama Sadik. Il a perdu sa mère, deux de ses sœurs, sa femme Khorasan, et deux frères dans le bombardement. Dans son histoire, il est question de Rangun, une petite sœur de Loqman. En 2013, il était président de l'association des victimes d'Halabja.

Chapitre X sur Anfal 2

- Mohammad Rosta Abdullah, né en 1944. Également cité dans le chapitre suivant. Dans celui-ci, il est question de son fils Dara, touché par un bombardement chimique, et de la fuite des deux peshmergas jusqu'à Kurdamir.
- Gulala Mohemed Amin, 19 ans en 1988, fille de Mohemed Amin et de Khasna. Il est question de Muhabat, la petite sœur de Gulala, de sa tante Kakaw, mais aussi de son oncle Ahmad et de son cousin Sediq, le fils d'Ahmad.
- Dler Fariq Sadiq. Le fils de Fariq et Aïcha est encore un bébé en 1988. Il est aussi question de sa tante Ismat.

Chapitre XI sur Anfal 3

- Amina Mohammad Ahmed, 33 ans en 1988. Mariée à Khwrshid Fariq Hamid, exécuté lors de cet Anfal. Mère de sept enfants, dont Sherzad, Majid, Awat, Swad et Bestwun. Les deux derniers vont décéder en prison. Amina est également citée sur le chapitre XVII.
- Taimour Abdullah Ahamad Kader, né en 1976 de l'union d'Abdullah Ahamad Kader et Sara Mohammed. Il a aussi trois sœurs en 1988, Gelas, Lewlaw et Snur. Il est le seul survivant lorsqu'il est recueilli dans le désert, par la famille d'Habed, des bédouins Badawis.
- Mohammad Rosta Abdullah, né en 1944 à Kurdamir, marié à Akhtar. Egalement cité dans le chapitre X. Il a perdu 24 membres de sa famille, dont ses cinq frères et son fils Dara. Dans ce chapitre, il est aussi question de deux collaborateurs du régime, Tayer Osman et Hamasalih Abdullah.
- Nabar Faik Rhamane, née en 1961, mariée à Nuri Mohammed, fils de Mohamed Khalil. Également citée chapitre VI.

Chapitre XII sur Anfal 4

- Nadjma Mohamed Salih, née en 1939. Était mariée à Abdulrhamane Mustafa Abdullah (décédé des suites des mauvais traitements un an après sa libération). Parents de sept enfants, dont Ali Abdulrhamane Mustafa, né en 1975. Sont également citées ses sœurs, Khadija, Aïcha (morte gazée), Sarah et Zhara, son frère aîné Abdullah (mort gazé), son cousin Mohamed et son oncle Jabar (frère de Nadjma). Les trois sœurs ainées, absentes, ont échappé au bombardement chimique sur Goptapa. Lors de l'opération Anfal, Ali a perdu 16 personnes du côté de son père, 9 du côté de sa mère, 40 en comptant la famille élargie avec l'ensemble des cousins. En 2013, Nadjma avait 40 petits enfants, dont 7 que lui a donnés Ali.
- Mariwan Abdulkader Salih, né le 1er juillet 1975. Originaire de Qasruk. Anfal lui a pris ses parents et ses 7 frères et sœurs. Il est aussi question de sa tante Narchin qui l'a poussé à s'échapper, de sa tante Hamdia qui l'a caché pendant un an à Taqtaq. Après la libération, il s'est marié et a eu 4 enfants. Il est également cité chapitre XV pour évoquer la dure vie des orphelins d'Anfal.

Chapitre XIII sur les Anfal 5, 6 et 7

- Hassia Taha Abdulla, née en 1960, et son mari Abdel Reza Mohemed Assad, né en 1955. Originaires de Malakan. Parents de cinq fils (Sarbas, Sangar et Darbaz cités) et deux filles.
- Salam Husein Aziz, né en 1967. Sont également cités sa femme Sabria, son fils Gardou, son beau-frère Hamad, mais aussi un couple d'ami, Jaffar et Amina, ainsi que leur fille Naz.

Chapitre XIV sur Anfal 8

- Abdulkarim Naïf Koremey, née en 1967. Il est question de sa mère Xamri Hassan, de ses quatre sœurs Vian, Shamam, Hakima et Faïza, de son père Naïf Hassan. Mais aussi des anciens de Koremeh, notamment Hadji Anwar et Khalil.
- Qahar Khalil Mohamed, né en 1954. Il est question de son petit frère Atnan mort exécuté, de son cousin Hashem, qui a pu s'échapper et vit à Souleymanieh.
- Aboubaker Ali Saïd, né en 1954. Il est question de Sdqi, autre peshmerga rescapé, qui a émigré en Suède.

- Farman Salah Hussein, né en 1965. Il est question de ses frères, Darwesh et Mestou, de sa sœur Sermi, de Nasreth le fils de Darwesh, de Sharé la femme de Mestou.
- Helîn Ismail, née en 1984. Il est question de ses parents, Margareth Yalda et Ismaïl Aïob, de son petit frère Wilter, de sa sœur Atra née dans le camp de Bahrkê. Helîn s'est mariée à Raphaël Shlamoun Toma en 2002. En 2013, ils étaient les heureux parents d'un garçon et une fille.

Chapitre XV sur la dure vie des orphelins d'Anfal

- Helîn Ismail. Également citée dans le chapitre XIV.
- Ali Zimnako, né le 23 décembre 1987. Il est question de sa mère adoptive, Cobra Hamid Poor qui était la maman de Farid et Saïd. Mais aussi d'Abdulrhamane Hussain Mohammed, qui a permis les retrouvailles avec sa mère biologique Fatma Mohamed Salih.
- Bakir Maaruf Rostem, né en 1976. Il est le fils de Taliaa Hamasalih, portée disparue avec ses trois sœurs et son frère. Il a perdu 70 membres de sa famille en 1988. Son père, Maaruf Rostem, était décédé en 1985.
- Sabah Nejmedin Mohamed Ali, né en 1975. Également cité dans le chapitre XI. Il est aussi question de son oncle Atta.
- Mariwan Abdulkader Salih. Également cité chapitre XII, en tant que victime d'Anfal 4.

Chapitre XVI sur les gazages, l'exode et la vie dans les camps en Turquie

- Maqboula Mohammed Taoufik, née en 1938, comme son mari Mohammed Aboubaker. Il est question de leur fils Bayar, de sa cousine Xadidja, de son beau-père Ahmad.
- Abdul Aziz Mohamad Suleiman, dit Aziz Maltayi. À créé l'école du camp de réfugiés de Mardîn, en Turquie. Frère aîné d'Osman, un des interprètes ayant prêté son concours à l'enquête pour ce livre.
- Kavout Mahy, interprète principale pour cette enquête. Il est aussi question de son père Zoubeyr.

Chapitre XVII : la privation des droits dans les camps

- Amina Mohammad Ahmed, mère de sept enfants, dont Sherzad, Majid, Awat et Bestwun. Elle est également citée sur le chapitre sur Anfal 3. Il est aussi question d'Hadjaj, le tortionnaire de Nugra Salman.

- Adla Amine Kheder, née en 1937. Originaire de Gird Khaber, un village de 130 familles qui déplore 320 personnes décédées lors de l'opération Anfal. Épouse d'Hamad Amine Omar. Ils ont perdu un fils de 23 ans dans le génocide.

Chapitre XVIII : le procès de Saddam Hussein et Ali al-Majid

- Le juge Raouf Rachid, né en 1945 au Kurdistan. Il a présidé le tribunal pendant une partie des débats.
- Le juge Asoo Mohammed Sofi, kurde lui aussi. Il a travaillé sur le bombardement d'Halabja qualifié de génocide, comme Anfal, le génocide des Faylis et la rafle des 8000 de Barzan. La répression du soulèvement de 1991, sur laquelle il a également travaillée, a été qualifiée de crime contre l'humanité par la Haute cour de justice irakienne.
- Le juge Mohammed Oreibi al-Khalifa, dit Mohammed Harib, était un Arabe chiite. Il est malheureusement décédé du Covid en avril 2021 à l'âge de 52 ans. Il avait examiné 1192 témoignages sur Anfal, à l'occasion du procès d'Ali Hassan al-Majid dit Ali le chimique. Il avait également travaillé sur le bombardement d'Halabja, commis en mars 1988.
- Ali Sheikha Mustafa. Également cité chapitre suivant.

Chapitre XIX sur les effets des bombardements chimiques à long terme

- Ali Sheikha Mustafa, né en 1953. Il est question de sa femme Adiba, de leurs enfants Hawjin (décédée), Sabah, Zirin, Nasim. Également cité chapitre VII.
- Cobra Mohammad Mahmoud est née en 1979. Il est question de ses enfants, Thra, Shra, Alnd, Tablo. Elle a fait sept fausses couches.
- Xial Hadji Ahmed, est née en 1984 dans la région d'Hasnaka. Fille de Zlaïxa et Hadji Ahmed, sœur de Khonav et Loqman.

Chapitre XX sur le génocide de Daesh contre les Yézidis

- Berivan, Razal et Adlan. Toutes les trois ont été enlevées par les terroristes de Daesh. Elles témoignent anonymement.
- Sheikh Shamo, député yézidi.

Chapitre XXI sur les conclusions de Snur

- Snur Koremey, née fin décembre 1987, gazée alors qu'elle avait 8 mois, ce qui a eu des effets importants sur ses cordes vocales.

Ont également apporté leurs témoignages…

- Abdel Reza Mohamed Assad, de Malakan.
- Salam Hussein Aziz.
- Salah Mahmorid, né en 1970. Originaire de Chalawa, village qui a eu 12 habitants morts lors d'Anfal 1.
- Khalid Ahmed Salim.
- Shamsa Hamini Mohemmed Saïd, née en 1940. De Talan. Emprisonnée à Topzawa et Nugra Salman.
- Sreka Thayr Ahmed.
- Aicha Karib Ahmed Mohamed, née en 1953. Mariée à Mohamed Amine Mohamed.
- Hawkar J. Majeed.
- Hassan Tahssin Ayub, né en 1957.
- Naïf Esmaël Tahir, né en 1966.
- Djamila Hussein, née en 1960. Infirmière dans la Résistance de 1982 à 1988. Passée par le camp de Mardîn.
- Bakir Amin Said, né en 1943. Originaire de Talan. À perdu sa femme, ses 5 fils et ses 5 filles sur les Anfal 1 et 3.
- Idriss Mohamed Hamza, expulsé de chez lui parce que Kurde.
- Sirwan Tabar Mohammad.
- Abdullah Abdulrhamane, parle de sa mère.

Les dates clés

1968 : Coup d'État du parti Baas le 17 juillet. Le 31 juillet, Ahmad Hassan al-Bakr devient président de la République. Dans la foulée, Saddam Hussein prend la tête des services de sécurité. Il se voit nommé vice-président du Conseil de commandement de la révolution (CCR) en 1969.

1969 : 70.000 Kurdes faylis (chiites) déportés en Iran. Pour les autres Kurdes, essentiellement sunnites, les massacres se multiplient (Dakan le 16 août, Surya le 16 septembre…).

1970 : Négociation de la « loi pour l'autonomie dans l'aire du Kurdistan » qui sera adoptée en mars 1974. Le projet prévoit la reconnaissance des Kurdes comme composante à part entière de l'Irak et les invite à prendre les rênes de certaines communes de leur territoire sur le plan administratif. Une clause secrète prévoit de donner la gestion de Kirkouk aux Kurdes en 1974. Mais, dès le début de 1971, une deuxième vague d'expulsions frappe les Faylis.

Mars 1971 : Fête du parti Baas qui décrète dans sa nouvelle charte que « *les Kurdes irakiens doivent dorénavant adhérer à l'unité politique et sociale du pays et accepter l'Irak dans le cadre de la Patrie arabe* », obligation renforcée lors de la troisième Conférence du parti Baas qui proclame « *l'identité arabe de la terre kurde* ».

1972 : Nationalisation du pétrole. L'arabisation du très riche gouvernorat de Kirkouk s'accélère : 2.500 salariés kurdes de l'Irakian Petroleum Consortion, l'usine phare de la ville, sont remerciés du jour au lendemain pour être remplacés par des travailleurs arabes sunnites.

11 mars 1974 : Le gouvernement proclame unilatéralement une loi sur l'autonomie kurde qui ne respecte ni l'esprit ni la lettre de l'accord signé quatre ans plus tôt. Mustafa Barzani relance aussitôt l'insurrection.

Le 24 avril 1974 : L'aviation irakienne largue des bombes au napalm sur Qaladze où se trouve l'université créée par la Résistance. Bilan : 134 morts et plus de 400 blessés. Parmi les victimes, beaucoup d'étudiants et de professeurs.

6 mars 1975 : Accord d'Alger entre l'Iran et l'Irak. Bagdad renonce à la région du Chatt el-Arab et, en échange, les Iraniens promettent de ne plus soutenir les Kurdes irakiens. Le général Mustafa Barzani et ses hommes sont obligés de cesser le combat en avril et de reprendre le chemin de l'exil, dans les montagnes du Kurdistan iranien.

1977 : Jalal Talabani, l'ancien bras droit de Mustafa Barzani à la tête du PDK, crée l'Union patriotique du Kurdistan (UPK).

1975-1978 : 200.000 à 300.000 Kurdes de la région de Barzan sont déportés au sud de l'Irak. D'autres Kurdes sont également expulsés par centaines de milliers, sans compensation financière pour leurs biens qui, pour certains, sont redistribués à des familles arabes sommées de quitter le sud du pays pour arabiser toute une partie du Kurdistan.

1er mars 1979 : Décès de Mustafa Barzani, le père de la révolution kurde. Son fils Massoud lui succède à la tête du PDK, principale branche de la Résistance kurde avec l'UPK.

Juillet 1979 : Ahmad Hassan al-Bakr démissionne « *pour raison de santé* ». Le 16 juillet, Saddam Hussein est officiellement le cinquième président de la République d'Irak, ce qui lui vaut dans la foulée d'être nommé président du Conseil de commandement de la révolution.

Juillet août 1983 : L'armée irakienne rafle 8000 Kurdes de Barzan dans les camps de concentration et les fait disparaître à tout jamais.

1987 : En mars, Ali Hassan al-Majid, cousin de Saddam Hussein, est nommé secrétaire général de la région Nord, qui comprend le Kurdistan irakien. Il ordonne les premiers bombardements chimiques dans la vallée de Balisan le 16 avril. Le 3 juin, le général al-Majid signe une directive délimitant les « zones interdites », au nombre de huit. Dans sa note n° 28/3650, il précise que « *les forces armées doivent tuer tout être humain ou animal présent dans ces zones* ». Le 20 juin, il signe la directive 4008, feuille de route du génocide à venir sur les huit secteurs préalablement délimités.

1988 : L'opération Anfal se déroule en huit phases entre le 23 février et le 6 septembre. Elle se traduit par une politique de la terre brûlée, des déportations, des bombardements chimiques et des exécutions sommaires. Le gouvernement régional du Kurdistan avancera plus tard le nombre de 182.000 morts en un peu plus de six mois. Le bombardement chimique d'Halabja, le 16 mars 1988, n'était pas prévu dans cette opération ciblant les zones rurales. Il fera 5.000 morts et 10.000 blessés en quelques heures.

2 août 1990 : L'Irak envahit le Koweit.

16 janvier 1991 – 25 février 1991 : Première guerre du Golfe à l'issue de laquelle l'armée irakienne est chassée du Koweit par la coalition internationale dirigée par les États-Unis. Cette dernière se refuse à intervenir en Irak mais encourage Kurdes et Arabes chiites à se révolter pour faire tomber le régime baasiste de Saddam.

5 mars 1991 : Début du soulèvement au Kurdistan, deux jours après la révolte des Arabes chiites au sud de l'Irak. La répression est immédiate. L'armée écrase la révolte dans le sang au Sud. *Idem* au Nord où elle reprend Kirkouk le 28, Duhok et Erbil le 30 mars, Zakho le 1er avril, Souleymanieh le 3 avril. Des centaines de milliers de Kurdes prennent la route de l'exil, causant une grave crise humanitaire en Iran et en Turquie où ils ont trouvé refuge.

5 avril 1991 : Le conseil de sécurité de l'ONU adopte la résolution 688 qui condamne la répression contre les Kurdes. Les avions américains et français font respecter une « *no fly zone* » au-dessus du 36e parallèle pour arrêter la progression de l'armée irakienne et permettre une opération humanitaire baptisée « *Provide comfort* ». Les montagnes kurdes préfigurent ainsi la création d'une région semi-autonome tandis que l'Irak poursuit sa politique d'arabisation des villes et plaines kurdes.

Juillet 1991 : Nouvelles révoltes à Erbil et Souleymanieh. L'armée se retire de ces deux villes difficiles à contrôler. Près de 150 000 soldats irakiens restent néanmoins positionnés le long de la ligne de front avec la région kurde.

Octobre 1991 : Bagdad impose un embargo sur les vivres et l'essence à la région kurde. Il va durer jusqu'à la chute du régime baasiste en 2003.

Mai 1994 à novembre 1997 : Une dispute kurdo-kurde concernant le partage des revenus générés par le poste douanier d'Ibrahim Khalil, à la frontière turque, réveille les rivalités entre l'UPK et le PDK. Le PKK (parti des travailleurs du Kurdistan implanté en Turquie) choisit de soutenir l'UPK. La guerre civile qui en découle fait de 270 morts (selon la commission des droits de l'homme du Parlement kurde) à 850 disparus (selon des sources non-officielles rapportées par le média Niqash). Ankara, Téhéran et Bagdad en profitent pour alimenter les divisions. Le bain de sang entre les peshmergas des deux camps se termine par un compromis : le PDK gouvernera les provinces du nord-ouest (Erbil, Duhok…) et l'UPK le sud-est (Souleymanieh, Halabja…).

20 mars 2003 : La coalition internationale dirigée par les États-Unis envahit l'Irak. C'est le début de la deuxième Guerre du Golfe.

9 avril 2003 : Chute de Bagdad. Saddam Hussein, qui s'est réfugié dans la clandestinité, est déchu de son titre de raïs.

1er mai 2003 : Georges W. Bush annonce la fin des hostilités.

Nuit du 13 au 14 décembre 2003 : Arrestation de Saddam Hussein.

Juillet 2004 : Ouverture de la phase préliminaire du procès de Saddam Hussein par le Tribunal spécial irakien.

14 juin 2005 : Les députés du parlement du Kurdistan élisent Massoud Barzani comme président de la Région autonome.

15 octobre 2005 : La région autonome du Kurdistan est reconnue par la nouvelle Constitution irakienne adoptée par référendum dans l'ensemble du pays.

19 octobre 2005 : Ouverture du procès de Saddam Hussein.

23 décembre 2005 : À La Haye, au titre de sa compétence universelle, le tribunal condamne un homme d'affaires hollandais Van Anraat à 15 ans de prison pour complicité de crime de guerre suite au gazage de populations kurdes en 1988. Il était accusé d'avoir fourni à l'Irak des milliers de tonnes de matières premières pour des armes chimiques utilisées dans la guerre contre l'Iran et contre les Kurdes. Également poursuivi pour génocide, il n'est pas condamné à ce titre, la Cour estimant que Van Anraat ne pouvait pas connaître les « *intentions génocidaires* » du régime. Se référant à la Convention de Genève de 1948 qui définit comme génocides « *les actes commis dans l'intention de détruire, en tout ou en partie, un groupe national, ethnique, racial ou religieux* », le tribunal néerlandais affirme toutefois que le gazage de 5000 Kurdes à Halabja apporte « *légalement et de manière convaincante la preuve que la population kurde satisfait aux exigences des conventions sur le génocide en tant que groupe ethnique* ». Il s'agit de la première reconnaissance juridique d'une étape importante du génocide Kurde par un tribunal international.

2006, création de l'État islamique en Irak : Alors que le procès de Saddam Hussein se poursuit, la guérilla irakienne contre le nouveau régime soutenu par les États-Unis bat son plein. Malmenés par les chiites au pouvoir, beaucoup de sunnites prennent le contre-pied. Le 13 octobre, Al-Qaïda et cinq autres groupes jihadistes créent l'État islamique d'Irak qui préfigure le futur État islamique en Irak et au Levant, EIIL plus connu sous le nom de Daesh, auquel les baasistes de l'Armée des hommes de la Naqshbandiyya décident très vite de joindre leurs forces.

21 août 2006 : Début du procès d'Ali le chimique.

Le 5 novembre 2006 : Saddam Hussein est condamné à mort par pendaison pour crime contre l'humanité. Le 26 décembre, la cour d'appel confirme la condamnation.

30 décembre 2006 : Saddam Hussein est exécuté par pendaison.

Juillet 2009 : Première élection présidentielle au suffrage universel dans la région autonome du Kurdistan. Massoud Barzani est réélu avec 69,6 % des voix.

25 janvier 2010 : Ali le chimique est exécuté par pendaison après avoir été condamné à mort quatre fois, le 24 juin 2007 pour son rôle dans l'opération Anfal contre les Kurdes, en décembre 2008 pour son rôle dans l'écrasement de la révolte chiite de 1991, en mars 2009 pour les meurtres et déplacements de populations chiites en 1999 et en janvier 2010 pour le massacre de 5000 Kurdes à Halabja le 16 mars 1988.

1er mars 2010 : La Haute Cour pénale irakienne reconnaît le massacre d'Halabja comme un acte de génocide.

Août 2013 : Faute de candidat, le parlement du Kurdistan prolonge de deux ans la présidence de Massoud Barzani qui était arrivé en fin de mandat.

10 juin 2014 : Daesh prend Mossoul. Les jihadistes conquièrent alors de vastes pans du territoire irakien.

3 août 2014 : Début du génocide perpétré par Daesh contre les Yézidis. Des sources irakiennes évoquent 1293 tués ce jour-là. Beaucoup d'autres seront tués par les jihadistes les jours suivants. Quant aux dizaines de milliers qui ont cherché refuge au sommet du mont Shingal, ils n'ont pas tous été sauvés : 1700 sont morts, essentiellement de faim et de soif, pendant leur fuite.

La coalition internationale dirigée par les États-Unis se reforme donc et entre en guerre contre le groupe terroriste.

Août 2015 : Fin du mandat de Massoud Barzani… qui reste en poste faute de pouvoir organiser des élections présidentielles dans un Kurdistan en guerre contre Daesh, et avec l'appui des pays de la coalition internationale.

8 juillet 2017 : L'armée irakienne reprend Mossoul à Daesh.

25 septembre 2017 : La Région autonome du Kurdistan organise un référendum « *non contraignant* », à titre consultatif, sur l'indépendance du Kurdistan… mais de façon unilatérale, et ce en dépit de l'opposition de Bagdad et des principaux pays de la coalition internationale. Le oui l'emporte avec 92,73 % des voix, ce qui provoque la colère du gouvernement irakien.

29 septembre 2017 : Bagdad impose la fermeture des deux aéroports kurdes, à Erbil et Souleymanieh.

16 octobre 2017 : L'armée irakienne reprend Kirkouk aux peshmergas, ainsi que l'essentiel des territoires disputés à majorité kurde. Début d'une nouvelle vague d'arabisation du secteur.

1er novembre 2017 : Massoud Barzani démissionne de son mandat de président de la Région autonome et demande au parlement du Kurdistan de trouver une solution à la crise politique qui en découle.

20 novembre 2017 : La Cour suprême irakienne déclare le référendum d'indépendance organisé par la région du Kurdistan « *anticonstitutionnel* ».

9 décembre 2017 : Le Premier ministre irakien Haider al-Abadi annonce officiellement la fin de la guerre contre Daesh, ce qui ne veut pas dire la fin des escarmouches et des attentats. Le génocide des Yézidis laisse à cette époque-là 2525 orphelins (1759 de père, 407 de mère, 359 des deux parents), tandis que 220 enfants vivent libres mais loin de leurs parents toujours captifs.

30 septembre 2018 : Élections au Parlement régional du Kurdistan. 1.513.879 suffrages exprimés. La participation est en baisse de près de 10 points par rapport à 2013, 58 % des électeurs ayant voté contre 67 % en 2013.

22 octobre 2018 : La commission électorale officialise les résultats des élections au Parlement de la région autonome du Kurdistan. Fer de lance du référendum sur l'indépendance qui a pourtant tourné au fiasco politique après le bras de fer avec Bagdad, le PDK sort vainqueur des élections et passe de 38 à 45 sièges. Il devance l'UPK, qui passe de 18 à 21 sièges, et le Gorran qui perd la moitié de ses sièges passant de 24 à 12. Les trois partis islamistes sont les autres grands perdants du scrutin puisqu'ils abandonnent 5 sièges pour tomber à 12 députés. En plus des 100 sièges que se sont partagés les partis kurdes traditionnels, il faut ajouter 11 sièges réservés aux minorités (5 aux Turkmènes, 5 aux chrétiens assyro-chaldéens et 1 aux Arméniens).

23 mars 2019 : Les forces démocratiques syriennes dirigées par les Kurdes portent le coup final à Daesh à Baghouz, et annoncent « *l'élimination totale* » du califat ce samedi.

3 juin 2019 : Le bureau des affaires yézidies au Kurdistan évoque 6417 Yézidis capturés en août 2014, dont 3476 libérés depuis (1184 femmes, 337 hommes, 1955 enfants de moins de 14 ans, dont 1020 fillettes et 935 garçons). Il resterait donc 2941 Yézidis (1344 femmes et 1597 hommes) toujours portés disparus, présumés otages… ou morts, en plus des milliers exécutés par Daesh l'été 2014 et jetés dans les 70 fosses communes identifiées à ce jour. Au total, dans l'ensemble de l'Irak, Daesh aurait laissé derrière lui 202 charniers, contenant les corps d'environ 12.000 victimes yézidies et arabes.

10 juin 2019 : Élu le 28 mai 2019, Nechirvan Barzani (ex-Premier ministre du KRG) prend ses fonctions de président de la région autonome du Kurdistan, Masrour Barzani de Premier ministre. Tous les deux sont issus du PDK. Le premier est le neveu de l'ancien président Massoud Barzani, le second son fils.

11 juillet 2019 : Près de neuf mois après les élections législatives remportées par le PDK, le gouvernement de coalition est enfin formé par le Premier ministre Masrour Barzani. Il réserve 9 ministères au PDK et 6 à l'UPK. Qubad Talabani, le fils de Jalal Talabani (fondateur de l'UPK), conserve son poste de vice-Premier ministre. Quant au PDK, il soutient le candidat de l'UPK au poste de gouverneur de Kirkouk, ce qui était la condition *sine qua none* pour que l'UPK accepte de rentrer au gouvernement et mette ainsi fin à la crise institutionnelle.

2 août 2019 : Cinq ans après le début de l'offensive de Daesh dans la région de Shingal, le KRG publie un dernier chiffre portant le nombre des Yézidis libérés à 3509. Reste 2908 Yézidis prisonniers entre les mains des jihadistes.

6 octobre 2019 : Début du retrait des forces américaines du nord de la Syrie.

9 octobre 2019 : La Turquie lance son offensive « *Source de paix* », au Rojava. Objectif, faire reculer tous les combattants kurdes (qualifiés de « terroristes » par Ankara) au-delà d'une bande de 32 km, avec le soutien de groupes jihadistes locaux au sein desquels on retrouve des anciens de Daesh. Les prémices d'une épuration ethnique, dénoncent les Kurdes qui ont aidé la coalition internationale menée par les États-Unis à vaincre Daesh militairement. Les mêmes craignent un nouveau génocide.

25 octobre 2019 : Le Parquet national antiterroriste (PNAT) charge des juges d'instruction d'enquêter sur des soupçons de crimes contre l'humanité commis par un jihadiste toulousain à l'encontre de Yézidis entre 2014 et 2016. « *Le pôle crime contre l'humanité, crimes et délits de guerre du Parquet national anti-terroriste a ouvert ce jour une information judiciaire contre un ressortissant français ayant rejoint les rangs de Daech* », a déclaré le Parquet dans un communiqué pour « *le chef de génocide (atteintes graves à l'intégrité physique et psychique) et crimes contre l'humanité (réduction en esclavage, emprisonnement ou toute autre forme de privation grave de liberté physique en violation des dispositions fondamentales du droit international, torture, viol, persécution de tout groupe ou de toute collectivité identifiable pour des motifs d'ordre politique, racial, national, ethnique, culturel, religieux* *ou sexiste), commis en Syrie entre août 2014 et courant 2016, à l'encontre de victimes yézidies* », précise le texte du PNAT.

Nuit du 26 au 27 octobre 2019 : Opération des forces spéciales américaines aux abords de Barisha, dans le secteur d'Idlib, au nord-ouest de la Syrie, à 5 km de la frontière turque. Repéré plusieurs mois auparavant grâce à un renseignement fourni par un espion kurde, Abou Bakr al-Baghdadi, calife de l'État islamique auto-proclamé, actionne sa ceinture d'explosifs après avoir été acculé dans un souterrain de la maison dans laquelle il se cachait.

30 octobre 2019 : L'Assemblée nationale française approuve à l'unanimité une résolution condamnant l'opération « *Source de Paix* » et « *affirme son indéfectible soutien aux Forces démocratiques syriennes (FDS), dont les kurdes et leurs alliés arabes, qui ont été et demeurent nos alliés dans la lutte contre Daech* ». « *À cette heure, nous déplorons plusieurs centaines de morts, près de 300.000 personnes sur les routes de l'exil, des exactions insoutenables que continuent de perpétrer sur le terrain des supplétifs de l'armée turque* », affirme Marielle de Sarnez, à l'origine de cette motion, saluant un « *geste rare* » d'unité de l'Assemblée qui a « *valeur de symbole* ».

3 août 2020 : Selon les derniers chiffres du bureau de sauvetage des Yézidis, 3532 des 6417 personnes kidnappées par Daesh en août 2014 ont été retrouvées vivantes. 2885 Yézidis sont toujours portés disparus (1306 femmes et 1579 hommes, enfants compris).

Novembre 2022 : Le rythme des libérations de Yézidis enlevés par Daesh et réduits en esclavage au Moyen-Orient a diminué au fil des années. Selon la Free Yezidi foundation, un peu plus de huit ans après le génocide commis par les jihadistes de l'État islamique, il restait 2693 Yézidis portés disparus le 2 novembre 2022, soit 1262 femmes et fillettes ainsi que 1431 hommes et garçons. À noter que fin 2022, 135.860 Yézidis ayant fui Shingal en 2014 vivaient toujours dans des camps de réfugiés, essentiellement dans la région autonome du Kurdistan irakien.

Janvier 2023 : 88 charniers de Yézidis assassinés par Daesh ont été mis au jour à cette date.

Le 23 mars 2023 : le parlement autrichien reconnaît le génocide kurde commis en mars 1988 par l'État irakien, à Halabja.

Cartes

Les 8 zones ciblées par l'opération Anfal en 1988

Pourquoi parler de camps de concentration

Dans ses cartes du génocide kurde, Michael S. Miller a localisé ce qu'il appelle en anglais les « Main Anfal Camp and facility », ce qui a été traduit par « Base principale de l'attaque », dans la traduction française du rapport de Human Rights Watch, publiée en février 2003 par les éditions Khartala.

En l'occurrence, Dubz, Arbat, Touz Khormatou étaient des villes qui disposaient chacune d'un camp où étaient enfermés les civils kurdes. Qoretw n'était pas une ville mais un camp. Qala Nezarké était un fort-prison construit des années auparavant par les Britanniques à l'intérieur de la ville de Duhok, Nugra Salman son équivalent dans le désert au Sud de l'Irak. Et Topzawa, une base de l'armée irakienne à la périphérie de Kirkouk, base qui disposait aussi d'un camp de prisonniers.

Tous ces camps étaient présentés comme des camps de transit ou de simples prisons par l'État baasiste de l'époque. En légende des cartes adaptées par Loghman Rashidy, j'ai préféré le terme « camp de concentration », un terme certes connoté depuis la Deuxième Guerre mondiale mais qui dit bien ce que ça veut dire. En Irak, ces camps n'étaient pas des camps d'extermination, tels que les nazis les avaient créés pour éliminer les Juifs, les Tziganes et autres populations qui n'avaient, selon eux, pas le droit de vivre. Les gazages pratiqués par l'armée irakienne n'avaient pas lieu dans des espaces clos mais en plein air. Ils consistaient à larguer des bombes chimiques neurotoxiques au-dessus des villages. Toutefois, le sort des Kurdes qui avaient échappé au gaz sarin, moutarde ou tabun n'était guère plus enviable quand ils étaient conduits collectivement dans ces camps de concentration, sans le moindre jugement individuel préalable par un tribunal.

Les hommes de 15 à 70 ans étaient généralement séparés du reste de leur famille pour être exécutés. Mais les conditions de vie des femmes,

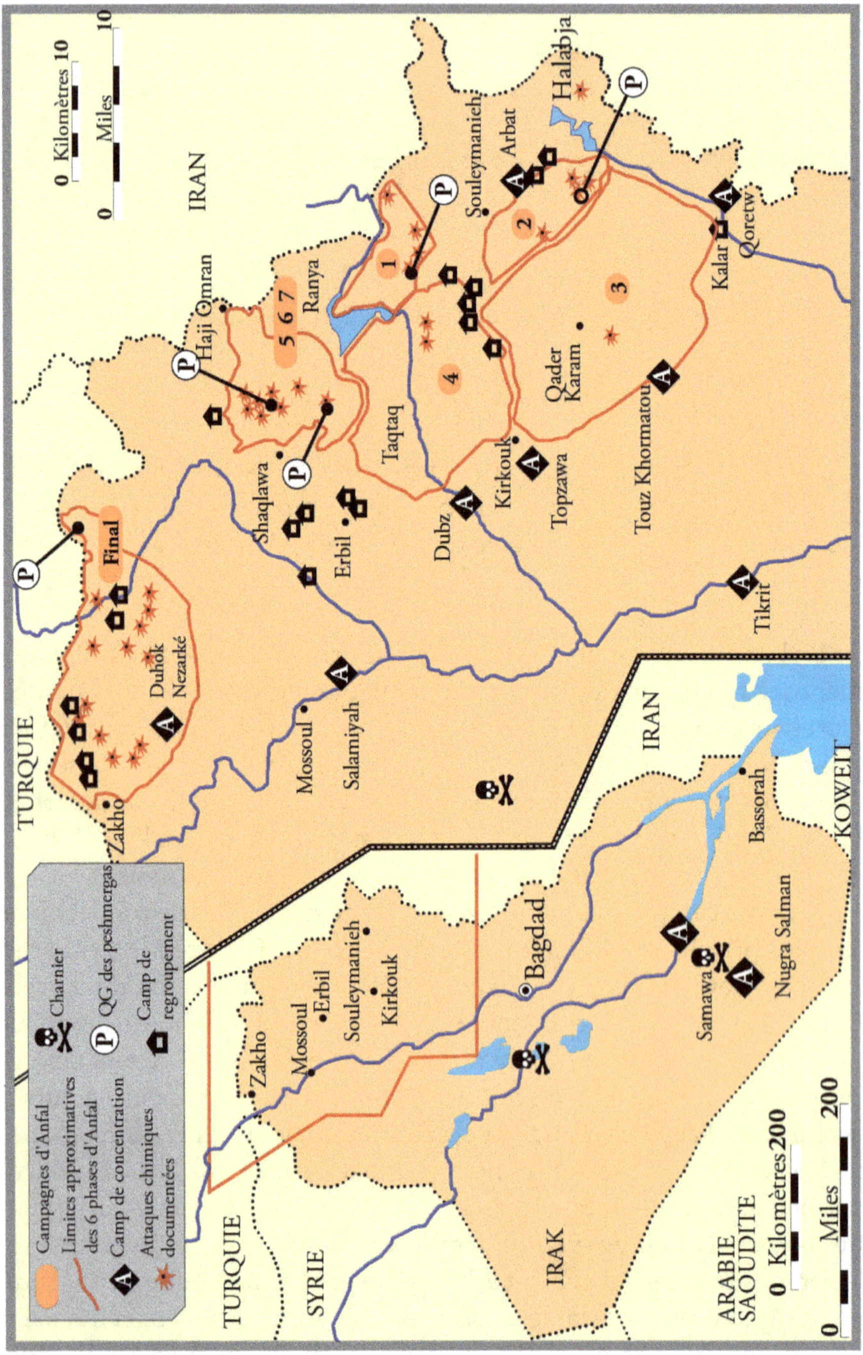

Figure 11 - Source : Gouvernement régional du Kurdistan, ministère des Martyrs et des affaires Anfal. Carte adaptée en français par Loghman Rashidy.

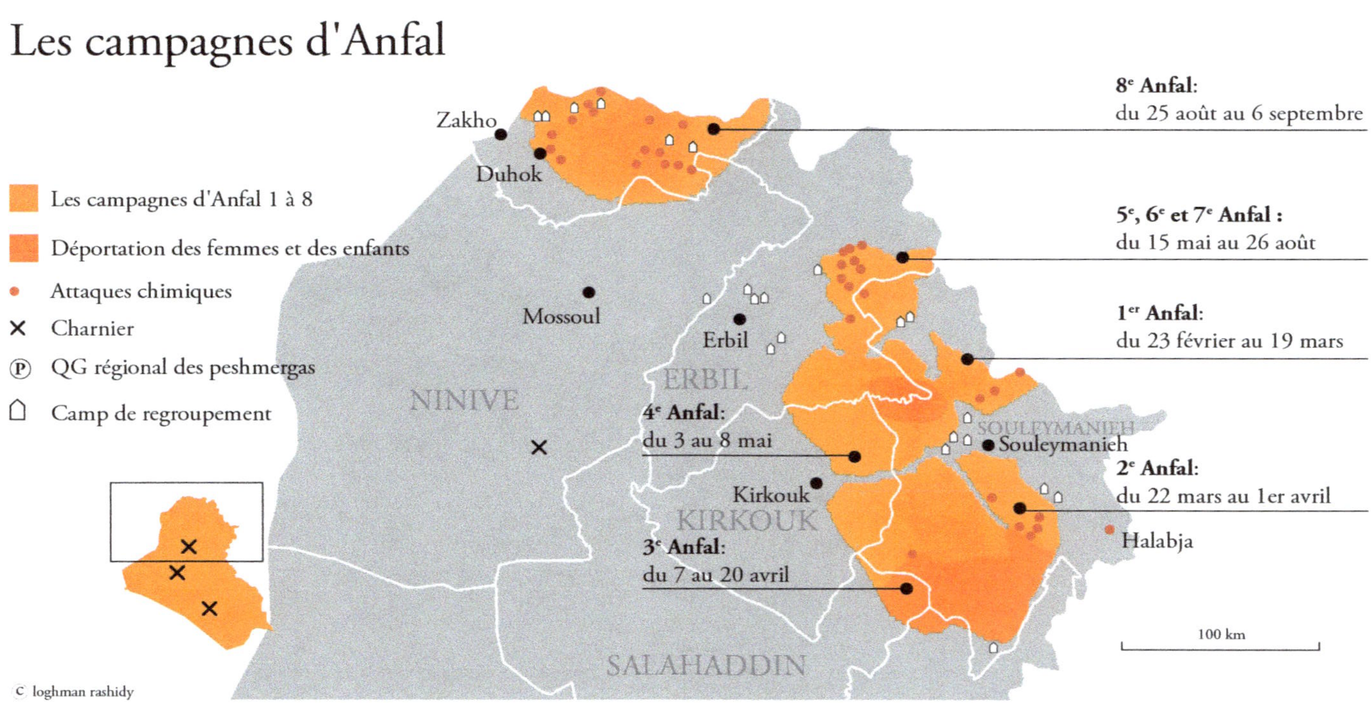

Figure 12 - Source *Genocide In Iraq: The Anfal Campaign Against the Kurds*. A Middle East Watch Report, Human Rights Watch, 1993. © Michael S. Miller, Rightsmaps.com. Carte adaptée en français par Loghman Rashidy.

des enfants et des personnes âgées étaient telles dans ces camps qu'ils se sont transformés en camps de la mort pour bon nombre de détenus. À tel point que les gardiens devaient enlever des corps des cellules tous les jours ou presque.

La répartition des Kurdes et des Arabes en Irak

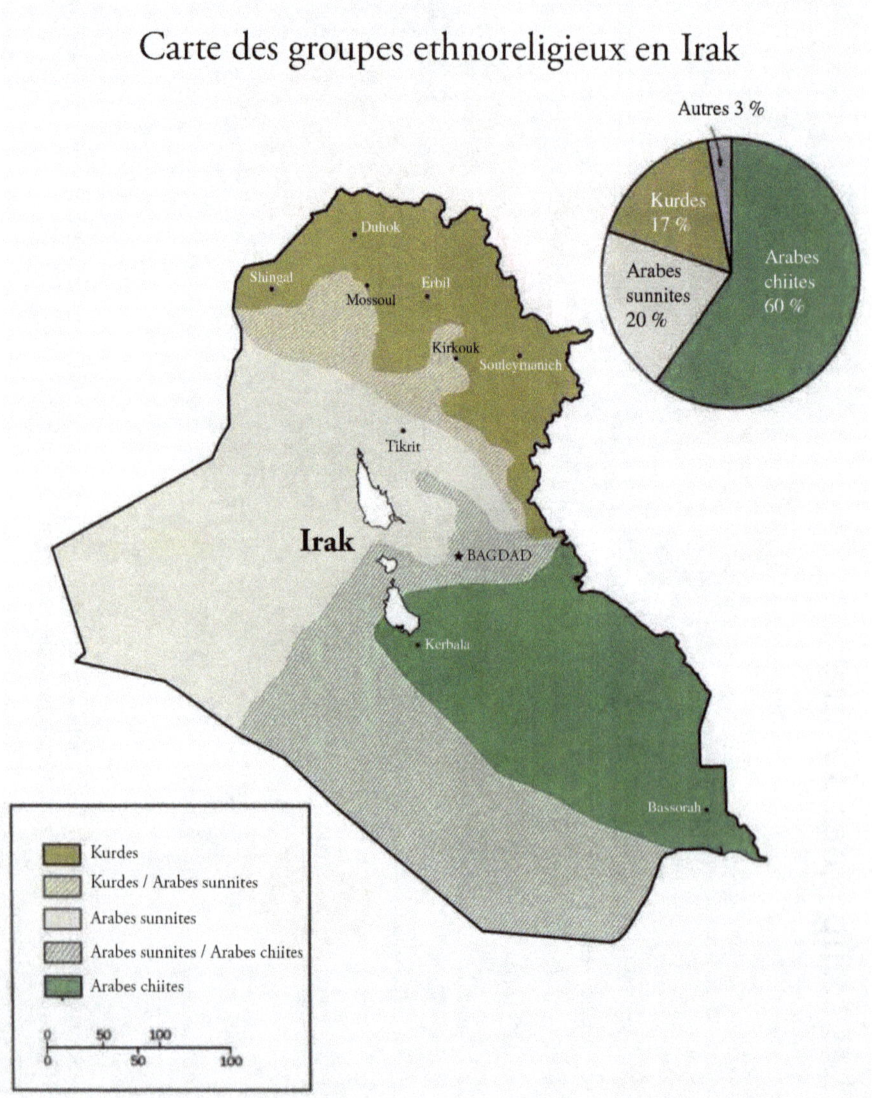

Figure 13 – La répartition des groupes ethnoreligieux en Irak.
© Loghman Rashidy.

Bibliographie

Pour aller plus loin, vous pourrez lire ces articles, revues, livres et rapports.

ABDULLAH REBWAR R., *The Barzan genocide in new documents*, Irak, 2012.

BENCHENANE Mustafa, « Moyen-Orient : les frontières à la source des conflits ? », *Revue Défense nationale*, 2015/9, n° 784, p. 65-70.

CHALIAND Gérard, *Le Malheur kurde*, Paris, Le Seuil, 1992.

DENIS Corentin, « Les Kurdes et le Kurdistan par les cartes : du traité de Sèvres à la guerre contre l'État islamique », *Les clés du Moyen-Orient*, 2014.

GALBRAITH Peter W & VAN HOLLEN Jr, « Chemical weapons use in Kurdistan : Iraq's final offensive », Staff report to the Committee on Foreign relations, pour le Sénat des États-Unis, le 21 septembre 1988.

IHSAN Mohammed, *Nation Building in Kurdistan : Genocide, Memory and Human Rights*, London, Ashgate, 2015.

KAVAL Allan, « Les Kurdes (1/3) : de la conquête musulmane au début du XIXe siècles », *Les clés du Moyen-Orient*, octobre 2011.

« Les Kurdes (2/3) : de la fin du XVIIIe siècle à 1914, le choc de la modernité », *Les clés du Moyen-Orient*, novembre 2011.

« Les Kurdes (3/3) : de la Première Guerre mondiale à 2003, rêve(s) d'indépendance(s) », *Les clés du Moyen-Orient*, novembre 2011.

KREYENBROEK Philip G. & SPERL Stefan, *The Kurds : À Contemporary Overview,* London and New York, 1992. SOAS/Routledge Studies on the Middle East, 8 mai 2015.

KURDOCIDE WATCH ORGANIZATION, *The iraki recognition of Anfal campaigns as genocide*, 2012.

KUTSCHERA Chris, *Le Mouvement national kurde*, Flammarion, 1979.

*Le Défi kurde ou le Rêve fou d'indépendan*ce, Bayard éditions, 1997.

Le Livre noir de Saddam Hussein, Oh ! Editions, 2005.

La Longue Marche des Kurdes 40 ans de reportage au Kurdistan, JePublie, 2011.

LEFEBVRE Théodore, « Le vilayet de Mossoul », *Annales de géographie*, t. 36, n° 199 du 15 janvier 1927, p. 76-81.

MAURIES René, *Le Kurdistan ou la mort*, Robert Laffont, 1967.

MIDDLE EAST WATCH, *Genocide in Iraq : The Anfal campaign against the Kurds*, Human Rights Watch, juillet 1993. Editions Karthala in french, 2003.

NEZAN Kendal, « Quand ''notre'' ami Saddam gazait ses Kurdes », *Le Monde diplomatique*, mars 1998.

PACHA CHERIF (Général), président de la délégation kurde à la Conférence de la Paix, « *Mémorandum sur les revendications du peuple Kurde* », BNF, 1919.

« Mémoire présenté par le général Chérif Pacha, président de la délégation kurde, à Monsieur le président du Conseil suprême de la Conférence de la Paix », Bibliothèque nationale de France, 1920.

SCHMID Dorothée, « Turquie, le syndrome de Sèvres ou la guerre qui n'en finit pas », *Cairn info*, 1er trimestre 2014, p. 199-213.

SHAKHAWAN Shorsh, *Anfal, the Iraqi State's genocide against the Kurds*, Shakhawan Shorsh and Margaret center, 2013.

TAVERNIER Paul, « La question kurde et le droit international : perspective historique », *Civitas Europa*, 2015/1, n° 34, p. 5-19.

Vous trouverez également de nombreux ouvrages signés Joost Hiltermann, qui m'a fait l'honneur de signer la préface de cet ouvrage. Aujourd'hui directeur du programme Moyen-Orient et Afrique du Nord à l'International Crisis Group, une organisation indépendante qui travaille à prévenir les guerres et à élaborer des politiques qui construiront un monde plus pacifique, il était en 1992 à la tête de l'équipe d'Human Rights Watch chargée d'étudier les 18 tonnes de documents saisies dans les archives du régime baasiste de Saddam Hussein après la révolte de 1991.

Entre 2003 et 2013, il a fait des recherches et rédigé un certain nombre de rapports sur la situation politique des Kurdes, en particulier sur Kirkouk et les territoires disputés. Il a également écrit sur ce à quoi pourrait ressembler une solution pacifique. Même si son travail a un peu changé depuis 2013, il continue de travailler sur l'Irak où il se rend régulièrement.

HILTERMANN Joost

A Poisonous Affair: America, Iraq and the gassing of Halabj, Cambridge University Press, 2007.

« Elusive Justice: Trying to Try Saddam », *Middle East Research and Information Project*, Inc. (MERIP), 2000.

« Halabja : America didn't seem to mind poison gas », *International Hérald tribune*, 17 janvier 2003.

Outsiders as enablers: consequences and lessons from international silence on Iraqi's use of chemical weapons during the Iran-Iraq war, Lawrence G. Potter and Gary G. Sick editions, 2004.

The 1988 Anfal campaign in Iraqi Kurdistan, Encyclopedia of genocide, Sciences Po, 2008.

« Halabja : the politics of memory». Note du 14 mars 2008 pour le Crisis group.

Table des illustrations

Table des matières

www.ingramcontent.com/pod-product-compliance
Lightning Source LLC
LaVergne TN
LVHW082028051026
849532LV00011B/3297